◇ 现代经济与管理类系列教材
普通高等教育"十三五"系列教材

企业实用文书写作与范例

（第 2 版）

张立章　主编

清华大学出版社
北京交通大学出版社
·北京·

内 容 简 介

本书定位于企业实用性文书写作指南与范例汇集，目的是为企业相关人员提供一册掌握企业公务文书写作规范与要求，提高应用文案写作水平的实用工具书。全书共八章：第一章是企业实用文书写作概述；第二章是企业日常行政性公文；第三章是企业事务性应用文书；第四章是企业日常公关礼仪文书；第五章是企业会议文书；第六章是企业日常规章制度；第七章是企业经营职能性文案；第八章是员工职业生涯常用文书。

本书主要用作企业人员公文处理和写作的必备工具书和企业内部培训教材，也可以作为高等院校经济管理各专业本科生、硕士生和 MBA 学员提高公文写作技能的实训教材。

本书封面贴有清华大学出版社防伪标签，无标签者不得销售。
版权所有，侵权必究。侵权举报电话：010-62782989　13501256678　13801310933

图书在版编目（CIP）数据

企业实用文书写作与范例／张立章主编．—2 版．—北京：北京交通大学出版社：清华大学出版社，2018.11（2025.1重印）

ISBN 978-7-5121-3768-4

Ⅰ.①企…　Ⅱ.①张…　Ⅲ.①企业-应用文-写作-高等学校-教材　Ⅳ.①H152.3

中国版本图书馆 CIP 数据核字（2018）第 257657 号

企业实用文书写作与范例
QIYE SHIYONG WENSHU XIEZUO YU FANLI

策划编辑：吴嫦娥	责任编辑：刘蕊			
出版发行：清华大学出版社	邮编：100084	电话：010-62776969	http://www.tup.com.cn
北京交通大学出版社	邮编：100044	电话：010-51686414	http://www.bjtup.com.cn
印　刷　者：北京虎彩文化传播有限公司				
经　　　销：全国新华书店				
开　　　本：185 mm×260 mm　　印张：19.25　　字数：481 千字				
版　印　次：2018 年 11 月第 2 版　　2025 年 1 月第 3 次印刷				
书　　　号：ISBN 978-7-5121-3768-4/H·495				
定　　　价：49.00 元				

本书如有质量问题，请向北京交通大学出版社质监组反映。对您的意见和批评，我们表示欢迎和感谢。
投诉电话：010-51686043，51686008；传真：010-62225406；E-mail：press@bjtu.edu.cn。

前　言

为了提高现代企业相关人员公文处理与写作的基本能力，提高企业工作效率和决策水平，避免因公文中的漏洞给企业带来不必要的损失，同时保证对外行文的规范性和严肃性，从而提升企业整体形象，我们决定编写本书。本书的根本宗旨是为企业培养真正具有公文处理与写作技能的管理型人才，以提高企业公文质量和公文处理效率。

本书定位于企业实用性文书文案写作指南与范例汇集，目的是为企业相关人员和高校经管类在校生提供一册掌握企业公务文书写作规范与要求，提高应用文书写作水平的实用工具书。对于文书种类的选择，我们确定了以下两个基本标准。① 企业基准。即在企业管理过程中比较重要、使用频繁的应用性文案，而党政军机关所使用的特殊文书不在此书内容之中。② 读者基准。因为本书的读者对象为企业内部文秘部门、其他专业部门文职人员，以及社会和高等院校有志于将来从事企业相关工作人员，因此内容选择与形式设计上均围绕目标读者的工作需要、学习需求来进行安排。

本书共分八章：第一章是企业实用文书写作基本规范与要求；第二章是企业日常行政性公文写作与范例，主要介绍决定、通告、通报、通知、报告、请示、批复、函等企业行政公文的内容构成、规范格式、写作要求，以及参考范例等内容；第三章是企业事务性应用文书写作内容，主要介绍企业经营计划、部门工作计划、企业工作总结、企业工作简报、产品/服务说明书、推荐信、介绍信、证明、大事记、启事、公司新闻消息稿、企业通讯稿等常见文书的内容、格式和范例；第四章是企业日常公关礼仪文书写作与范例，主要介绍感谢信、慰问信、贺信、倡议书、祝词、声明、聘书、请柬、讣告、唁函和悼词等公关礼仪性文书的内容、格式与范例；第五章是企业会议文书，专门介绍会议通知、会议记录、会议纪要、会议开幕词/闭幕词等会议文书的内容、格式与范例；第六章是企业日常规章制度类文书，主要介绍企业章程、考勤管理制度、档案管理制度、办公用品与设备使用管理制度、会议管理制度、安全管理制度、卫生清洁制度、公司员工日常行为规范、公司公务差旅管理制度、员工绩效考核管理制度、员工奖惩办法、员工薪酬管理制度、财务管理制度等企业规章制度的内容与范例；第七章是企业经营职能性文案的写作与范例，主要包括企业调查报告、招聘广告、市场营销策划书、市场营销计划书、市场调查问卷、市场调研报告、可行性研究报告、项目计划书、项目后评价报告，招标投标文件、财务分析报告、商业计划书、合作意向书、经济合同等；第八章是员工职业生涯常用文书的写作，主要包括求职信、自荐信、个人简历、辞职信、申请书、述职报告、个人工作总结、工作建议、演讲稿、即席发言等十种文书。

本书具有以下显著特点。

（1）创新性。本书的企业读者定位、编辑宗旨与理念、内容选择与设定，以及逻辑分类与体例编排都具有一定的创新性。目前,市面上尚不多见完全适合于企业实用的文书写作教材,大多数该方面图书都是将行政机关公文写作的内容生搬硬套而来,不免错漏百出。

(2)系统性与全面性。本书内容具有严格的内在系统性,贯穿企业经营的各个环节。将企业经营过程和企业员工个人职业生涯中经常使用的重要文书文案一网打尽,随手可查。

(3)实用性。在编写中力求重实用,在提供简洁的写作要求与知识要点的同时,给出典型性文案范例,不仅使读者能够轻松掌握文案的写作知识和格式规范,还能直接参考范例动笔撰写相关文案。

自本书首版付梓至今已逾七年,加印数次,得到广大读者的厚爱。此次修订的内容主要在两个方面:一是根据最新颁布的国家标准对有变动的个别内容进行了更新;二是对有些过时或内容陈旧的文书范例进行了更新或替换。

由于编者能力、实践经验和知识结构等多方面因素影响,本书难免有错误、不妥之处,恳请读者批评指正。

编者
2018 年 9 月

目 录

第一章　企业实用文书写作概述 ··· 1
　一、企业管理常见应用文书基本类型 ································· 1
　二、企业管理应用文书基本语言表达方式 ····························· 2
　三、行政性公务文书的文体特点 ····································· 2
　四、行政性公务文书的语言特点和特定用语 ··························· 3
　五、企业行政公文体式规范与要求 ··································· 6

第二章　企业日常行政性公文 ·· 10
　一、决定 ··· 10
　二、通告 ··· 13
　三、通报 ··· 16
　四、通知 ··· 19
　五、报告 ··· 23
　六、请示 ··· 27
　七、批复 ··· 30
　八、函 ··· 33

第三章　企业事务性应用文书 ·· 36
　一、企业经营计划 ··· 36
　二、（部门）工作计划 ·· 40
　三、企业工作总结 ··· 43
　四、企业工作简报 ··· 47
　五、产品/服务说明书 ·· 48
　六、推荐信 ··· 51
　七、介绍信 ··· 53
　八、证明 ··· 55
　九、大事记 ··· 56
　十、启事 ··· 61
　十一、公司新闻消息稿 ··· 65
　十二、企业通讯稿 ··· 68

第四章　企业日常公关礼仪文书 ·· 71
　一、感谢信 ··· 71
　二、慰问信 ··· 72

I

三、贺信 …… 74
　　四、倡议书 …… 75
　　五、祝词 …… 77
　　六、声明 …… 81
　　七、聘书 …… 84
　　八、请柬 …… 86
　　九、讣告、唁函、悼词 …… 87

第五章　企业会议文书
　　一、会议通知 …… 90
　　二、会议记录 …… 93
　　三、会议纪要 …… 94
　　四、会议开幕词/闭幕词 …… 97

第六章　企业日常规章制度
　　一、企业章程 …… 100
　　二、考勤管理制度 …… 114
　　三、档案管理制度 …… 118
　　四、办公用品与设备使用管理制度 …… 122
　　五、会议管理制度 …… 127
　　六、安全管理制度 …… 130
　　七、卫生清洁制度 …… 135
　　八、公司员工日常行为规范 …… 138
　　九、公司公务差旅管理制度 …… 145
　　十、员工绩效考核管理制度 …… 149
　　十一、员工奖惩办法 …… 153
　　十二、员工薪酬管理制度 …… 155
　　十三、财务管理制度 …… 161

第七章　企业经营职能性文案
　　一、企业调查报告 …… 168
　　二、招聘广告 …… 172
　　三、市场营销策划书 …… 174
　　四、市场营销计划书 …… 181
　　五、市场调查问卷 …… 185
　　六、市场调研报告 …… 190
　　七、可行性研究报告 …… 194
　　八、项目计划书 …… 210
　　九、项目后评价报告 …… 216
　　十、招标、投标文件 …… 223
　　十一、财务分析报告 …… 259

十二、商业计划书 263
十三、合作意向书 269
十四、经济合同 271

第八章 员工职业生涯常用文书 274
一、求职信 274
二、自荐信 276
三、个人简历 279
四、辞职信 281
五、申请书 283
六、述职报告 285
七、个人工作总结 289
八、工作建议 291
九、演讲稿 293
十、即席发言 296

参考文献 300

第一章

企业实用文书写作概述

一、企业管理常见应用文书基本类型

企业管理应用文书是企业组织在其经营管理过程中政令下达、商情传递,以及与外部组织沟通的重要渠道与手段。

企业管理应用文书按其基本功能和法定效力差异,可分为行政性公务文书和事务性应用文书两大类。其中,行政性公务文书又包括企业管理制度和行政公文两部分;事务性应用文书的内容则比较宽泛,主要有日常应用文书、公关礼仪文书和企业职能性文案等。这些企业管理应用文书的起草与撰写是企业各层各级管理者和文秘人员的重要工作内容之一,而管理应用文书的撰写质量不仅体现出企业的行文水平,而且会直接影响企业具体管理目标的实现程度。企业的对外行文,如果公文质量不高,甚至会影响企业良好的整体形象。

企业管理制度是企业组织内部具有最高法定效力和较为稳定的一般性规范、规则、规定、章程等企业制度的总称,它对所有成员具有普遍约束力,是企业解决例常性事务的基本制度性手段。

行政机关公文一般是指国家行政机关所使用的具有法定效力和规范体式的公务文书。行政机关公文是行政机关行政管理中政令下达、政情传递的重要渠道与手段。但是,在一些非行政机关的正式组织中,如企事业单位、社会团体、公益组织等,也往往使用与行政机关同文种的行政管理文书。在第二章中,将主要介绍企业组织中常见的、使用频率较高的行政性公务文书,主要有决定、通告、通报、通知、报告、请示、批复和函等。注意,在企业管理中,几乎不使用行政机关经常使用的强制力色彩浓厚、用于重大事件宣布或告知的文种,如命令、公告等。

企业事务性应用文书是指企业针对各种类型的会议、典礼或某一事项而撰写的特定用途的应用性文书,该类文书不具有约束力。在这部分内容中,主要是介绍欢迎词、开幕词、闭幕词、请柬、感谢信、慰问信、介绍信、证明、启事、声明、倡议书、大事记等事务性文书的写作要点。

二、企业管理应用文书基本语言表达方式

语言表达方式是人们运用语言介绍情况、陈述事实、阐述观点、总结经验、探索规律、表达情感的具体方式与方法。文章的表达方式通常有叙述、议论、说明、描写、抒情等5种。应用文书的语言表达方式主要有3种：叙述、说明和议论。不同的文种，语言表达方式会有较大差异。在某一文书中，或者混合应用，或者以一种表达方式为主。

1. 叙述

叙述是作者对人物、事件、环境及相互关系进行概括性的叙说与交代。完整的叙述一般应具备时间、地点、人物、事件、原因和结果等六要素。按照所叙述事件与时空的关系，叙述分为顺叙、倒叙和插叙3种。在应用文书中的人称使用上，3种人称均有可能使用，不同文书的人称使用有所不同。

应用文书的叙述不同于文学作品中的叙述，一般是简明扼要的总体交代，应有简有繁、详略得当。

2. 说明

说明是对事物或事理的性质、特征、形状、成因、结构和功能等属性进行客观的解释和介绍。说明是应用文书的主要表达方式之一。具体方式主要有定义说明、分类说明、举例说明、数字说明、比较说明等。

在应用文书中，说明往往与其他语言表达方式结合使用，多种说明方式综合使用，讲究说明的客观性、科学性和准确性。

3. 议论

议论是作者就某个问题、事件进行分析和评论，以直接表明自己的立场、观点和态度。议论是应用文书中使用频率极高的一种表达方式。完整的议论一般包括论点、论据和论证三要素。

论证又分为立论与驳论两大类。立论是以充分的论据从正面证明自己论点的正确性；驳论则是以客观有力的论据反驳论敌的论点，以证明自己论点的正确性。论证的方法主要有例证法、喻证法、类比法、对比法、反驳法、归谬法等。论证方法的具体内容不再赘述。

三、行政性公务文书的文体特点

一般意义上的行政公文是指行政机关在行政管理过程中所形成的具有法定效力和规范体式的公务文书，是传达贯彻党和国家的方针、政策，发布行政法规，施行行政措施，请示和答复问题，指导、布置和商洽工作，报告情况，交流经验的重要工具。虽然，企

业的行政性公务文书对外没有约束力，但在企业内部，其性质作用与行政机关公文基本没有差异。

企业行政性公务文书一般以公司或某主办部门发布的行政文件为主要方式；企业管理制度往往也需要通过以通知等文件形式来正式发布或实施。事务性应用文书从内容到形式均与以上两类文书有较大差异，严格地说，事务性应用文书不属于行政性公务文书范畴。

企业行政性公务文书作为一类特定文书，具有以下鲜明的文体特点。

1. 作者特定性

企业行政性公务文书的作者是特定的，在组织内部具有法定性，并非任何部门或个人都能起草和撰写。其实，公文的起草者只是组织的代笔人，公文表达的是组织意志而非个人意图。

2. 内容权威性

企业行政性公务文书的主要功能是代行组织法定职权职责的功能。公文中对问题的认识与结论是组织的集体认识，在语言表述上应该是准确、严谨、严肃的。因此，公文在内容上具有唯一权威性。

3. 体式规范性

行政机关公文具有严格的公文体式，应严格遵守《党政机关公文格式》规定的规范体式。企业行政性公务文书体式与此相同，只不过其对公文体式的要求严格程度低于行政机关而已。企业其他一般公务文书也均有约定俗成的规范体式。

4. 效力法定性

企业行政性公务文书是企业组织意志的体现或部门职权职责行使的要求，对全体成员均具有约束力。公文效力法定性是维持企业正常运营管理秩序的制度保障。

5. 行文程序性

企业行政性公务文书的发布程序具有严格的规则性，任何一个环节的缺失或不当，都可能危及公文的合法性与权威性。一般而言，企业行政性公务文书的行文流程如下：行文必要性的决策→落实作者→初稿拟写→责任领导审阅→修改定稿→领导签批→加盖印章正式发布。发文流程程序法定，不能跨越环节，更不可逆行。

四、行政性公务文书的语言特点和特定用语

（一）行政性公务文书的语言特点

行政性公务文书的语言表达有其特定的要求，必须与文种和文体风格特点相适应。一般而言，行政公文应该庄重、准确、简洁、严谨、规范。

1. 庄重

庄重是正式、严肃的行政性公务文书的基本要求，也是体现行政公文权威性和约束力的基本要求。

2. 准确

准确就是要求恰如其分地表述。具体地说，应选用最恰当、最能说明事物特性的词汇入文，公文的遣词、造句、构段要严格。

3. 简洁

简洁是要求简明扼要，实事实说，不拐弯抹角，不渲染铺陈，不追求辞藻华丽。语言简洁也是行政公文的最基本特点之一。

4. 严谨

因为行政公文的权威性和行政约束力，要求公文语言表述一定要严格，表达意思明确无误，不含糊，不能产生歧义。

5. 规范

行政公文应该使用规范的书面语言，尽量避免使用口语。词义尚未确定的流行词汇，以及不规范的简称和缩写也应该避免使用。

（二）行政性公务文书常用的特定用语

行政性公务文书在长期使用过程中，逐渐形成一些公文写作的特定用语，这些特定用语语义已经约定俗成，具有确定性。使用它们可以准确、严谨地表述公文内容，还能增强公文严肃、庄重的文体风格。

1. 特定用语

现将公文特定用语简要总结如下。

（1）称谓词：本、你、贵……

（2）领叙词：现根据、据、遵照、依照、按照、本着、接、倾接、前接、近接、现接、奉、查、鉴于、欣悉、惊悉、谨悉、电悉、已悉、收悉、为了……特、……现……如下……

（3）追叙词：经、业经、前经、即经、复经、并经、迭经……

（4）补叙词：另、再……

（5）承转词：为此、据此、故此、综上所述、总而言之、鉴于此、由此可见……

（6）祈请词：请、敬请、谨请、恳请、务请、烦、希、敬希、希望、望、尚望……

（7）商洽词：妥否、当否、是否可行、是否得当、能否、可否、意见如何、有何意见……

（8）受事词：蒙、承、承蒙、多蒙、荷、是荷、为荷……

（9）感盼词：深表谢意、谨致谢忱、谢谢、以……为感、以……为盼、……是盼、渴盼、切盼……

（10）令知词：着、着令、着即、特命、勒令、责令、责成、务须、切勿、严禁、不得、毋庸……

（11）告诫词：切切、毋违、不得有误、以……为要、以……为宜……

（12）判定词：是、系、显系、确系、以……论……

（13）见解词：应、理应、确应、应予、应将、应以、均应、本应、似应、准予、特予、不予、照准、拟于、订于、同意、拟同意、不拟同意、缓议、毋庸再议、我们认为、以为、可行、不可行、宜……

（14）时态词：兹、现、顷、嗣后、暂时、片刻、曾经、正在、就、将要、行将、立即、即、即将、即行、时常、永远、一向、一直、届时、届此、值此、定期、如期、按期、先期、预期、展期、亟、亟待、俟、已、着、方……

（15）报送词：呈请、呈报、呈送、报送、呈交、报请、申报、报批、提请、送达、径报、层报、呈上、附上……

（16）颁行词：颁布、颁发、发布、公布、下达、批转、转发、颁行、施行、履行、执行、遵照执行、认真执行、认真遵行、切实执行、认真贯彻执行、切实贯彻、认真办理、研究执行、参考执行、参照执行、参酌执行、暂缓执行、暂行、试行、酌情执行……

（17）核查词：审核、审定、审议、核定、核准、核拨、核销、核发、查验、追查、查照、查对、查询、查复、查收、备查……

2. 固定结尾句式和用词

行政性公务文书一般都有较为固定的结尾句式和结尾用词，下面将主要文种的结尾句式和用词总结如下。

（1）指示：特此指示、望……执行、自……起施行、以……为要……

（2）批复：特此批复、此复、望……执行……

（3）通报：特此通报、特予通报、特通报……以资……、特通报……以示……

（4）通知：特此通知、望……执行……、请……试行、按……办理……

（5）决定：自……起施行、特此决定……

（6）公告、布告、通告：特予公告、特此公告、此布、特此布告、特此布告周知、自……施行（执行）、自……起生效……

（7）请示：当否请示、请审核批示、请批复、请核示、请即批示、请即批复为盼、请审批、请即见复……

（8）报告：特此报告、此报告、妥否请核示、如有不当请指正、请批示、特此备案、特请查收、以上意见如无不当请批转……执行……

（9）函：特此函告、特此函复、此复、请即复为盼、请即见复为感、请示复、……为盼、……为感、……为荷、谨致谢忱、非常感谢、切盼、此致……

五、企业行政公文体式规范与要求

行政公文在所有应用文体中,体式规范要求最为严格。党政机关的公文体式规范均有严格规定:由中共中央办公厅、国务院办公厅颁布的《党政机关公文处理工作条例》,以及国家技术监督局制定的《党政机关公文格式》。两个规范适用于我国各级党政机关公文处理与发布。

虽然,除党政机关公文外,国家没有强制企业单位执行公文国家标准。但是,基于现实需要,我国一些较正规的企业组织内的行政性公文,其公文体式规范均参照国家党政机关公文规范要求,不同之处是企业组织的公文规范没有党政机关那样严格而已。企业内的现实情况是历史悠久的大中型国有企业内部基本严格沿袭国家党政机关的公文处理与体式规范要求,其他企业一般是在参照模仿执行,细节部分有所变化。

(一)企业行政公文一般格式与要求

以下简要介绍一般公文的基本格式要求。公文通用一般包括版头、主体、版记3部分。

1. 版头部分

行政公文的版头,包括文件名称、发文字号、签发人、紧急程度、秘密等级和份号等。一般企业文件版头会省略紧急程度、秘密等级和份号等部分内容。公文版头位于公文首页上端,约占公文首页1/3或2/5的面积。(具体样式参见【企业行政公文通用格式参考范例】)

2. 主体部分

公文的主体部分,其格式内容包括标题、主送单位、正文、发至级限(有密级文件的发送级别限制)、附注、附件、发文单位、印章、成文年月日等。(具体样式参见【企业行政公文简要格式参考范例】)

3. 版记部分

版记部分包括抄送单位、印发单位、印发日期、印发份数等内容。(具体样式参见【企业行政公文通用格式参考范例】)

(二)常见行政公文文种标题拟写与一般要求

公文标题是公文的内容概要,它具有揭示公文主题内容的功能和作用。结构完整、主题明确的公文标题可以使人对文件作者、主要内容和文种一目了然,既便于收文者的登记、处理、查阅、立卷归档,又便于进行计算机检索管理。

企业行政公文通用格式参考范例

000013

机密★×年

特　　急

××××公司文件

××办发〔××××〕××号

关于××××问题的请示

××××（主送单位）：

　　（正文）××。

　　附件：1. ×××××××××　×份
　　　　　2. ×××××××××　×份

（发文单位印章）
××××年×月×日

（附注：×××××××××）

抄送：××××，××××，××××，×××××××。

××××（印发单位）　　　　　　　　　　　××××年×月×日印发

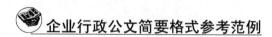企业行政公文简要格式参考范例

××××公司文件

××〔××××〕××号

关于××××问题的请示

××××（主送单位）：
　（正文）××。

　　附件：1. ×××××××××　×份
　　　　　2. ×××××××××　×份

（公司或部门印章）
××××年×月×日

抄送：××××，××××，××××××。
××××（印发单位）　　　　　　　　××××年×月×日印发

拟写公文标题时，要准确、简要地概括公文的核心内容，使用简洁、规范的书面文字表达出来，并明确公文文种。

公文标题主要有3种拟写方法。第一种是"发文单位+事由+文种"，这是一种较为正式、规范的写法。在对外行文中应该采用这种标题拟写法，如"××公司关于设立深圳分公司的请示"。

第二种拟写方法，省略发文单位。具有固定文件版头的公文，应该省略发文单位，以免显得重复，如"关于对5·13安全事故责任人员处分的决定"。

第三种形式最为简单，标题就是文种。其适用于内部文件，公文内容为非重大事项，内容简单。

有时，在标题下还有发文文号或标明文件通过的会议或机构，如"××××年×月×日董事会通过"字样，并用括号括起来。

此外，公文标题拟写还应注意以下几点。

（1）公文标题高度概括公文核心内容，避免标题与文件内容不符。
（2）公文标题表述要准确、严谨，避免表意含糊或有歧义。
（3）公文标题应该避免字数过多，标题过长。
（4）切忌选用文种不当。

第二章

企业日常行政性公文

　　企业行政性公文是企业组织在其经营管理过程中政令下达、商情传递，以及与外部组织沟通的重要渠道与手段。行政公务文书的上传、下达与平送是企业各行政部门行使其职权职能的重要方式。

　　在企业行政管理过程中，经常使用的行政性公文主要有决定、通告、通报、通知、请示、批复、报告、函、纪要等种类。企业行政公文按照其作者单位与受文单位的关系，以及文件的传递路线，可以分为下行文、上行文、平行文和泛行文等种类。下行文是指上级部门向下级部门的行文，如决定、通报、通知、批复等。上行文是指下级部门向上级部门的行文，如报告、请示等。平行文是指内部不存在隶属关系的部门间，或者对不存在隶属关系的外部组织的行文，平行文文种主要为函。泛行文是向不相隶属的一定范围内的组织或人群（发文对象）发布需要周知或遵守信息的行文，如通告。

　　本章中公文文种大多为机关与企业事业单位通用文种，在此，重点以企业为使用对象来介绍常见公文文种。

一、决　　定

（一）决定简介

　　决定是企业对重要事项或重大行动作出决策安排，奖惩有关单位和个人，变更或撤销下级单位不当处理事项的文种。

　　决定一般由企业最高行政部门以企业名义发布，具有强制性、规定性，属于下行文。一般情况下，决定的使用频次不高，往往只有事关全局，具有战略意义，执行时间较长的重要事项才适合采用决定行文。

（二）决定的主要类型

　　决定依据事件内容与执行要求，大致分为以下几种类型。

1. 指示性决定

指示性决定多为针对企业重要事务、项目和重大行动作出指示，进行统一部署，要求下级单位坚决贯彻执行的文书。

2. 告知性决定

告知性决定主要是把企业决定的重要事项传达给下属单位和员工，使之了解。告知性决定一般不要求下级执行。

3. 表彰或惩戒决定

表彰或惩戒决定主要用于对企业部门、员工或事件进行表彰或处分处理。该类决定要求相关部门和当事人执行。

4. 变更或撤销决定

变更或撤销决定用于企业对所属部门的不适当的决定和行为进行变更或撤销。该类决定具有强制力，必须贯彻执行。

（三）决定的构成要素与写作

规范的决定一般由标题、抬头、正文和落款组成。

1. 标题

标题主要有两种拟写方法。一种是"发文单位+事由+文种"，这是一种较为正式、规范的写法。在对外行文中应该采用这种标题拟写法，如"××公司关于设立深圳分公司的决定"。另一种拟写方法，省略发文机关，如"关于对5·13安全事故责任人员处分的决定"。

有时，在标题下还有发文文号或标明文件通过的会议或机构，如"××××年×月×日董事会通过"字样，并用括号括起来。

2. 抬头

抬头是指决定行文的受文者。决定的抬头并不是该文种的必备要素。有些知照性决定如无必要，抬头可以省略。

3. 正文

决定的正文内容一般包括组织作出决定的依据和缘由、决定的事项或计划、需要执行的要求等。

指示性决定的内容应该交代事项的重要性、应该遵循的原则、具体的指示内容及执行要求等。如果决定事项较多，可以采用分条列项式写法，以便于把复杂的问题交代清楚，也有利于下级执行。

告知性决定一般一段到底，不分条目，概括性地交代决定内容即可。

表彰性决定的内容主要写被表彰者的身份、事迹及其评价，表彰的决定事项，组织的希望与号召等；惩戒性决定应该首先简要交代错误事实，分析其性质、原因、责任及其后果，然后交代当事者事后的态度与表现，再写处理决定，最后写教训、希望。表彰性决定与惩戒性决定的差别还表现在文书语言的情绪上，表彰性决定语气应该热烈向上；惩戒性决定则语气严肃、沉重。

变更或撤销性决定一般只要写明变更或撤销事项的原因、依据和决定事项即可。

4. 落款

落款包括发文部门或领导者、发文时间，落款处应加盖公章。印章位置应该上不压正文，下压日期。

（四）决定的写作注意事项

决定在拟写过程中应该注意以下几点。

（1）决定文种的选择要慎重。一般只有事关全局，具有战略意义，执行时间较长的重要事项才适合采用决定行文。

（2）决定要符合法律政策或制度规定，依据充分有力，要符合本单位的实际情况。

（3）决定的语言要庄重、严肃，表述简洁明了、准确、严谨，体现出决断性。

（4）决定主要使用叙述和说明的表达方式。

（五）决定参考范例

范例一

××集团公司关于剥离公司非主营房地产业务的决定

（××××年×月×日董事会讨论通过）

各省分公司、所属各部门：

为了集中资源将我公司主营业务太阳能产品做大做强，尽快成为国内该领域的龙头企业，公司决定：

一、在三年内逐步将所有房地产项目通过转让方式从总公司剥离；

二、房地产业务剥离，原则上各省分公司所有房地产业务人员不裁一人，合理安排转岗，个人要求离职者，严格按照国家相关劳动法规规定办理。

各省分公司应该从战略角度认识此次行动的重大意义与价值，制订切实可行的剥离计划及原房地产业务人员的具体安排，于×月×日前上报总公司。关于此次剥离行动的具体安排，总公司会另行下发具体工作规划与安排，请认真领会文件精神，并贯彻执行。

××集团公司（公章）

××××年×月×日

 范例二

××公司关于撤销范××同志总经理职务的决定

(××××年×月×日董事会讨论通过)

各分公司、所属各部门：

据查，公司原总经理范××在××××年投资H产品上马决策过程中，玩忽职守，导致产品投资失败，给公司造成巨大财产损失。事故发生后，范××同志能够深刻反省自己的渎职行为，主动采取补救措施的态度和行为值得肯定。

经董事会研究，决定如下：

撤销范××同志总经理职务，不再负责公司产品研发相关事项，并扣发当年全部奖金。

××公司（公章）

××××年×月×日

 范例三

××股份有限公司关于中国区销售公司
立即停止销售打折或变相打折活动的决定

中国大区各销售分公司：

据查，中国大区内部分销售分公司违反总公司品牌产品统一管理规定，对公司一些国际一线品牌产品进行折扣销售、销售返券等打折销售和变相打折活动，严重损害了我公司高端品牌产品的品牌形象。公司研究决定，立即停止所有销售打折或变相打折等活动，出现这些问题的销售公司负责人须在十日内向总公司提交说明报告和整改计划。

××股份有限公司（公章）

××××年×月×日

二、通　告

（一）通告简介

通告适用于公布社会各有关方面应当遵守或周知的事项。通告是国家机关单位广泛使用的一

种公文，属于泛行文。在企业中也经常使用该文种，主要用于对外公布社会有关方面应该周知的事项信息。但是在实际使用中，企业往往将通告与公告等同使用，而且公告使用频率更高。

（二）通告的主要类型

通告大致分为以下两种类型。

1. 告知性通告

告知性通告是在一定范围内公布应当周知事项的通告。告知性通告的目的是告诉相关单位和公众知晓，如单位迁址、暂时停电、办理注册登记等事项。企业使用的通告一般属于告知性通告。

2. 规定性通告

规定性通告是在一定范围内公布应当遵守事项的通告。这种通告一般由具有相应职权的国家机关发布，具有法定约束力，如"公安部关于严厉打击铁路沿线偷盗光缆违法犯罪行为的通告"。企业一般不能使用这种具有约束力的通告。但是，在大型和特大型企业内部，需要告知所有部门、员工应当遵守的事项也可以使用规定性通告，但其约束力仅限于企业内部。

（三）通告的构成要素与写作

规范完整的通告一般由标题、正文、结语和落款组成。

1. 标题

标题拟写一般使用三项式，即"发文单位+事由+文种"。这是一种较为正式、规范的写法，在对外行文中应该采用这种标题拟写法，如"××公司关于暂停×项服务项目的通告"。有时根据需要，可以省略事由，如"首钢公司通告"。另一种拟写方法是在企业内部可以省略发文单位，如"关于×生产区域存在安全威胁实施隔离的通告"。当通告内容简单，篇幅短小时，标题可以省略发文单位和事由，直接采用"通告"为标题。

2. 正文

通告的正文内容一般包括通告的依据和缘由、通告事项等。

通告的依据和缘由是发布通告的根据与原因，即发布单位发布此通告的依据是什么、为什么发布此通告。此部分内容撰写一定要简单、精练、清楚。

通告事项即通告的具体事项或规定。如果通告的内容比较简单，可以不分条撰写；如果事项内容较多，应该采取条列式写法，便于读者了解与记忆。

3. 结语

通告结语用以强调，引起注意。常用的结语有"特此通告""此告"等。有的通告常常省略结语。

4. 落款

落款包括发文单位、发文时间，落款处应加盖公章。印章位置应该上不压正文，下压日期。

（四）通告的写作注意事项

通告属于泛行文，在拟写的过程中应该注意以下几点。

（1）通告文种的选择使用要慎重，适用于重大事项发布，应注意维护其严肃性，有些可用启事发布信息的事项，应避免使用通告。许多企业的公告应该使用通告文种。

（2）通告事项要有法律政策或制度依据，依据要充分有力，要符合本单位的实际情况。

（3）通告的内容安排上应该注意有繁有简。通告缘由和依据要简写，通告的事项要详细具体，交代要清楚明白。

（五）通告参考范例

 范例一

迁 址 通 告

由于近年业务发展迅速，原营业大厅不能适应需要，本营业大厅将迁址，现将有关事项通告如下：

兹订于××××年5月1日从原址江城区滨海路13号迁至江南区滨河路166号自来水大厦一层新址办公。

营业时间：周一至周六 8:00—17:00。

邮政编码：××××××。

咨询电话：××××××××。

特此通告。

××市自来水公司（公章）
××××年×月×日

 范例二

中国电信关于流量当月不清零服务的通告

尊敬的用户：

为进一步贯彻落实国家有关提速降费的要求，更好地服务于大众创业、万众创新，促进信息消费，自××××年10月1日起，中国电信将为手机上网按流量计费的月套餐用户推

出套餐内流量当月不清零升级服务，即××××年10月套餐内剩余流量延期结转至11月底前使用，后续月份以此类推。

此次推出的"流量当月不清零"服务，适用于所有手机上网按流量计费的月套餐用户，用户无须申请，即可升级。关于"流量当月不清零"服务的详情，届时请访问中国电信网上营业厅"欢go"网（www.189.cn）、"欢go"APP查询，也可致电中国电信10000客户服务热线或到当地营业厅咨询。

中国电信将一如既往为用户提供更多更好的产品与服务，回报广大用户的信任和支持。

中国电信集团公司
××××年×月×日

三、通　报

（一）通报简介

通报是一种用于表彰先进、批评错误、通报情况的普发性下行文。通报需要运用具有代表性的事实、事例或典型经验来唤起受众的警醒与注意。

（二）通报的主要类型

通报大致分为以下3种类型。

1. 表彰通报

表彰通报是机关、团体、企事业单位表彰具有典型意义的先进事迹和好人好事的文书。表彰通报的根本用途是树立典型、表彰先进。表彰通报一般需要公开发布或张贴。

2. 批评通报

批评通报主要用于批评错误或进行事故通报。批评犯有值得普遍引以为戒错误的单位和人员；向有关方面进行事故情况介绍也往往采用通报形式。一般情况下，批评通报下发到有关部门，甚至刊发报纸或张贴公布。

3. 情况通报

情况通报是党政机关、企事业单位经常使用的一种文书，主要用以报道、传达重要情况和有关精神。

（三）通报的构成要素与写作

规范完整的通报一般由标题、主送单位、正文和落款组成。

1. 标题

标题拟写一般应用三项式，即"发文单位+表彰或批评对象与事实性质+文种"。这是一种较为正式、规范的写法，在对外行文中应该采用这种标题拟写法，如"××公司关于××生产车间发生重大安全事故的通报"。另一种拟写方法是在企业内部行文，可以省略发文单位，如"关于表彰×分公司××同志奋力灭火抢救儿童的通报"。

2. 主送单位

通报大多是下发到有关单位或部门，因此，应该明确写清主送单位。但是，如果是在内部报刊刊登或张贴的通报可以不写主送单位。

3. 正文

通报的正文内容因通报类型而有所差异。

表彰通报正文内容主要有4部分：① 先进事迹，这是正文的重点内容，应该把时间、地点、人物、主要情节、结果写得准确、真实而简洁；② 对先进人物及其事迹进行简要而恰当的肯定评价；③ 表彰决定，应该写明表彰单位给予被表彰者的物质或精神奖励内容；④ 表彰单位向所属单位和员工发出的学习号召、为什么要学习、学习什么等内容。

批评通报的正文内容也包括4部分：① 错误事实或事故情况，对错误事实或事故情况的陈述应该真实、准确、简洁，突出要害；② 对错误事实性质与危害，事故性质与原因的分析说明，这部分内容应该简要而恰当；③ 写明对被通报批评单位和人员作出的处理决定，这部分内容简单，地位重要；④ 警戒与要求，这部分内容要求高度概括，切忌冗长啰唆。

情况通报的内容构成比较单一，主要包括情况说明与通报要求。通报的情况应当交代清楚，并进行简要分析说明。如果是突发事故或事件还应该把事件的时间、地点、当事人、经过、结果等要素写清楚。通报要求的内容应针对存在问题、事故发生原因，对所属单位或部门提出工作改进要求和应该注意的事项。如果要求不止一条时，应分条撰写。

4. 落款

落款包括发文单位、发文时间，落款处应加盖公章。印章位置应该上不压正文，下压日期。发文单位如果是两家以上，顺序排列应该有主有次，先主后次。

（四）通报的写作注意事项

通报是企业中使用频次较高的下行文，在拟写过程中应该注意以下几点。

（1）通报事项选材真实，应该具有典型性、代表性，能起到普遍的鼓励、教育与惩戒作用。

（2）通报内容一般具有较强的时效性，时过境迁的内容要避免采用。

（3）对事件及其性质分析要实事求是，切忌拔高或贬低。

（4）在批评通报中，对错误事实的描述应简要概括，切忌主观性描写，以免产生消极影响。

（五）通报参考范例

 范例一

××集团公司关于表彰四分公司
××同志奋力灭火抢救儿童的通报

各分公司、各部门：

8月22日上午10时左右，我公司四分公司项目部经理××同志外出洽谈业务时，步行路过滨海路启明星幼儿园，恰逢该幼儿园因厨房漏电引起火灾，十余名儿童被困教室中，生命安全受到严重威胁，情况十分危急。

在此危急情况下，××同志不顾个人安危，与幼儿园教职工一起奋力灭火，并冒火冲入教室，抢救被困儿童，最后被困儿童全部安全脱险。××同志因身体烧伤严重，现正接受治疗。

为表彰××同志见义勇为、不怕牺牲的优秀品质，总公司研究决定：

一、将××同志的先进事迹通报全公司，予以表彰；

二、公司给予××同志10万元奖金，以资鼓励。

××集团公司（公章）

××××年×月×日

 范例二

××公司关于C项目采购经理
寇××索贿渎职问题的通报

各分公司、各部门：

我公司四分公司C项目部采购经理寇××利用自己原材料采购职权，以权谋私，数次向原材料供货商索贿，在遭到拒绝后，心怀不满，多次对原材料供货商合格产品通过不予理睬、拖延签字等手段进行刁难，导致严重影响项目进度，给公司造成一定的经济损失。鉴于寇××性质恶劣的行为，严重影响我公司良好的企业形象，公司决定辞退寇××，给予其直接领导C项目部经理蔡××通报批评处分。

各项目部领导要充分吸取这次事件的深刻教训，思想上要高度重视，防微杜渐，加强员工的日常廉洁教育，制定切实可行的项目监督制度，以杜绝类似事件的再次发生。

××公司（公章）

××××年×月×日

 **范例三**

关于5·17抢劫案的情况通报

各区县农村商业银行、各部门：

5月17日16时40分许，我市前进路储蓄所营业厅发生一起持枪抢劫案。两名歹徒蒙面持枪趁临近下班时间，储蓄所内无人之际，冲到营业柜台前，用手枪威逼营业员钱××将现金递出柜台，共抢得现金36万余元。趁歹徒将现金装袋时，另一营业员吴××按响报警器，歹徒见状仓皇出逃，两名营业人员与保安人员一起奋力追赶，但歹徒迅速驾乘摩托车逃离现场。公安机关正在全力侦破此案。

在此抢劫案中，我行员工面对歹徒，临危不惧，表现出英勇无畏的精神。但是同时暴露出基层营业网点普遍存在安全意识薄弱，安全防范措施未能落实等问题。

为防止同类案件的再次发生，各单位要认真组织一次以防盗抢为重点的安全自检，并对查出的安全漏洞和隐患及时进行彻底整改。同时，联系实际对全体员工进行一次安全防范教育，以提高员工的安全防范意识。

××农村商业银行（公章）
××××年×月×日

四、通　　知

（一）通知简介

通知是各级党政机关、人民团体、企事业单位在公务活动中最常用的一种公文，适用范围广泛。通知适用于上级批转下级的公文，转发上级和不相隶属单位公文，发布文件、规定；传达要求下级办理和需要有关单位周知或执行的事项；任免人员；召开会议等。

通知为下行文，具有适用范围广、指导性和时效性强等特点。

（二）通知的主要类型

通知按照用途与约束力的差异，大致分为以下5种类型。

1. 指示性通知

指示性通知是指要求下级办理和需要有关单位共同执行事项的通知。

2. 批转性通知

批转性通知主要包括单位发布文件或规章制度的通知、上级批转下级公文的通知、转发上级和不相隶属单位公文的通知等3种子类型。

3. 知照性通知

知照性通知顾名思义，是用于告知某一事项或某些信息的通知，如成立、调整、合并、撤销机构；印发新规章制度、分发文件；启用新印章，放假安排，更正信息等。这些都可以用通知形式行文。

4. 人事任免通知

人事任免通知一般简明扼要，仅需写明任免的依据和时间、岗位职务、人员等即可。

5. 会议通知

会议通知是告知有关单位、部门或个人参加会议的通知。

（三）通知的构成要素与写作

规范完整的通知一般由标题、主受文单位或部门、正文和落款组成。但是，主受文单位或部门根据需要经常被省略。

1. 标题

标题拟写一般应用三项式，即完全式标题："发文单位+事由+文种"。这是一种较为正式、规范的标题拟写法，如"××公司关于召开年度先进表彰大会的通知"。另一种拟写方法是省略式，在企业内部行文可以省略发文单位。内容简单的通知也可以同时省略发文单位和事由，直接以"通知"为标题。

另外，在批转性通知中，应该省略重复性的"关于"和"通知"文字，如××公司××省分公司下发题为"××公司××省分公司关于加强员工考勤制度执行情况检查的通知"的文件，总公司决定将其转发所有下属公司和部门加以执行。完整的标题应为"××公司关于转发《××公司××省分公司关于加强员工考勤制度执行情况检查的通知》的通知"。在这个标题中发文机关与"关于"和"通知"等文字重复，显得冗长无必要，应简化为"××公司转发××省分公司关于加强员工考勤制度执行情况检查的通知"。

2. 主受文单位

通知大多是下发到有关单位或部门，因此，一般情况下应该明确写清主受文单位。如果是在内部张贴或广播的周知性通知，可以省略。

3. 正文

通知的正文内容一般包括缘由、事项和要求3部分，但正文具体内容的安排与撰写因通知的类型不同而有所差异。

指示性通知的正文内容主要包括行文的依据、目的或意义；上级的指示精神及其具体化；执行要求及其注意事项。其中，后两部分的内容需要分条列项表达。指示性通知应该内容明确，语气肯定，需要下级贯彻执行。

颁发规章制度或批转相关公文的通知的正文内容安排，一般形式是指出谁，经过谁批准，为何原因，根据什么，制定了一个什么内容的公文，现将公文发给或转发给谁，何时、怎样执行。稍微复杂一点的公文可以增加对被转发的公文或针对的事物进行简要评价分析，提出要求等。印发/颁发、转发、批转公文的通知一般要把批转的公文作为附件，在正文中依据实际需要分别选择使用"认真遵照执行""切实遵照执行""参考执行"等不同的执行要求。

知照性通知内容相对简单，只要把行文的依据、目的和事项交代清楚即可，文字简练概括。

会议通知是一种应用最为普遍的通知形式，其内容一般包括召开会议的原因、目的、会议名称、主要议题、到会人员、报到时间、地点、应准备材料、会议要求等，通常采用条文式写法，要求语言简练、表述准确、无歧义。

4. 落款

落款包括发文单位、发文时间，落款处应加盖公章。印章位置应该上不压正文，下压日期。

（四）通知的写作注意事项

通知是企业中使用频次最高的一种公文，在拟写或使用过程中应该注意以下几点。

（1）通知一般要求一文一事，行文简单、清楚。

（2）通知为下行文，不能对上级发通知。但允许主送平级单位和互不隶属的机关或单位。

（3）通知往往具有较强的时效性，注意发文效率问题。

（五）通知参考范例

范例一

××公司关于开展安全生产竞赛活动的通知

各分公司、各部门：

近半年来，我公司已发生多起安全生产事故，造成3人重伤，财产损失逾百万元，教训极为沉痛。为提高全体员工安全生产意识，杜绝类似事故发生，总公司现就开展安全生产竞赛活动事项通知如下。

一、经公司研究，决定自4月20日—5月20日在公司所有生产单位开展为期一个月的安全生产竞赛活动。

二、各单位领导要高度重视此次活动，指定主要领导专人负责此项工作，在一个月内，开展全面的安全隐患自查活动。

三、各单位在活动开展前，应向总公司生产部提交书面的具体活动开展计划，该计划将成为公司评比安全生产先进单位的重要衡量标准。

　　四、公司对于在此期间发生安全事故的单位要通报批评，视情节轻重追究相关领导责任，绝不姑息。

　　五、活动结束后，各单位要及时总结经验教训，对于表现突出的部门和个人应予以表彰。

××公司（公章）
××××年×月×日

关于转发《××市统计局〈关于辖区内高新技术企业上报技能型人才状况统计报表的通知〉》

各分公司：

　　现将市统计局《关于辖区内高新技术企业上报技能型人才状况统计报表的通知》转发给你们，请认真学习文件精神，按规定要求，实事求是地填写各项内容。分公司报表务必在8月10日前上报总公司总裁办。

　　附件：××市统计局《关于辖区内高新技术企业上报技能型人才状况统计报表的通知》

××市××××有限公司（公章）
××××年×月×日

关于印发《北京××文化传播有限公司中层以下领导竞聘上岗实施办法》的通知

公司各部门：

　　鉴于一年来在部分部门实行中层以下经理人员通过竞聘上岗的试点工作取得良好效果，现将《北京××文化传播有限公司中层以下领导竞聘上岗实施办法》印发给你们，请认真贯彻执行。在执行过程中遇到的问题请及时上报公司人力资源部。

　　附件1：北京××文化传播有限公司中层以下领导竞聘上岗实施办法

　　附件2：中层以下领导竞聘上岗实施办法问题反馈表

北京××文化传播有限公司人力资源部（印章）
××××年×月×日

范例四

××××房地产有限公司关于成立营销分公司的通知

公司各部门：

　　为了统一管理我公司房地产开发项目的市场营销行为，提升公司的品牌形象，经董事会同意，公司决定成立营销分公司。营销分公司的主要任务为负责公司现销售楼盘和今后新开发项目的营销宣传与销售管理，营销分公司实行独立核算、自负盈亏。现任命如下：

　　任命武××同志为营销分公司总经理，任期三年；

　　任命姜××同志为营销分公司副总经理，任期三年。

××××房地产有限公司（公章）

××××年×月×日

 **范例五**

××××有限公司人事任免通知

公司各部门、各分公司：

　　公司研究决定：

　　一、任命梁××同志为总公司战略发展部部长，同时免去梁××同志A省分公司总经理职务；

　　二、任命刘××同志为公司A省分公司总经理职务，主持全面经营工作。

　　特此通知。

××××有限公司（公章）

××××年×月×日

五、报　　告

（一）报告简介

　　报告属于陈述性公文，主要用于向上级汇报本单位的工作情况，总结经验教训，提出意见与建议，或者回复上级交代事项办理情况等。报告是上级制定决策和指导下级工作的重要依据。

　　报告内容较其他公文应该具体、翔实，避免空洞无物，根据需要可以发文于事后，也可以制发于事中或事前，一般不具备强制受文单位复文的性质。

（二）报告的主要类型

报告按照用途与报告内容的差异，大致分为以下4种类型。

1. 工作情况报告
工作情况报告是下级向上级反映情况或汇报工作的报告。

2. 建议报告
建议报告是下级单位向上级提出工作建议、措施的公文，或者是请求上级认可、批转下级报告的公文。

3. 答复报告
答复报告是指下级答复上级询问事项的报告。

4. 报送报告
报送报告是下级向上级报送物件或有关材料的报告。

（三）报告的构成要素与写作

报告一般由标题、主送单位、正文、结语和落款等5部分组成。

1. 标题
标题拟写一般应用三项式，即完全式标题："报告单位+事由+文种"，如"××省分公司关于20××年销售业绩大幅下滑问题的报告"。另一种拟写方法是省略式，根据需要经常省略发文单位；在带有单位名称的固定格式文头的公文中，应该省略发文单位，否则会重复出现发文单位。

2. 主送单位
报告是上行文，行文严肃。因此，应该明确写清报告主送单位名称。

3. 正文
报告正文内容的安排与撰写，因报告类型不同而差异较大。

（1）工作情况报告。工作情况报告的内容主要包括工作基本情况、主要成绩或经验教训、现存问题、今后计划等。因为此类报告内容篇幅较长，应恰当安排层次结构、内容主次。如果内容较多，应分条分项陈述，可用序数或分标题划分层次。

下级向上级报告的工作情况主要包括以下内容。

① 严重的灾害、事故、案情、重大喜讯等。
② 重要的企业动态，新政策、新规定的执行情况与群众反馈等。
③ 上级交办或督办的事项进展或承办结果。
④ 财务、税收、物价、质量、安全、卫生防疫等项工作的检查结果。
⑤ 重大活动、重要会议的基本情况。
⑥ 对某项工作造成失误和问题的反思与检讨总结。
⑦ 其他重要的特殊问题或新情况。

（2）建议报告。建议报告的正文一般分为情况介绍与意见措施两部分。情况介绍一般是分析问题，总结经验教训，或者说明建议的依据、原因和目的等。意见措施部分的内容可以采取条列式写法，要求思路清晰、主次分明。

（3）答复报告。答复报告的正文内容包括答复依据和答复事项两部分。答复依据是指上级要求答复的问题，应该写得简明扼要，交代清楚即可。答复事项部分应该针对上级提出的问题进行意见陈述或说明处理结果，要写得周全、具体，注意不能答非所问。

（4）报送报告。报送报告的正文内容十分简单，一般只要把报送物件或材料的名称、数量说清楚即可。

4. 结语

报告经常以习惯用语作为结语，主要用"特此报告""专此报告""请批示""请审阅""如无不妥，请批转有关单位执行"等作为结语。根据需要，有些报告也可以省略结语。

5. 落款

落款包括发文单位、发文时间，落款处应加盖公章。印章位置应该上不压正文，下压日期。

（四）报告的写作注意事项

报告是企业中使用频次非常高的一种上行公文，在拟写或使用过程中应该注意以下几点。

（1）报告要求一文一事，坚决杜绝一文多事。

（2）报告不同于一般公文，要求简洁、概括。报告是行文单位工作情况的总结或某一事项的调研结果，往往成为上级单位决策的重要依据。因此，报告要求内容翔实、清楚。

（3）报告为上行文，不能对下级行文。行文应该注意时效性。

（五）报告参考范例

范例一

××服装厂
关于第二生产车间发生重大火灾事故的报告

总公司总裁办：

××××年6月5日凌晨4时25分，我厂第二生产车间发生重大火灾，经过消防队近4小时的扑救，于8时许明火全部扑灭。此次火灾损失严重，该车间内的半成品服装和衣料全部烧毁，损失初步估计约为150万元。

经初步调查，这次火灾属于安全责任事故。火灾的直接原因是车间电源线路老化脱皮漏电引起火灾。当日晚间值班人员何××未按值班要求在非生产时间进行拉闸断电，负有主要安全责任。同时，车间电工组长于××对于车间生产电源线路年久老化，早应更换的情况未

及时处理,也负有一定责任。

这次火灾事故损失巨大、教训惨痛,暴露了我厂在安全管理方面存在许多问题:领导对安全问题重视不够,安全意识不强;安全管理制度不健全,安全制度执行不到位;违章作业严重等。

火灾发生后,我厂迅速成立以厂长为组长的安全事故处理小组,认真调查事故原因,处理善后事务。事故处理小组经过认真调查取证后,对相关责任人员处理如下。

一、对主管安全副厂长全厂通报批评,本人做出书面深刻检查,扣发半年奖金。

二、撤销第二车间刘××车间主任职务,扣发一年奖金。对于值班人员何××,车间电工组长于××给予留厂察看处分,扣发一年效益工资和奖金。

今后,我们一定吸取教训,切实加强对安全工作的领导,建立健全安全管理制度,落实相关人员责任,努力做到防患于未然,为企业创造良好的经营秩序和经营环境。

××服装厂(公章)
××××年×月×日

范例二

××省饮料分公司
关于改变我省一、二季度销售下滑趋势措施的报告

总公司市场部、广告部:

根据总公司一、二季度销售统计数据,我省同比销售量下降23%。按照总公司要求,我们专门成立由销售部、行政部、财务部等部门人员组成的调查小组,深入调查研究,就其主要调研内容和基本结论报告如下。

发现销售业绩下滑的原因主要有两方面:一是我省上半年气候等客观原因;二是市场竞争状况发生了变化。

1. 我省今年冬春季销量出现大幅下滑的客观原因

(1)我省今年冬春季气温较往年同期平均气温低3℃~5℃,饮料需求大幅度降低。××

(2)××

(3)竞争对手××公司今年初新推出××品牌新产品,加大了营销宣传力度,抢走了部分顾客。××××××××××××××××××××××××××××××××

2. 建议总公司采取有效措施,遏制销售下滑势头

(1)调整我省今年全年销售任务指标。××××××××××××××××××××××××××××××××××××

×××

（2）加大三、四季度我省广告投放力度，追加广告投放额。××××××××
××××××××××××××××××××××××××××××××××××××
×××××××××××××

（3）针对竞争对手××公司制定新的营销组合措施，抢占市场份额。××××××
×××××××××××××××××

特此报告。

××省饮料分公司（公章）
××××年×月×日

范例三

××省饮料分公司
关于第一、二季度销售业绩大幅下滑原因的报告

总公司市场部：

《关于迅速上报你公司第一、二季度销售业绩下滑原因的通知》（办发〔20××〕××号）收悉。

按照总公司通知要求，我们专门成立由销售部、行政部、财务部等部门人员组成的调查小组，深入调查研究，发现销售业绩下滑的原因主要有两方面：一是我省今年冬春季较往年同期平均气温低3 ℃～5 ℃，饮料需求大幅度降低；二是竞争对手××公司今年年初新推出××品牌新产品，加大了营销宣传力度，抢走了部分顾客。

目前，我们正在抓紧制订应对计划，以避免销售业绩继续下滑。计划制订后会及时上报。

特此报告。

××省饮料分公司（公章）
××××年×月×日

六、请　　示

（一）请示简介

请示属于典型的上行公文，主要用于向上级请求批示、批准。请示与批复是一组对应公文，请示具有请复性，即要求上级给予回复。

请示的适用范围主要包括以下几个方面。

（1）对于上级单位的方针、政策、指示和规章制度认识不够明确，或者有不同理解的地方，需要上级单位给出相应解释。

（2）本单位出现某一具体困难或特殊问题，需要上级单位批复解决。

（3）需要上级单位对某项政策、制度、规则等进行变通。

（4）不经请示，本单位无权决策或自行处理的问题。

（5）涉及方面广、部门多，需要上级进行协调的问题。

（二）请示的主要类型

请示主要分为以下两种类型。

1. 请求指示的请示

请求指示的请示多是涉及认识问题，或者政策、制度上的问题，下级需要上级给予明确的解释或答复。

2. 请求批准的请示

请求批准的请示是下级单位无权决定或处理的事项，需要得到上级的批准或认可的请求性公文。

（三）请示的构成要素与写作

请示由标题、主送单位、正文、结语和落款等部分组成。

1. 标题

标题拟写一般应用三项式，即完全式标题："发文单位+事由+文种"，如"××省分公司关于破格提拔××同志为销售经理的请示"。另一种拟写方法是省略式，经常省略发文单位。

请示标题的拟写，应该注意不能将"请示"写成"报告"，混淆两个文种的差异；也不能将两者并用，写成"请示报告"。"请示"已经非常清楚，标题中无须再出现"申请""请求"一类的词语，更不能用这些词语替代"请示"。

2. 主送单位

请示是请求指示或批准的上行文。因此，主送单位为一个，应该是请示事项的主管单位或部门。

3. 正文

请示正文的内容主要包括以下几个方面。

（1）缘由。请示的缘由应该写在请示开头，写明提出请示事项的理由、背景和依据。请示缘由的陈述要理由充分、依据明确，背景情况要介绍清楚。

（2）请求事项内容。请求事项的内容要明确而具体，提出的意见和计划要实事求是，才能有利于得到批准。例如，下级就某一项目申请拨款，事项情况及款项具体用途不能含糊其辞，申请拨款数额不能脱离实际情况。

4. 结语

请示结语是最后请求上级给予批复的，经常使用"当否，请指示""妥否，请批复""请审核批复""以上意见当否，请指示/批复"等作为结语。请示结语不能省略。

5. 落款

落款包括发文单位、发文时间，落款处应加盖公章。印章位置应该上不压正文，下压日期。

（四）请示的写作注意事项

请示是企业中使用频次非常高的一种上行公文。但是，许多单位使用请示时不规范，甚至出现原则性错误，尤其是对外部有关主管机关行文时。因此，在拟写或使用请示的过程中应该重点注意以下几点。

（1）请示要求一文一事，坚决杜绝一文请示多个事项。

（2）请示只能报送一个主管单位，不能主送两个或两个以上单位。如果确有需要，可以主送一家，抄送一家。主送单位应该是有实际批复权限的单位。

（3）请示公文不能越级请示，不得抄送下级单位。

（4）注意请示与报告的区别，不能混同使用。请示在于请求指示、批复，报告主要是汇报工作；请示一定是事先请示，报告往往是事后报告；请示一定要求回复，报告则不一定需要回复。此外，这两种公文的内容与处理方式也有较大差异。

（五）请示参考范例

范例一

关于购买商务用车的请示

何副总裁：

近两年来，我公司销售业绩迅速提高，全国销售额以每年超过30%的速度增长，20××年度销售总额达到2亿元人民币。随着销售业务的快速增长，市场部每年接待的客户数量也快速增长。20××年，市场部接待外地客户16次，人员41人；20××年，市场部接待外地客户增加到24次，人员72人；20××年，接待客户达到37次，接待人员超过100人。市场部现有商务用车三部，一部金杯牌中型面包车，一部捷达轿车，一部桑塔纳轿车。捷达与桑塔纳轿车主要用于销售人员的本市销售推广和销售回访；金杯面包车主要用于接待客户。金杯面包车购于20××年4月，现已行使24万公里，维修费用急剧增加，车体破旧，严重影响工作的正常开展，也对公司形象产生了不良影响。

添置商务用车已经到了刻不容缓的地步，因此，我部请求增加上海通用公司生产的别克

8座商务用车两部(型号为:××××),预计购车总费用为××万元。

以上意见当否,请批示。

××公司市场部(公章)
××××年×月×日

范例二

请　　示

总公司:

按照总公司《中层以上干部管理办法》(人办〔20××〕×号)规定,各省分公司设立总会计师岗位,负责该省分公司的财务会计事务。目前,在我公司内部,总会计师既是行政职务,又是专业技术职称。当前,我分公司有马超和赵宇两人均为总会计师职称,究竟应该由谁负责分公司的财务会计工作,恳请总公司尽快给予明确,以免影响正常工作。

以上认识是否妥当,请速批示。

××省分公司(公章)
××××年×月×日

七、批　　复

(一)批复简介

批复是上级单位用以答复下级请示事项的公文。批复与请示是一组对应公文,先有请示后有批复。

批复具有以下特点。

(1)权威性。批复是上级单位的答复,是上级单位组织意志的体现,具有执行强制性。

(2)被动性。因为先有下级请示,才有上级批复。没有请示也就没有批复的产生。

(3)针对性。批复的内容要依据请示事项而定,具有针对性;主送单位也只能是被请示单位。

(二)批复的主要类型

批复的类型依据不同的标准,可以有多种划分情况。在此,根据批复的内容将其划分为

肯定性批复和否定性批复两种类型。

1. 肯定性批复

上级同意下级的请求，认可下级的意见或做法的批复称为肯定性批复。

2. 否定性批复

上级不同意下级单位的请求，给予否定的答复称为否定性批复。

（三）批复的构成要素与写作

批复由标题、主送单位或部门、正文、结语和落款等部分组成。

1. 标题

完全式批复标题的拟写为："发文单位+批复事项+行文对象+文种"，如"××总公司关于同意自筹资金修建员工宿舍楼问题给第三分公司的批复"。

经常使用的标题拟写方法是省略式，可以省略行文对象或发文单位。例如，"××总公司关于同意破格提拔××同志为销售经理的批复"，省略了行文对象；"关于同意破格提拔××同志为销售经理的批复"，又省略了发文单位。还有一种拟写方法为"发文单位+原请示标题+文种"，如"××总公司《关于破格提拔××同志为销售经理的请示》的批复"。

2. 主送单位或部门

批复的主送单位只能是一个，应该是上报请示事项的单位或部门。

3. 正文

批复正文主要包括以下内容。

（1）批复引语。批复的开头是引述来文，引用公文应当先引标题，后写发文字号。这样可以使请示单位一开始就清楚批复的针对事项，如"你公司《关于添置办公设备的请示》（办发〔20××〕13号）收悉。"

（2）批复事项内容。在这部分，上级应针对请示中提出的问题，给予明确具体的答复。如果完全同意请示内容，就陈述肯定性意见，一般要先把请求事项的内容简要复述，而不能笼统地写"同意你们的意见"之类的话。如果是部分同意请示内容，要明确写明同意的内容，以及不同意部分的理由。如果不予同意，一定要在否定性意见后简要写明理由。

4. 结语

批复可以使用"此复""特此批复"等作为结语。批复结语可以省略。

5. 落款

落款包括发文单位、发文时间，落款处应加盖公章。印章位置应该上不压正文，下压日期。

（四）批复的写作注意事项

在拟写批复的过程中，应该重点注意以下方面。

（1）保持批复的高度针对性，不要涉及其他事项。

（2）拟定批复，应该事先进行充分的调研，核实请示事项的真实性、准确性和必要性。

（3）批复应该态度明确，答其所问，对所有请求应该有所交代。

（五）批复参考范例

 范例一

关于同意拨款修建地下车库的批复

××分公司：

你公司《关于提请拨款修建地下车库的请示》（××食字〔20××〕×号）业已收悉。经研究批复如下。

同意你公司在仓库库区范围内修建 1 200 平方米地下车库一处，请自行到有关主管部门办理相关手续。

总公司拨付 50 万元作为你公司修建地下车库专项款，要求专款专用，不得挪作他用。不足部分请自筹解决。

××总公司（公章）
××××年×月×日

 范例二

关于××分公司申请修建公司招待宾馆的批复

××分公司：

你公司《关于修建公司招待宾馆的请示》（××食字〔20××〕×号）业已收悉。经研究批复如下。

总公司认为你们的业务招待客人总量不足，且存在严重的季节分布不均现象。此外，修建招待宾馆需要投入大量资金，分散财力、物力和主要管理人员精力，会影响主业经营，故总公司不同意你们修建招待宾馆的请示。

特此批复。

××总公司（公章）
××××年×月×日

八、函

（一）函简介

函是党政机关、人民团体、企事业单位使用频繁的一种平行文。函主要用于不相隶属单位之间相互商洽工作、询问和答复问题，或者向有关主管部门请求批准事项（发文单位与主管机关不属于同一系统）。

函作为一种平行文种，应用广泛、特点鲜明。

（1）内容范围不受限制，比较简单，一般一函一事。

（2）使用灵活简便，不受作者职权范围与级别的限制。

（3）同样具有公文的法定效力，可郑重表明作者意志，对受文者也具有强制约束力。

（二）函的主要类型

函可以划分为多种类型。依据正式程度，函可以划分为公函与便函；依据内容与用途不同，函可以划分为商洽函、询问函、答复函、请批函和批准函；按行文主动性与被动性，函可以简单区分为发函和复函两种。

1. 发函

发函是指平行单位之间或不相隶属单位之间进行商洽工作、询问问题或请求回复的公文文种。

2. 复函

复函是指对于来函给予答复的公文文种。

（三）函的构成要素与写作要求

公函具有严格的公文格式，构成要素由标题、主送单位或部门、正文和落款等部分组成。便函则格式灵活、写法自由，可以不写标题、不编文号。以下主要介绍公函的构成要素与写作要求。

1. 标题

函的标题拟写亦有多种情况。①"发文单位+事由+文种"，如"××公司关于请求退还被扣车辆的函"。②省略发文单位，如"关于请求拨款举办赈灾文艺晚会的函""关于拨款举办赈灾文艺晚会的复函"。此外，有时根据需要，在标题中还应增加受文单位，如"××工商管理局关于工商管理费用缴纳期限问题给××总公司的复函"。

2. 主送单位或部门

发函或复函的主送单位都应该写清楚。

3. 正文

函的正文内容，发函与复函有所不同。

发函的主要内容包括行文的原因和目的；需要商洽、询问或请求回复的具体问题和事项，向对方介绍自己的意愿和方案，陈述依据、理由和背景；最后提出希望或要求，常以"请复文""请予批准""望予协助""此致""特此函告"等作结。

复函的主要内容包括指明所针对的来函标题、文号、时间等；答复询问，表明态度、立场和解决问题的办法，提出疑问，陈述理由；提出希望、要求或致谢，常以"特此函复"作结。

4. 落款

落款包括发文单位、发文时间，落款处应加盖公章。印章位置应该上不压正文，下压日期。

（四）函的写作注意事项

在拟写函的过程中，应该注意以下几点。

（1）语言表达应概括、简约、明白。

（2）行文应该郑重，体现出平等、尊重、真诚，切忌凌驾于人；同时也要注意不能过于委婉。

（3）准确使用专用词语和惯用语，以合适的分寸表达文义。

（五）函参考范例

范例一

××××公司关于请求协助培训员工阿拉伯口语的函

××大学培训中心：

为适应我公司在北非阿拉伯国家工程项目工作需要，我们急需对拟外派北非工作的20名技术工程人员进行阿拉伯口语强化培训半年。为此，特恳请贵校给予大力支持。有关进修费用等事项，均按贵校有关规定办理。

谨请函复。

××××公司（公章）

××××年×月×日

 范例二

××××厂关于同意调低产品出厂价格的复函

××营销公司:

贵公司《关于商请降低代销产品价格的函》(××字〔20××〕×号)收悉。

经研究,同意你们提出的调整我厂产品出厂价格,靠拢市场均价的建议,决定从5月1日起调低我厂产品的出厂价格,在原合同价格基础上统一降低200元人民币/吨,希望贵公司主推我厂产品,共图发展。

特此函复。

××××厂(公章)

××××年×月×日

第三章

企业事务性应用文书

企业事务性应用文书是指企业经营过程中针对日常某一事项而撰写的特定用途的内部应用性文书。这类文书与行政性公文的主要差异在于行政性公文是在履行某一单位或部门的行政职能与职权，该类文书具有强烈的行政色彩和强制约束力；而事务性应用文书则不具有行政性和执行约束力。在本章中主要介绍企业经常使用的一些事务性应用文书及其写作要点，如工作计划、工作总结、简报、产品/服务说明书、介绍信、证明、启事、推荐信、大事记等。

本章中介绍的事务性应用文书应用十分普遍，是党政机关、人民团体、企事业单位等社会组织通用的一些应用文书。但是，不同性质组织使用的事务性应用文书内容会有所差别。在此，仍以企业为使用对象来介绍常见的事务性应用文书的写作。

一、企业经营计划

（一）企业经营计划简介

企业经营计划是企业经营思想、经营目标、经营方针、经营战略与策略的具体化，是企业在一定时期内综合经济活动的全面统筹规划。企业在政府计划的指导下，使企业内部经营条件适应外部经营环境的变化，结合当前与长远发展的需要，安排企业全部经营生产活动，以求实现预期经营规划的目标而形成的企业指导性文件。企业经营计划着眼于长远战略目标，其在企业的计划体系中，处于战略性高度的地位。

企业经营计划的目标任务主要有以下几方面。

（1）保证国家指令性计划的落实与实现；自觉地服从国家指导性计划的客观指导。这种服从不应该是机械的执行，而应是实事求是的、有创造性的执行。

（2）运用系统分析和正确的决策手段，把国家计划、社会需要与市场需求，同企业的经营目标有机地结合起来。

（3）通过积极的综合平衡，使计划规定的任务与企业的能力、企业的各项资源相协调；

使各项技术经济指标相协调；使企业内各部门之间的经济活动，以及外部的专业协作、物资供应、营销活动等相协调；使企业能够取得最大的经济效益。

（4）通过控制与调节，发现并消除各种不协调的因素与偏差，以确保企业经营目标的实现。

企业经营计划是企业科学运营的重要的基础性文件，是为企业和部门确立一定期限内工作目标和标准的指导性文件。

（二）企业经营计划的类型及其编写

企业经营计划主要包括长期经营计划和年度经营计划两种基本类型。

1. 长期经营计划

企业的长期经营计划是5年以上的计划，是企业在未来相当长的时期内具有纲领性的经营活动计划，有明确的经营奋斗目标，涉及的都是企业发展的重大问题和战略性问题。在整个国民经济发展计划的宏观指导下，企业通过制订长期经营计划，充分调动自身的主观能动性，使经营活动具有预见性和科学性，以增强企业的自我发展能力。

结合我国企业的实际情况，编制五年计划或更长期的规划，其方法与步骤大致如下。

1）分析研究企业经营环境与经营要素

（1）经营环境，也称为企业的外部环境。一般经营环境是企业不可控制的因素，但可以实行某种程度的有限影响。经营环境的构成可以分为以下两类因素。

一类是非市场因素，主要包括政治环境因素，如党和国家的方针、内外形势的稳定情况，军事与战争等；经济环境因素，如国民经济发展与经济结构，经济改革，经济资源，以及国际经济发展趋势等；社会环境因素，如人口、民族、宗教、文化教育、风俗习惯，以及生态环境等。

另一类是市场因素，主要包括同类产品和代用品的数量；用户的需求动态；消费水平、消费结构、购买力的变化；竞争对手发展动向、技术水平、产品质量、价格等；原材料、能源供应情况与价格等；产品流通渠道、流向、分布、途径、方式等。

（2）经营要素，一般称为企业内部条件。这是企业可以充分调动的因素，主要包括经营资源与经营手段。经营资源主要是指人、财、物。人力资源：领导班子、专业技术队伍、职工技能水平等。财力资源：固定资产、流动资金、专用资金等。物质资源：厂房、场地、设备、工装、运输与仓储、职工生活福利设施等。经营手段是对人、财、物、时间、信息等资源的合理运用能力，以及达到预期效益的方式、方法。

2）预测并确定经营目标

预测是一项细致的工作，它依靠收集到的各种信息与数据的准确性。通过预测可以为确定企业的经营目标提供充分的科学依据。

企业长期经营目标应以提高经济效益为核心，即优质、低耗、高效益、扩大市场。具体方面主要有：① 资金利润率、投资利润率；② 提高产品（或服务）质量目标；③ 降低物质消耗目标；④ 提高劳动生产率目标；⑤ 提高经营稳定性，提高经营安全性，扩大市场占有率；⑥ 提高职工福利与收益水平。

3）提出多种方案并进行决策

方案就是达到经营目标的方法、措施和途径。与短期计划的有限方案不同，五年计划和更长期计划应多提一些方案，这样才有利于比较、创新。

4）制定经营方针、经营战略和策略并着手编制计划

经营方针、战略、策略的制定与方案的决策是交叉进行的，确定以后就要形成文件（初稿）。长期计划一般由文字表述部分与数据表格两大部分组成。企业的长期经营计划，须经职工代表大会审核通过，成为正式文件。

5）计划的实施、检查与修订

编制企业的年度经营计划是对长期计划的补充、调整和充实。计划的检查与修订，针对的是计划实施过程中的偏差；没有检查就不能发现偏差，出现偏差就要对计划进行适当的调整和修订。

长期经营计划一般可采取年度计划调整，滚动方式修订。

2. 年度经营计划

企业经营计划的重点和着眼点，在于实现长期经营战略性目标，但是也绝不能忽视短期年度经营计划，因为这是一步步实现长期目标的必由之路，是攀登理想目标的坚实台阶。

年度经营计划编制的方法与步骤原则上与五年计划的编制方法与步骤是一致的，但内容更细致、更具体。

（1）计划期的市场预测。企业的销售预测，其精确性要更高些，为此收集的各种信息与数据要准确，一般应经过核实，如能做到这一点，再选用适当的预测方法，这种短期预测的精度是有保证的。

（2）在决策过程中，不要求提供很多备选方案。因为具体任务已很明确，只要几个有限方案就已经足够了。

（3）年度计划是执行性的。在编制程序上，过去一般采取"两上两下"的形式，这有以下双重含义。① 过去大部分是指令性计划，由企业向上级主管部门提出建议计划大纲，经主管部门逐级平衡上报后，向企业下达指标草案；企业按照这个指标草案进行测算平衡，上报计划草案；经上级部门审核批准后，下达正式计划（二次上，二次下）。② 在企业内部一般还要经过"两下一上"，即先由公司、总厂或厂部初步平衡后向下边的事业部、分厂、车间及其他所属部门下达分解的计划任务草案，经下边测算平衡后上报本部门的计划草案，最后经上边再次平衡、定案并交职工代表大会审核（有的还须报请上级主管部门审批后，再正式下达计划）。

随着改革的进展，今后指令性计划的范围将进一步缩小，大多数企业将主要根据指导性计划和市场需求，编制年度计划并报上级主管部门备案即可。

（三）拟写企业经营计划的注意事项

一般而言，拟订企业经营计划，应该注意以下几点。

（1）经营计划的适应性，表现为企业对经营环境的变化能够更加适应。

（2）经营计划的全面性与综合性，表现企业作为一个相对独立的、自负盈亏的经济实体，对其综合经济活动全面负责。

（3）突出经济效益观念，既要优质，又要降低各种消耗。

（4）近期计划与长期计划要密切结合，着眼于长远经营目标的实现。

（5）科学性，即运用科学的预测、系统分析和决策方法为手段。

（6）经营计划的测算平衡工作要求细致、准确，并且贯彻整个计划工作的始终，尤其重视执行与控制。

（四）企业经营计划参考范例

范例

××××葡萄酒厂五年计划（20××—20××）

××××葡萄酒厂致力于用加州最好的葡萄，生产世界一流的葡萄酒。我们计划扩大现有的产品线，在今后5年扩大经营。我们希望把现有的每年400万美元的收入增加50%以上，达到600万美元，而净利润将从现在的30万美元增加到55万美元。

我们将通过最大的努力实现企业的扩大与发展。我们计划增加葡萄种植面积，以收获高品质的葡萄，提高葡萄酒的产量。为了适应消费者的口味变化，我们将对产品线进行改进，生产出更清淡的葡萄酒。

我们也将对公司的人员培训进行投资，因为他们是我们最重要的资产。虽然我们的雇员报酬在同行业中已经是最高的了，但是我们仍计划在今后5年的时间内增加新的福利和奖金。

在市场方面，我们计划扩大葡萄酒品尝中心，这将有助于在当地市场强化我们的形象；同时，我们也想加强在全国的知名度及产品形象，尤其是在密西西比东部的城区市场。我们计划聘请新的人员，以及发展同东海岸主要批发商的关系来实现这一目标。

为了贯彻我们企业的长期目标，我们将追求以下的具体目标。

● 继续提高葡萄酒的质量，以便能在每年加州葡萄酒品酒大赛中获得至少两枚金牌。

● 扩建品酒招待所和餐馆，以便每天都能提供服务，而且能招待40人进餐。

● 监控葡萄酒味道的变化，能够测试至少两种红葡萄酒的混合。

● 在一年内任命一名专职的营销董事，他应能够贯彻并实现营销和分销的目标。

● 在今后一年半的时间内与东海岸的大批发商签订协议。

● 大力做广告宣传自己，提高品牌知名度，在高利润细分市场中至少占有75%的份额。

● 扩大种植面积，到第五年，每年生产5万箱各种葡萄酒。

● 扩大红葡萄的种植面积，使其产量占全年总产量的40%。

- 对目前工艺水平的装箱设备投资400万美元,减少对供应商的依赖。
- 为全体全日制及半日制雇员增加奖金和福利,提供健康和退休福利。
- 使所有者的投资报酬率达到10%。

二、(部门)工作计划

(一)(部门)工作计划简介

工作计划是为完成一定时期的工作任务而事前拟定目标、措施和基本要求的事务性文书。工作计划是使用频率很高的一种事务文书。

计划的实质是对工作目标和内容的具体化。其对整个工作开展及进度有着重要的指导、推动和保证作用。工作计划主要有以下3个特点。

(1)预见性。制订工作计划需要进行调查研究,如上一阶段的工作情况怎样,实施计划的内部条件和外部环境如何,并以此为依据确定工作目标、具体做法及实施步骤。但工作计划毕竟是对未来工作的设想,对可能遇到的新情况、计划实施步骤、完成时间,都应该预先估计到。因此,制订计划必须留有余地,在实施过程中一旦发现与实际有不符的地方,或者出现新情况,便须作出切合实际的修改。

(2)指导性和控制性。工作计划一旦成文,就对实践起一种控制和约束作用。制订计划就是为了克服工作中的盲目性,指导工作执行者不至于盲目冒进,或者偏离工作方向,能始终朝着既定目标去做,目的也是控制工作方向、规模、速度,使任务能保质、保量、按时完成。

(3)可操作性。工作计划必须具体明确、切实可行和符合实际。目标定得过高,无法实现和完成;定得过低,计划又无法起到指导、激励作用。

(二)(部门)工作计划的基本结构和写法

一份工作计划一般由标题、正文两部分组成。

1. 标题

(部门)工作计划的标题一般包含单位名称、时限、内容和文种,如"万达公司销售部2009年工作计划"。这是一个"完整式"标题,也有省略时限(时限不明显或临时的单项工作)的标题。

2. 正文

正文通常包括前言和计划事项两部分内容。

(1)前言。前言又称导语。这是制订计划的基础,要写得简明扼要、灵活多样。

前言内容通常主要有对基本情况的分析,或者对计划的概括说明,或者说明依据什么方针、政策，以及上级的什么指示精神，在什么条件下制订这个计划，完成这个计划的必要性、可能性，以及要达到什么主要目的等。

（2）计划事项。计划事项是计划的主体。无论是哪一种计划，计划事项都应包括目标、措施与步骤、要求3项内容。目标、措施与步骤、要求被称为计划的"三要素"。

目标是回答"做什么"的问题，可以是总体目标，也可以是具体任务或指标。总体目标往往是实现计划的最终目的，是多方面综合指标的最终体现。具体任务或指标则是具体说明要完成的任务，达到什么指标，做好某项工作，开展某项活动等，务必写得具体明确。

措施与步骤是解决"如何做"的问题，包括组织分工、进程安排、物质保证、方式与方法等。组织分工可以说明领导机构，进程安排，主要是对目标实现分步走的问题，一般要安排若干阶段。如果是年度计划，每一季度或月份要完成哪些工作，要达到什么指标都要加以明确。如果是专项计划，则要划分阶段，明确每一阶段的大致任务及具体安排，如做好某项工作，可以分为准备阶段（包括传达、动员、学习、成立组织、物质准备等）、实施阶段（具体工作的展开、落实）、总结阶段（扫尾、总结）。

（3）计划要求是回答和解决"做成什么样""如何保证做完"的问题，主要体现在质量、数量、时间方面上的要求。

（三）（部门）工作计划写作的注意事项

（1）要充分考虑计划的可行性，做到反复论证，从多种计划方案中择优，实事求是地确定计划的目标和任务，并适当留有余地。

（2）要服从企业总体规划，坚持整体和全局观念，既要服从大局，协调好多种关系，又要体现本单位工作的特点和要求。

（3）工作计划制订要集思广益，以保证计划的认同度和可行性。这样在执行计划中就能更好地发挥基层员工的积极性，减少阻力。

（四）（部门）工作计划参考范例

范例

××公司20××年新入职员工培训指导计划

第一章 培训指导目的与内容

1. 培训指导的目标

对本企业新录用的员工介绍企业的经营方针，传授本企业员工所必备的基本知识和业务技能，提高其基本素质，使之在较短时间内成为符合要求的员工。

2. 培训指导的主要内容

（1）深入了解并认同本企业的经营宗旨、价值观、企业远景和社会使命等企业文化内涵。

（2）了解本企业的历史沿革、现状、在产业中的地位和经营状况。

（3）了解本企业的机构设置和企业组织。

（4）学习并掌握本企业的规章制度和厂规、厂法。

（5）掌握本企业各部门的业务范围和经营生产项目。

（6）了解本企业的经营风格和员工精神风貌。

（7）了解本企业对员工道德、情操和礼仪等方面的基本要求。

（8）通过教育培训考察学员的个人能力和专业特长。

第二章 培训指导实施要领

1. 培训指导者

（1）企业主要领导全面负责培训指导工作，其他领导应参与。

（2）计划的编制和组织实施由人力资源部具体负责。

（3）企业全体员工都应协助培训工作。

2. 培训时间

培训时间一般为3个月，根据实际情况可适当延长或缩短。

3. 编班

为便于组织培训，根据学员学历，可分成不同的班组，并指定一名班组长。外出参观或实习时，可根据实际需要，重新编班。

4. 时间安排

集中培训的时间安排为"上午：×时×分到×时×分；下午：×时×分到×时×分"。实习时间同企业工作时间一致。参观时间视情况而定。

5. 培训指导方法

（1）专业知识传授采取集中授课的方式。

（2）实习则采取到实习工厂或企业车间部门实际操作的方式。

（3）参观。根据教员的布置，实地考察，并由学员提交参观报告。

（4）培训日记。培训期间，要求学员记录培训的感想和认识，以提高学员的观察和记录能力。

（5）在培训过程中，尽量让学员接触生产实践，尽量提供更多的参考资料和视听教材。

第三章 岗位模拟安置

1. 岗位模拟安置的目的

在新员工教育培训期间，根据企业的组织设置，将学员模拟安排到不同部门，以考察其能力和适应的部门，为正式安排工作岗位提供依据，同时也使新员工尽快地了解企业情况。

2. 时间安排

岗位模拟安置时间从培训正式开始起,到正式安排止。以15天为一周期,全体学员轮流更换工作。

第四章 培训实施要领

1. 基础理论培训指导(见附表一)(略)
2. 实习培训指导(见附表二)(略)
3. 注意事项
(1) 对企业的机构设置、规章制度、生产经营管理系统要作重点介绍。
(2) 对各部门的职权范围、工作内容等要作详尽介绍。
(3) 要让学员清楚地掌握工作性质和责任。
(4) 要使学员真正掌握岗位业务知识。
(5) 要重点培养学员的责任心和效率意识。
(6) 培养学员的礼仪修养,养成礼貌待人的习惯。
(7) 使学员意识到校园生活与企业生产的差别,感知到自己新的责任与地位。
(8) 培养学员尊重制度、严肃认真的工作态度。
(9) 注意培养学员的团队合作精神和企业大局意识。

××公司人力资源部
××××年×月×日

三、企业工作总结

(一)企业工作总结概述

企业工作总结实际上是企业对于一定期间内某一项工作或企业全局工作进行的回顾、检查、分析和研究,从中总结经验教训,以指导今后工作的书面材料。企业工作总结属于企业事后控制的一种方法。

通过企业工作总结,一方面可以对企业取得的成就进行梳理,总结出好的经验和规律,供以后工作参考,同时可以鼓舞士气、增强信心;另一方面可以对工作中已经存在或潜在的问题指明改进的方向。因此,企业工作总结是企业正视过去、面向现在、展望未来的一项重要管理工作内容,也是企业或企业部门、项目组开展工作的一个重要工具。

(二)企业工作总结的常见类型

工作总结的运用非常广泛,因为企业工作总结是实施管理职能的一项常规工作。任何一项工作、一个项目在不同阶段或结束时，一个部门在一定时期的工作情况都需要撰写工作总结。

（1）从时间上划分，工作总结分为周总结、月总结、季度总结和年度总结等。

（2）从形成部门和总结内容上划分，工作总结分为公司总结和部门或项目总结。职能部门总结主要包括生产部门工作总结、研发部门工作总结、质量检测部门工作总结、后勤部门工作总结、营销部门工作总结、仓库保管部门工作总结等。

（3）从性质上划分，工作总结包括综合性总结和专题性总结。综合性总结是指对本企业、本部门一段时间内各方面工作所作的全面总结，如"××公司20××年工作总结"等。专题性总结是指针对某项工作或某方面的工作所作的专门总结，如"招商引资工作总结""某项目投资工作总结""节能增效工作总结""安全工作总结""机构改革工作总结"等。

（三）企业工作总结的构成要件与写作要求

企业工作总结一般由标题、前言、正文、结尾与落款构成。

1. 标题

标题的写法一般是由单位、时间、内容和文种4个项目构成，如"××公司20××年××工作总结"。有时根据需要可以省略时间或单位，如"公司生产部关于减员增效工作的总结""关于20××年安全生产工作的总结""关于企业节能减排工作的总结"。有时还可以采用主标题加副题的形式，如"促进领导队伍的年轻化、专业化和知识化——××公司20××年人事改革工作总结"。

2. 前言

前言即总结工作背景的简单介绍，主要是简单介绍所总结工作的根据、背景、时间和内容等，有时还要对主要成绩和经验进行简单概括，以取得开门见山的效果。

3. 正文

正文内容主要包括工作步骤和成绩的说明；说明工作的收获；主要经验的分析和归纳；存在的问题及其原因分析；近阶段或下一阶段努力的方向等。

4. 结尾与落款

结尾是对整个报告作一个简单小结，要多展望未来的乐观前景。落款要写明报告人或报告部门，以及报告的时间。

（四）撰写时的注意事项

企业工作总结的撰写是一项较为艰苦的脑力劳动而且是一项思维创新工作，要写出一篇高质量的工作总结并非易事。这就要求撰写者要做到胸怀全局，心中有思路，脑子有条理，才能笔下有文章。撰写工作报告时应该做到"三忌三宜"。

1. 三忌的内容

(1) 一忌内容空洞，理论多于实践，说教多于指导，唱高调泛泛而谈，文字优美但对现实起不到指导作用。

(2) 二忌操之过急，没有平时积累，没有长期调查，没有系统思考，闭门造车，匆匆一蹴而就，质量不高。

(3) 三忌毫无新意，陈词滥调，没有创意，可操作性不强。

2. 三宜的内容

(1) 宜新。要写出有新意的总结报告，首先要站在全局的高度看待问题，分析整个行业环境、国家经济态势等，对企业内部总体工作了如指掌，通过不断思考，抓住亮点，着力加工，把新理念和新思想融入报告中，努力采用新理念、新方法。

(2) 宜实。写报告要深入实际，认真调查研究，获得第一手材料，坚持实事求是，紧密结合本单位的具体情况，既有明确的目标，又有积极可行的措施；既要科学地反映上年度工作的经验教训，又能正确分析当前面临的新情况、新问题，提出开创新局面的基本要求。写实事，说实话，出实效，不能哗众取宠。

(3) 宜效。写工作总结的目的是指导未来工作，所以，总结中的对策和建议要落到实处，不必面面俱到，但是要重点突出，具有可操作性。因此，总结是否能取得实效，要坚持走群众路线，在广泛征求意见的基础上，反复讨论修改，使工作总结成为广大员工的经验和智慧的结晶。

（五）企业工作总结参考范例

 范例

××人寿保险公司××营销区部20××年终工作总结

20××年是中国保险市场竞争更加激烈的一年，同时也是中国人寿保险发展历史上重要的一年，××人寿保险公司××营销区部在市公司党委、总经理室的正确领导下，认真贯彻落实年初市保会和市公司总经理室提出的各项要求，紧紧围绕分公司下达的各项工作指标，以业务发展作为全年的工作主题，明确经营思路，把握经营重点，积极有效地开展工作，取得了较好的成绩。为了给今后工作提供有益的借鉴，现将我区部20××年的工作情况和明年的工作计划汇报如下。

一、20××年的经营成果

截至11月30日，××营销区部在全体业务同仁和工作人员的共同努力下，共实现新单保费收入××××万元，其中期缴保费×××万元，趸缴保费×××××元，意外险保费××××万元，提前两个月完成市公司下达的意外险指标；区部至11月有营销代理人××××人，其中持证人数××××人，持证率××%；各级主管××人，其中部经理×人，分部经理×人。实现了业务规模和团队人力的稳定。（其余内容略）

二、20××年的工作回顾

回顾20××年走过的历程，凝聚着××营销区部人顽强奋斗、执着拼搏的精神，围绕不同阶段的工作重点，针对各阶段实际状况，我们积极调整思路，跟上公司发展的节奏，主要采取了以下具体工作措施。

（一）从思想上坚定信心，明确方向，充分认识市场形势，抓住机遇，直面挑战。

（二）针对全年各阶段经营重点，我区部积极配合市公司各项安排，结合区部实际情况，适时推出竞赛方案，有针对性地进行业绩拉动。（具体内容略）

（三）针对各个层级人员，明确职责定位，强化岗位意识和工作责任心，使外勤伙伴和内勤工作人员都认清方向，各司其职。（具体内容略）

（四）一手抓基础管理，提高团队素质，维护团队稳定；一手抓产品说明会，提高规模保费，保证目标达成。（具体内容略）

（五）积极响应保监委和总经理室的号召，进一步发展县域保险，利用乡镇网点扩大公司影响力，提升区部战斗力。（具体内容略）

三、20××年工作中存在的问题

1. 增员工作发展滞后，团队整体素质仍然偏低，特别是城区团队，急需补充高素质人才，开拓高端客户市场。

2. 新人出单率、转正率、留存率不高，大进大出的现象依然存在。

3. 部分主管责任心和工作能力跟不上市场发展的需要，整体水平有待提高。

4. 团队总体的活动量不足，人均产能、件均保费仍然偏低，与市场要求有差距。

四、20××年工作设想

针对20××年的经验和不足，××营销区部要在20××年重点做好以下工作。

1. 继续紧跟市公司节拍，按照总经理室的部署开展各项工作。

2. 抓好基础管理工作，确实提高业务人员的活动量、出绩率、出勤率和人均保费指标。

3. 做好销售支持，搭建销售平台，促进精英队伍成长。

4. 大力开展增员活动，特别是城区增员工作，要以区部层面运作，努力提高增员质量。

5. 建立完善的层级培训体系，抓好主管培训、新人培训、衔接教育和带资培训等工作，提高各级人员水平。

6. 继续加强乡镇职场建设，实现现有乡镇网点的规模发展。

回顾以往，展望未来，我们对今后的发展充满了信心。我们相信，在市公司的正确领导下，在支公司的共同配合及××营销区部全体同仁的共同努力下，我们一定能够取得更加令人瞩目的成绩，让人寿保险的大旗永远飘扬。

××营销区部

××××年×月×日

四、企业工作简报

（一）工作简报简介

工作简报又称情况简报、工作动态等，是简报的一种，用于反映本部门、本系统在一段时期内各方面工作进展情况和存在的主要问题，以起到相互交流、启发的作用。工作简报是各种企事业单位和机关团体内部经常使用的一种文体，实际上是一种小型的内部刊物或信息通报。

（二）工作简报的内容构成及其写作要求

工作简报（工作动态、情况简报）由报头、报身（报核）、报尾3部分组成。

1. 报头

报头正中以醒目的"工作简报"（"工作动态""情况简介"）为标题。标题下在括号内标明编发号。另外，还要标明编制单位（机关）、编发日期等内容。

2. 报身

报身也称"报核"，是工作简报的主体部分。工作简报的主体部分可以是专就某一工作的进展、动态而写成的专题报道（专题简报），也可以是包括多种简讯、多个情况报道的综合简报。

因此，工作简报的写法也有各种变化。对于仅报道某一专门工作的"报核"，就要采用"专题综述"的写法；对于包括多种信息、情况的，应采用小标题分述法（在"报核"开头可有内容提要或编者按）。

3. 报尾

在报身下方间隔横线的下方，写明主送、抄送单位，增发单位，印发份数等项目。

撰写工作简报要及时，文字要精练、准确，不要有过多的过程叙述和议论。

（三）企业工作简报参考范例

 范例

×××××煤炭运销有限责任公司工作简报

办公室主办　　　　　　　　　第×期　　　　　　　　　20××年5月29日

×××××煤炭运销有限责任公司5月份销售突破200万吨

为了确保"时间任务双过半"，×××××煤炭运销有限责任公司及早动手，提前准备，5月份抓住产量增加、东线车皮充足等有利时机，加强协调，合理组织，5月份销售取得又一次提升。至29日18点，当月销售量完成204.5万吨，预计全月完成销售量215万吨，比全年均衡月度计划超19万吨。在"西五公司"的销售历史上第一次月销售突破200万吨，创历史纪录。

五、产品/服务说明书

（一）说明书简介

说明书是主要用说明的表达方式，对事物的内容、构造、特点、功能、作用等进行解说、介绍的实用性文体。"服务简介""内容提要""产品说明书""使用说明书"等都属于说明书的范畴。说明书的内容繁简不一，形式多样，有印成单页的，也有编辑成册子或书籍的。

说明书是一种实用性很强的应用文体，在市场经济条件下，说明书既是顾客消费产品或服务的使用工具，也是企业进行营销宣传的重要手段。

（二）说明书的主要种类及内容

说明书的种类繁多，而且因为产品或服务的差异，说明书的表现形式也丰富多样。从企业提供产品或服务的角度，以下重点介绍产品说明书和服务说明书。

1. 产品说明书

产品是指企业向消费者提供的物品。产品说明书则是用以客观介绍产品事物的存在、性质、功能、用途、内部构成、外在形式等的文书。例如，药品要向消费者介绍该产品的性能、特点、成分、主治病症、适用人群、副作用，以及服用方法、用量、保存条件等。又如，家用电器说明书的内容应包括产品的功能、特点、构造、安装、使用、保养、维修办法，以及售后服务情况等。

2. 服务说明书

服务型企业往往向顾客提供的不是物质产品，而是能够满足顾客精神需求的无形服务。服务说明书则主要是向顾客介绍该项服务的特点、价值、服务流程、服务价格等内容的说明文书。服务说明书因为服务种类的丰富性而种类繁多，如"影视戏曲的内容介绍""旅游景区的游览说明""全球通手机的服务套餐说明书"等，不一而足。

无论产品说明书还是服务说明书，其目的不仅是让读者长知识，更是帮助读者更好地选择、使用、享受产品或服务，因而其具有很强的实用价值。

（三）说明书写作的注意事项

说明书不仅是顾客使用产品或消费服务的指南手册,更是企业推广宣传产品或服务的营销文书。因此,在撰写说明书时应该注意以下几点。

(1) 区分服务与产品,突出不同重点。产品与服务的说明书内容差异悬殊,一定要事先确定是哪一类说明书,然后确定不同的内容重点。例如,某产品说明书重点突出其产品创新性功能;某项服务说明书重点介绍其鲜明的服务特色和文化内涵。因此这两种说明书的重点就得到明确。

(2) 要实事求是,切勿夸大其词。无论产品说明书还是服务说明书,都要实事求是,不可为了商业利益而夸大其作用和性能。否则这样的说明书从长期看会对企业产品或服务造成更严重的伤害。

(3) 文字要简洁,通俗易懂。说明书的目的简单而明确,是使用户更好地使用和享用产品或服务。因此,说明书的文字要简洁,通俗易懂,说明要全面。

（四）说明书参考范例

 范例一

平安牌吊坠（和田玉）说明书

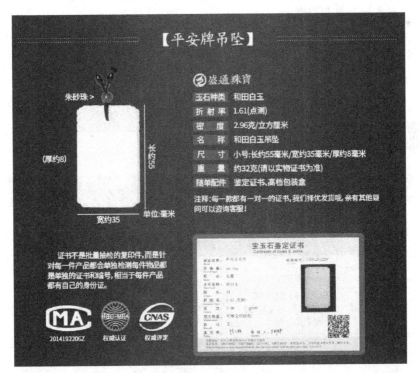

 **范例二**

××剃须刀使用说明书

本说明适用各类充电式剃须刀。

充电：将电源插头插入 AC 220V 电源之中，视充电指示灯亮、充电 12～16 小时。

剃须：将开关键上推至（on）开启位置，即可剃须。为求最佳剃须效果，请将皮肤拉紧，使胡子呈直立状，然后以逆胡子生长的方向缓慢移动。

修剪刀：如有修剪刀功能的剃须刀，请在剃须前，先将修剪刀推出，修短胡须后再用网刀剃净。

清洁：剃须刀要经常清洁。清洁前应先关上开关。旋下网刀，用毛刷将胡须屑刷净。清洁后轻轻放回刀头架且摆放到位。清洁时应轻拿轻放，避免损坏任何部件。

保修条例：保修服务只限于一般正常使用条件下有效。一切人为损坏，如接入不适当电源，使用不适当配件，不依说明书使用；因运输及其他意外而造成的损坏；非经本公司认可的维修和改造，错误使用或疏忽而造成损坏；不适当安装等，保修服务立即失效。此保修服务并不包括运输费及维修人员上门服务费。

保修期外享受终身维修，维修仅收元器件成本费。

剃须刀中内、外刃属消耗品不在保修范围内。

保修期：正常使用 6 个月。

注意事项：① 充电时间 12～16 小时，充电时间不要过长，以免影响电池寿命；② 换刀网刀头时一定要选用原厂配件。

 **范例三**

中国联通冰激凌套餐 198 元/398 元档说明书（服务）

套餐资费

套餐月费	国内流量	国内通话	短、彩信	来电显示
398元	不限量 每月前40GB提供4G网速，超过后上网速度降至最高7.2Mpbs。	不限量（正常使用）	0.1元/条	免费
198元	不限量 每月前15GB提供4G网速，超过后上网速度降至最高3Mpbs。	1500分钟	0.1元/条	免费

温馨提示：

1.国内流量

398元档：为保障所有用户网络公平使用权，用户当月全部国内数据总流量达到40GB后，上网速率将降至3G网络速度（最高7.2Mbps），次月恢复，当月累计使用100GB之后将关闭数据上网功能，次月自动恢复。经用户主动申请，可于当月打开数据网络。

198元档：为保障所有用户网络公平使用权，用户当月全部国内数据总流量达到15GB后，上网速率将降至最高3Mbps，次月恢复，当月累计使用100GB之后将关闭数据上网功能，次月自动恢复。经用户主动申请，可于当月打开数据网络。

2.国内通话

398元档：正常使用通话不限量；遇以下非正常拨打行为：当月语音拨打超过3000分钟且连续拨打异网用户发生不挂断行为的，或拨打超过1000个不同号码的用户，将不享受语音无限量优惠，当月关闭语音服务，次月恢复。

198元档：国内通话1500分钟，国内接听免费。超出套餐范围，按国内通话0.15元/分钟收费，不足一分钟按一分钟计费。

3.合约说明

预存款	合约期	激活首月资费	激活后月资费
1000元	12个月	398元（全月资费）或者按量计费	199元/月（第2-13个月）
2000元	24个月	398元（全月资费）或者按量计费	199元/月（第2-25个月）

新入网用户首月资费可选择全月资费或首月按量计费，全月资费即按照套餐月费收取整月费用。首月按量计费标准：国内通话0.15元/分钟收费，不足一分钟按一分钟计算；国内流量按0.27元/MB，累计至10元，按照10元100M计费，101M起继续按照0.27元/MB计费，累计至5元时不再收费，直至1GB，即15元1GB，以后依次类推。首月套餐生效时间以用户激活时间为准。合约期内，用户不可变更套餐，不可主动销号离网。

4.预存话费说明

所存话费立即一次性到账，不可清退。（注：请您务必在20天内完成激活，否则您的手机卡将作废处理。）

5.本套餐暂不可办理智慧沃家、主副卡及VPN业务

六、推　荐　信

（一）推荐信简介

推荐信是单位或权威人士向有关单位或个人介绍、推荐人才的一种专用书信。

（二）推荐信的构成及写法

1. 标题

推荐信的标题是在信纸正中书写"推荐信"3个字即可。

2. 抬头

推荐信的抬头，顶格写收信单位的名称或个人的名字。

3. 正文

推荐信的正文应另起一行空两格书写，主要包括以下内容。

（1）被推荐者的基本情况。

（2）被推荐者的突出表现及推荐的理由。该部分应写得具体、充分。

（3）写明推荐者和被推荐者的关系。

4. 结语

推荐信的结语应另起一行空两格写"此致"，再转行顶格写"敬礼"等。最后居右署名，写明日期。

（三）推荐信参考范例

 范例

推 荐 信

×××局信息中心：

　　×××同志是我公司技术研发部计算机软件开发技术骨干，本科、硕士就读于北京邮电大学通信工程专业，20××年取得清华大学该专业博士学位。该同志知识面广，专业基本功扎实，计算机软硬件技术俱佳，有丰富的实际工作经验。在我公司期间工作业绩优秀，组织纪律性强，连续3年被评为公司优秀员工。

　　×××同志是中共党员，政治表现良好，无不良记录。经我公司进行内部层层选拔，我们认为，该同志非常适合参与贵局的内部保密网项目建设，特此郑重推荐。

　　此致

敬礼

××公司信息技术总监 ×××
××××年×月×日

七、介 绍 信

（一）介绍信简介

介绍信一般是机关、企事业单位、中介机构等社会正式组织向有关单位证实本单位人员身份、使命等客观情况的一种事务性书信。

介绍信一般可分为固定格式介绍信和随机性介绍信两种。固定格式介绍信往往由单位按照统一的固定格式印制，需要时按具体情况填写称谓、介绍对象、介绍事项、落款等内容，然后加盖公章即可。随机性介绍信则是根据具体事项，按照正式格式临时撰写的介绍信。

（二）介绍信的构成与写法

介绍信一般由标题、文件编号、称谓、正文、结语、落款等部分组成。

1. 标题

介绍信的标题一般直接以文种"介绍信"为标题。此外，还有几种撰写形式："作者+文种""问题性质+文种""作者+问题性质+文种"。例如，"中国网通集团公司介绍信""关于运送赈灾通信器材的介绍信""中国网通集团公司关于运送赈灾通信器材的介绍信"。

2. 文件编号

固定格式介绍信通常一本或一年有一个总流水编号。随机性介绍信则可以一年编写一个总流水号。形式一般为"××字（20××）第×号"样式，位于文书右上角。

3. 称谓

介绍信的称谓是在标题下隔行顶格书写受文单位名称。

4. 正文

介绍信的正文内容会因具体情况不同而有所差异，一般应包括被介绍人的姓名、职务身份、政治面貌、任务使命、身份证件等。有时若需要还应该说明成行的原因或依据。

5. 结语

介绍信常常以表示敬意、感谢、请求或希望的惯用语作结语，如"请予接洽为盼""请协助为荷""请予支持和帮助""此致敬礼"等。

6. 落款

在正文结束的右下方书写发文单位名称、时间，并加盖公章。印章位置应该上不压正文，下压日期。介绍信的时间一般有两部分，一个是介绍信的有效期限，常写作"（×日内有效）"，置于文下左下方；另一个是介绍信开具的日期。

（三）介绍信的写作注意事项

在拟写介绍信的过程中，应该注意以下几点。

（1）介绍信的内容必须客观真实，不能弄虚作假。
（2）有效期限一定要写清楚，宽限适宜。
（3）固定格式介绍信应该认真填写存根部分，以备查考。
（4）正文与存根中间应该加盖公章，以避免造假行为。

（四）介绍信参考范例

 范例一

介 绍 信

_____字（20××）第_____号

_____：

　　兹有我单位_____等同志_____人前往贵处联系_____
_____
_____
_____
请予接洽为盼。
　　此致
敬礼

签发单位
（盖章）

（此信限____日内有效）　　　　　　　　　　_____年____月____日

 范例二

抗震救灾介绍信

各相关部门：
　　20××年×月××日××时××分××省××地区发生了×级特大地震灾害。现有我单位组织抢运抗震救灾物资的18辆运输卡车赶赴××省地震灾区，灾情紧急，请沿途各相关单位给予大力协助与支持。
　　此致
敬礼

××市民政局（公章）
××××年×月×日

八、证　　明

（一）证明简介

证明也称证明信，是机关、企事业单位等机构组织出具的印证有关事实的一种公务文书。

证明信日常应用十分广泛，经常用于为真实身份、个人经历、事件过程、客观情况提供证据。

（二）证明的构成与写法

证明包括标题、受文者、正文、结语和落款5部分。

1. 标题

证明的标题一般可以直接以"证明"为标题，也可以由问题和文种组成，如"收入证明"等。

2. 受文者

在标题下顶格书写要求验证事实的单位名称或个人姓名。

3. 正文

证明的正文通常包括需要证明的主要问题、有关问题的事实情况、提供证明的客观依据，以及可靠程度等方面的内容。

4. 结语

证明常以"特此证明"作为结语。有时也可以省略结语。

5. 落款

在正文的右下方书写出具证明的单位全称或规范简称，注明日期，并加盖公章。印章位置应该上不压正文，下压日期。

（三）证明的写作注意事项

在拟写证明的过程中，应该注意以下几点。

（1）证明信的内容必须客观真实，出具假证明系违法行为。

（2）用语严谨、准确，没有歧义。

（3）不得随意删改，个别必要的删改、涂盖处须加盖公章。

（4）信件超过两页时，应该注明总页数。

（四）证明（信）参考范例

证　　明

××银行××支行：

　　刘××（男，身份证号码：××××××××××××××××××）系我公司销售部经理，业已在我单位工作 5 年，现月收入为税后捌仟肆佰陆拾元整（¥8 460.00 元）。

　　特此证明。

××公司人力资源部（公章）
××××年×月×日

九、大　事　记

（一）大事记简介

　　大事记是党政机关、社会团体、企事业单位或个人按照时间顺序记载对本单位或个人具有重要意义与价值的事件、活动的一种文书。

　　大事记有多种类型，按照其内容主要划分为两种：综合性大事记和专题性大事记。综合性大事记是将本单位各个方面的重要事件，按照时间顺序进行记录，如"中国联合通信有限责任公司大事记"。专题性大事记则是针对单位某一方面工作内容中具有重要意义与价值事件的记录文书，如"中国普天信息产业集团公司组织机构变革大事记"。

（二）大事记的构成与写法

　　大事记主要由标题和正文组成。

1. 标题

　　大事记的标题拟写大致分为两种：综合性大事记的标题一般由"单位名称+时间+文种"组成，如"上海天德公司 20××年大事记"；专题性大事记标题则由"单位名称+专题内容+文种"组成，如"××公司新产品研发大事记"。

2. 正文

　　大事记的正文一般由大事时间和事件内容两部分组成。撰写大事记的重要工作内容是对本单位一定期限内的事件进行判断、筛选。一般来说，应该从以下几个方面选择大事记内容。

（1）单位全局性的大事、要事，并简要介绍对本单位的主要影响。

（2）上级单位对本单位的重要指导活动。可以记录的内容主要包括上级机关的重要文件、重要指示、主要意见，以及来本单位进行指导的领导人、主要人员等。

（3）本单位重要会议的简要情况。应该记录会议名称、主要议题、形成的决议和到会的主要人员等。

（4）本单位的机构组织变动情况。单位的成立，机构变更，办公地点迁移，主要领导人的任免、变更，以及下属单位的组织变动情况。

（5）本单位的重要工作和重要活动。例如，单位工作取得的重大突破、重要科研成果、重要的外事活动、发生的重大问题、重大项目建设或投产等。

（三）大事记的写作注意事项

在拟写大事记的过程中，应该着重注意以下几点。

（1）遵循一定标准，正确选择大事、要事，既不能事事都记，更不能漏记大事、要事。

（2）严格按照时间顺序对大事、要事进行客观记录。

（3）要求一事一记。同一天发生的数件大事应该分开记录，一般前标"△"符号。

（4）大事记的记录应该重点记录发生时间和事件主要内容，次要内容一般可以不写。不同的事件也应该区分主次，有详有略。

（四）大事记参考范例

珠海格力电器股份有限公司大事记

时间		大 事 记
年度	月 日	
2016	12.12	格力电器（杭州）有限公司奠基仪式举行。2016年4月，格力电器（杭州）有限公司注册成立，总投资超70亿元人民币。格力电器（杭州）有限公司坐落于杭州市大江东产业集聚区临江高新技术产业园，作为珠海格力电器股份有限公司的全资子公司，是格力电器在全球兴建的第11个大生产基地。公司主要生产空调分体机、多联内机、窗机及除湿机等产品，预计2017年建成投产后，年产能达500万台以上，年产值100亿元左右。杭州公司产品销售市场以"出口为主，兼顾内销"，将成为格力电器最大的出口基地

续表

时间		大事记
年度	月 日	
2016	11.1—11	格力电器在全国30 000家专卖店、各大卖场、各销售公司工厂巡展，格力商城及风尚电视购物等线上线下渠道齐发力，以独特的O2O联动营销模式、工厂直销和行业首创的"多样化空间的联动营销模式"掀起了"格力直销风暴"。2016年格力双11当天格力空调销售额约7亿元，约是去年销售额的两倍，高居家电行业同类产品销售榜榜首。在天猫双11当天空调热销产品排行榜中，格力空调牢牢占据第一名的位置。此外，大松生活电器、晶弘冰箱也有不俗的市场表现，仅京东平台，双11当天累计销售额超2 000万元。据统计，双11期间，格力线上线下累计销售额突破34亿元，比去年同期增长近一倍
	9.24	由中国制冷学会牵头组织的格力电器"三缸双级变容压缩机技术的研究及应用"项目鉴定会在珠海进行。经过评审，专家组一致认为该技术属国际首创，达到"国际领先"水平。应用此项技术的产品在能效进一步提升的基础上，大幅提高了严寒环境下的制热能力，使空气热泵在室外环境温度低至-25 ℃时热泵制热量仍不衰减，并具有优秀的性能系数，彻底取消了其他辅助加热手段。格力三缸双级变容压缩技术是在第一代双级增焓压缩机技术的基础上创新升级而来，拥有完全自主知识产权
	9月	珠海格力电器股份有限公司和珠海格力智能装备公司联合申报的"机器人工程技术研究开发中心"获得珠海市科工信局和发改局批准建设。此工程中心是珠海市机器人行业第一个拥有从基础研究到产业化的科技研发创新平台，将在两年时间内建成国内机器人行业一流的机器人关键技术研发及产品中试基地
	8.21	中国机械工业联合会在珠海对格力电器研发的百万千瓦级核电风冷螺杆式冷水机组、百万千瓦级核电水冷离心式冷水机组（变频）样机召开了鉴定会，现场专家一致认为：百万千瓦级核电水冷离心式冷水机组（变频）填补了国内技术空白，永磁电机变频技术处于"国际领先"、整体技术达到"国际先进"水平；百万千瓦级核电风冷螺杆式冷水机组填补了国内技术空白，环境温度-40 ℃工况下制冷技术处于"国际领先"水平，整体性能达到"国际先进"水平
	7.23	由科学技术部指导，中国机械工业联合会、中国质量协会、科技日报社、新华社瞭望智库、新华社《财经国家周刊》、人民日报社《中国经济周刊》、珠海格力电器股份有限公司联合主办的"让世界爱上中国造"第二届中国制造高峰论坛在北京人民大会堂举行。论坛汇集了政界、学界、企业界近200位专家，共同探讨中国制造的机遇与挑战，董明珠正式宣布格力进入"多元化时代"。论坛最后，现场嘉宾共同发布了《中国制造创新宣言》
	6.1	长沙格力生产基地大型中央空调项目开工活动暨首台家用空调下线活动在湖南宁乡举办。长沙格力一期工程总投资20亿元，新建生产线12条，力求成为四位一体的行业内智能化、自动化最高标杆工厂。当天长沙格力开启二期项目——大型中央空调和智能装备项目，未来将以生产大型离心机组、螺杆机组、智能机器人、高端数控机床为主，预计投资超过30亿元，可实现产值60多亿元
	3.29	格力自主研发的高效永磁同步变频离心式冰蓄冷双工况机组被专家组鉴定为"国际领先"。该机组一举突破市场主流定频离心机变压头能力差、性能衰减大及低压交流变频容量受等技术瓶颈，在节能性、可靠性上都有质的突破

续表

时间		大事记
年度	月　日	
2016	3.8	格力电器在北京举办了"董明珠自媒体上线暨格力大松高端电饭煲万人体验行动"新闻发布会，全国人大代表、格力电器董事长董明珠对外宣布，由她亲自创办的自媒体平台——"董明珠自媒体"当天正式上线。同时，当天发布了新品——格力TOSOT IH高端电饭煲
	3.2	格力智能装备产业园在湖北武汉蔡甸经济开发区正式开建，该基地主要从事工业机器人、智能自动化设备、高端数控机床、精密模具等产品的研发、生产和销售。格力智能装备产业园拟投资50亿元，占地100万平方米，预计2018年建成投产。产业园建成投产后，将推动蔡甸区约20家格力配套企业做大做强，提供5 000个就业岗位
	1.12	联合国开发计划署"可持续发展委员会"正式在北京成立。格力电器董事长董明珠等具有广泛影响力的中国企业领袖成为委员会创始成员。董明珠担任可持续发展委员会首届轮值主席。这是继董明珠担任联合国"城市可持续发展项目宣传大使"之后，获得的又一联合国殊荣
	1月	格力电器成为首批进入国家工信部发布的"电器电子产品生产者责任延伸试点名单"的企业之一。 格力电器"基于双级增焓变频压缩机的空气源热泵技术"作为中国的十大节能技术之一被推荐到IPEEC（中国国家发展改革委员会和澳大利亚工业部在国际能效合作伙伴关系），并成功获得IPEEC评选的"双十佳"（十大最佳节能技术和十大最佳节能实践）称号。 格力电器通过了国家工业和信息化部对于"2015年国家级工业设计中心"的认定及复核，成为"国家级工业设计中心"
2015	10月	格力电器　获批建设"空调设备及系统运行节能国家重点实验室"
	9月	格力光伏直驱变频离心机组获得英国RAC制冷行业大奖（RAC Cooling Industry Awards）——年度国际成就大奖，这是中国企业首次获此殊荣
	8月	由格力电器自主研发的"百万千瓦级核电水冷离心式冷水机组（定频）"被专家组鉴定为"国际先进"，实现我国自主品牌零的突破
	6月	格力光伏直驱变频离心机中标伊朗德黑兰大学空调项目，拿下海外第一单。 格力永磁同步变频离心机组击败众多国际品牌，成功中标人民大会堂项目，登上制冷行业高峰。 格力拿下国内R290环保冷媒空调首批订单，落户深圳大学，以实际行动推进了空调行业的环保进程
	5月	格力电器获得中国质量认证中心（CQC）颁发的家电行业首张CCC现场检测实验室证书，证明了格力电器的实验资源与质量处于行业领先水平。 格力电器大步挺进全球500强企业阵营，位居"福布斯全球2000强"第385名，排名家用电器类全球第一位
	2月	格力电器"新型高效磁阻电机的研发及其在变频压缩机和空调中的应用"项目获"2014年度广东省科学技术奖"

续表

时间		大 事 记
年度	月 日	
2015	1月	格力电器光伏直驱变频多联机中标上海交大中意绿色能源楼的升级改造项目。 格力电器"基于掌握核心科技的自主创新工程体系建设"项目荣获国家科学技术进步奖
2014	12月	格力电器官方电商渠道"格力商城"正式上线
	9月	联合国开发计划署授予董明珠董事长"城市可持续发展项目宣传大使"荣誉,以表彰格力电器长期以来在技术创新、提高能源利用效率和保护环境所做出的不懈努力与贡献。 格力电器承诺,格力家用中央空调6年免费包修政策。这是迄今为止中央空调行业承诺的最长包修期
	7月	总投资近4亿元的格力康乐园二期员工公寓正式投入使用,标志着格力向一线员工"一人一居室"目标迈出实质性步伐
	4月	格力电器发布了2013年年度报告,报告期里,格力电器实现营业总收入1 200.43亿元,净利润108.71亿元,纳税超过102.70亿元,是中国首家净利润、纳税双双超过百亿的家电企业
	3月	格力磁悬浮变频离心式制冷压缩机及冷水机组被鉴定为"国际领先",该产品应用了磁悬浮轴承技术,使压缩机在无油状态下运行,克服了传统机械轴承式离心机能效受限、噪声大、启动电流大、维护费用高等一系列弊端,是一种更为节能、高效的中央空调产品
2013	12月	格力光伏直驱变频离心机系统鉴定为"全球首创、国际领先",实现了中央空调能源自给自足、不用电费,开创了中央空调的零能耗时代
	4月	格力电器发布2012年年报。2012年格力电器实现营业总收入1 001.10亿元,同比增长19.87%;净利润73.8亿元,同比增长40.92%,成为中国首家突破千亿的家电上市企业
2012	12月	格力"双级增焓变频压缩机的研发及应用"鉴定为"国际领先",改写了空调行业百年历史,开创了双级变频新纪元。 格力电器环保贡献获联合国认可,成为中国家电行业首个获蒙特利尔多边基金的企业
	5月	董明珠升任格力电器董事长兼总裁,带领格力电器成为中国首家突破千亿的家电上市企业
	3月	格力形象片亮相美国纽约时代广场
	2月	格力电器率先承诺,格力变频空调两年免费包换。 国家科学技术奖励大会在北京举行,格力1赫兹变频技术荣获国家科技进步奖。格力电器成为该奖项设立以来唯一获奖的专业化空调企业
2011	12月	全球首台高效直流变频离心机组在格力电器下线,被鉴定为"国际领先"。机组综合能效比11.2,比普通离心式冷水机组节能40%以上,效率提升65%以上,是迄今为止最节能的大型中央空调
	7月	全球首条碳氢制冷剂R290(俗称"丙烷")分体式空调示范生产线在格力电器正式竣工,并被中德两国联合专家组一致鉴定为"国际领先"
2009	3月	经国家科技部批准"国家节能环保制冷设备工程技术研究中心"正式落户格力,这是中国制冷行业第一个,也是唯一的国家级工程技术研究中心

续表

时间		大事记
年度	月　日	
2006	9月	格力电器被国家质检总局授予空调行业唯一的"世界名牌"
	12月	格力家用空调产销量突破1 000万台，跃居全球第一
2005	11月	全球第一台超低温热泵数码多联机组在格力电器下线，是1999—2005年原建设部科技评估中首个获"国际领先"认定的项目
	1月	格力电器率先推行全球最高标准的6年免费包修政策
2004	9月	格力电器收购集团旗下的凌达压缩机、新元电子、格力电工、小家电等子公司，进一步加强和完善了配套产业链，为冲刺世界冠军奠定了坚实的基础
2003	12月	投资达7亿元，总建筑面积达20万平方米的格力电器四期工程竣工投产，格力电器成为全球最大的专业化空调生产基地
2002	6月	投资2 000万美元、年产空调达50万台的格力电器（巴西）有限公司投产，格力电器国际化迈出了关键性的一步
2001	12月	董明珠升任格力电器总裁，整顿干部队伍和工作作风，确立了"打造百年企业"的发展目标，格力电器开始进入高速发展的10年
1997	12月	格力电器首家区域性销售公司在湖北成立，开创了二十一世纪经济领域的全新营销模式
1996	11月	格力电器股票在深交所挂牌上市
1995	12月	经过董明珠系列内外部整肃，格力空调产销量跃居全国首位
1994	12月	格力销售人员"集体兵变"。董明珠临危受命，出任经营部部长，对内加强制度建设、财务管理，对外加强业务员监督，经销商管理，格力营销工作开始步入正轨。格力电器在国内外市场开始统一使用"GREE"商标
1991	8月	"总公司"将"冠雄"和"海利"合并成立了"格力空调器厂"。11月18日，投资2亿元、占地10万平方米的格力电器一期工程在前山河畔开工奠基
1985	12月	珠海经济特区工业发展总公司（格力集团的前身）成立。随后，"总公司"相继成立了珠海经济特区冠雄塑胶有限公司和珠海海利空调器厂

（资料来源：格力企业官网 http://gree.com/pczwb/gygl/fzlc/index.shtml）

十、启　　事

（一）启事简介

启事，"启"有"陈述"之意，事即"事情"之意。启事是个人或单位向大众介绍或说明事项，以寻求支持与帮助或使公众周知的一种事务性文书。

启事根据其内容差异大致分为3种：征招类启事、声明类启事和寻找类启事。征招类启事内容主要有招生、招聘、招标、招领、征稿等；声明类启事主要用于遗失、作废、解聘、迁址、更名、更期、开业、停业、竞赛、讲座等事项的公布；寻找类启事主要是寻人或寻物启事。

（二）启事的构成与写法

启事的构成要素主要包括标题、正文、结语和落款等部分。

1. 标题

启事的标题一般可以直接以文种"启事""紧急启事"为标题；也可以由问题和文种组成或由发文单位和文种组成，如"招聘启事""北京德云社启事"；最完整的标题由发文单位、问题和文种组成，如"安丘银座商厦开业启事"。

2. 正文

启事的正文一般会包括启事目的、原因、具体事项、要求等内容。不同类型的启事正文内容与重点也会有较大差异。例如，招聘启事一般应写明招聘单位或岗位的基本情况、招聘对象、应聘条件、招聘待遇、应聘方法等内容；开业启事则应写明开业单位的名称、性质、概况、地点、经营业务和开业时间等内容；寻物启事应着重交代丢失物品的名称、特征、数量、时间、地点，失主的基本情况、联系方式，以及交还办法、酬谢方式等。

如果正文内容较多，可以分条列项陈述，以便能够交代清楚。

3. 结语

启事可以"此启""特此启事"作为结语。通常情况是省略结语不写。

4. 落款

在正文的右下方书写启事单位名称或个人姓名，注明日期。如果在正文中已经交代了单位名称和时间的，可以省略落款。启事发布者为机构组织时一般应加盖公章。

（三）启事的写作注意事项

在拟写启事的过程中，应该注意以下几点。
（1）启事标题一定要简洁、醒目。
（2）启事内容要清楚、完整。
（3）启事用语要热情、文明，让公众产生信任感。

（四）启事参考范例

范例一

招 聘 启 事

为适应本商厦业务发展需要，经市人才服务中心批准，诚聘营业人员25名，具体情况如下。

1. 基本要求

（1）女性，年龄在 18～35 岁；

（2）初中以上学历，有商业零售企业工作经历者优先录用；

（3）相貌端庄，勤快，责任心强。

2. 基本待遇

每月底薪 4 000 元加业务效益奖金，公司为员工代上"五险一金"。

有意者请于本月 10 日至 15 日上午 9 点至下午 4 点，带本人身份证、贴有近期照片的个人简历到本商厦人力资源部面试。

××市银座商厦（公章）
××××年×月×日

面试地址：本市××路××号银座商厦一层×××室

咨询电话：×××××××

联系人：×××

××市××商厦开业启事

××市××商厦为知名商业上市企业××××的第×家分店。经过半年的精心准备，兹订于 8 月 8 日上午 9 时举行盛大开业典礼，届时我们会邀请全国知名××演出团体为顾客献上一台精彩的文艺演出，同时本商厦所有商品一律 8 折优惠，优惠期限为 1 个月。

本商厦日常营业时间为上午 8:30—晚上 9:00（节假日照常营业），诚邀广大顾客届时惠顾。

××市××商厦（公章）
××××年×月×日

寻 物 启 事

我公司财务人员于 4 月 28 日在本市长江路 18 号工商银行营业厅不慎丢失棕色鳄鱼牌皮包一个，内有主要物品如下：公司公章一枚、财务专用章一枚、商业普通发票一本、现金若干。

恳请失物捡拾者速与我们联系，公司愿以一万元作为酬金。

我们的联系方式如下。

联系电话：××××××× 159××××××××

联系人：王女士 章先生

公司地址：××市××路×号供销大厦 A 座 11 层 88 室

　　　　　　　　　　　　　　　　××××文化艺术有限公司（公章）
　　　　　　　　　　　　　　　　　　　　××××年×月×日

 **范例四**

蓝天商城招商启事

　　由××市商贸协会与××市工贸公司联合投资的××市蓝天商城，位于××市繁华的商业黄金地段——××大街××号。

　　蓝天商城是全市唯一一家经市工商行政管理部门批准以"××商城"注册命名，并在整个经营管理过程中贯穿"××进货、××销售、××服务"三位一体的新型商业贸易企业。首批招商将挑选 30 余家生产金银珠宝、化妆品、真皮制品、羊绒制品、羊毛制品、真丝制品，以及烟酒食品、家用电器的企业，欢迎来电来函洽谈。

　　联系地址：××市××街××号蓝天商城招商办公室
　　邮　编：××××××
　　联络电话：××××××××　××××××××
　　联络人：×××　×××

　　　　　　　　　　　　　　　　　　　××市蓝天商城招商办公室
　　　　　　　　　　　　　　　　　　　　　××××年×月×日

 **范例五**

迁 址 启 事

　　××汽车修理有限公司于 10 月 15 日由原××省博物馆路 2 号迅驰大厦一层迁往新落成的××大厦××汽车城甲 155 号（××市××路××号）。

　　联络电话：××××××××
　　欢迎各界新老朋友光临。

　　　　　　　　　　　　　　　　　　　　　××汽车修理有限公司
　　　　　　　　　　　　　　　　　　　　　　××××年×月×日

十一、公司新闻消息稿

（一）新闻消息简介

新闻有广义和狭义之分。广义的新闻是报刊、广播、电视等大众传播媒介中常用的各种报道性体裁的总称，包括消息、通讯、特写、调查报告、报告文学、采访札记等。

狭义的新闻则专指消息这一种体裁，是用简洁明快的语言迅速及时地报道新近发生的事实的一种新闻体裁。本节主要介绍狭义的新闻——消息，而且是企业范围内的新闻消息。

（二）新闻消息的结构与内容

新闻消息一般由标题、导语、主体、背景和结尾5部分组成。

1. 标题

标题是新闻消息的题目，是新闻消息内容的形象概括。标题的写作要求是既要概括新闻消息的主要内容，又要醒目、新颖、有趣味。这样才能引起读者注意，增强阅读兴趣。

新闻消息的标题有以下3种形式。

（1）多行标题。多行标题由引题、正题、副题组成。多行标题的信息丰富，宣传声势大，常用来报道比较重大的新闻事实。

引题又称眉题、肩题。其作用一般是介绍背景，烘托气氛，以引出正题，或者揭示新闻事实的意义，以辅助正题。引题在正题之上（横排）或之前（竖排），字号都小于正题。引题不是新闻必备标题。正题又称主标题、主标、总题。其作用是概括介绍新闻消息的主要内容，或者点明新闻消息的中心思想。正题是标题结构中的主体，字号最大、最醒目。正题是新闻消息必备的标题。副题又称子题、辅题。副题介绍与正题有关的情况，是对正题的补充、印证和注释，位于正题之下（横排）或之后（竖排），字号小于正题。副题也不是新闻必备标题。

（2）双行标题。双行标题由引题、正题，或者正题、副题组成。新闻消息的正题一般都有实质性内容，因此又称实题；副题和引题一般是对气氛的烘托、对意义的阐述，因此又称虚题。

（3）单行标题。单行标题只有正题，简明、醒目，如"电话走进千家万户"。

2. 导语

导语是新闻消息开头的第一句话或第一个自然段的文字，主要概括介绍新闻消息的主要内容，提示新闻消息的主题。

导语的写法很多，一般常用的有以下几种。

（1）叙述式。叙述式导语是以直接叙述的方法把消息中最主要、最新鲜的事实，简要地叙述出来。

（2）描写式。描写式导语是对某一个富有特色的事实和一个有意义的侧面，进行简洁而又富有特点的描绘，给读者以鲜明的印象和身临其境之感。

(3) 评论式。评论式导语是对报道的事实进行简洁、精辟的评论，以揭示事实的意义和目的。

(4) 结论式。结论式导语是将新闻事实的结论，在开头部分写出来。这种写法多用于报道实际工作和生产建设、科研取得新成就的消息。

(5) 提问式。提问式导语是用提问的方式引出新闻报道中的关键问题，设置悬念，引起读者的注意和思考。

(6) 引语式。引语式导语是引用新闻人物有特点的或权威性的语言。

(7) 诗词式。诗词式导语是在新闻消息的开头引用与新闻消息有关的诗句、格言，或者生动、隽永的话，以增强生动性。

3. 主体

主体是新闻的主要部分，是对新闻事实作具体的报道和说明。这一部分要求用足够的、充分的、有说服力的具体材料来阐明新闻的主题。主体是导语内容的具体化，是对导语的解释、说明和补充。

新闻主体的结构一般有3种形式：时序结构，按照事件发生、发展的先后顺序安排层次；主次结构，把主体部分中最重要的内容放在前面，然后详细叙述；逻辑结构，根据事物之间的内在联系或逻辑关系安排结构。

4. 背景

背景是指衬托新闻事实的材料，如交代与事实有关的历史情况、地理环境等。恰当地运用背景材料，可以突出新闻事实，衬托、强化主题，增强知识性、趣味性。

常见的背景材料通常可分为说明性材料、对比性材料、注释性材料3种。

(1) 说明性材料。这主要是有关新闻事实的政治背景、历史演变、地理环境，以及新闻人物的身份、经历、特长等的说明。

(2) 对比性材料。这主要是用过去的或反面的有关材料与新闻事实作对比，以衬托主题，加深读者对新闻事实的认识。

(3) 注释性材料。这主要是有关名词术语、产品性能与特色、科技知识等的注释。

背景不是新闻消息结构的独立部分，而是从属部分。因此，背景在新闻消息中没有固定位置，并且可以独立成段，也可以穿插在事实的叙述之中。

5. 结尾

结尾是新闻消息的最后一句话或一段话。结尾的作用是收束全文，强化主题，加深读者对新闻消息的感受。

（三）新闻消息的写作注意事项

新闻消息作为一种特殊文体，其撰写亦有特定的要求，应该注意以下事项。

(1) 新闻写作要真实。真实性是新闻写作的基本原则。新闻写作中反映的事实，包括人物、时间、地点、事件细节、数字等，所有信息均要求具体真实、准确无误。

(2) 新闻写作要及时。新闻具有极强的时效性，要报道新情况、新经验、新问题。对国内外业界新发生的重要事件，对当前工作中出现的新形势、新动向、新问题，对于企业发展过程中涌现出来的新人、新事、新风尚,要迅速反映,及时报道,不讲究时效,就会失去新闻价值。

(3) 要准确判断发生事件是否具有新闻性。新闻性的核心是科学的真实准确,还应讲究时效。

(4) 新闻消息要简短。应该用最简洁的语言,摆出事实,讲明道理。

(四) 新闻消息参考范例

范例

中国标准动车组定名"复兴号"
将在京沪高铁正式双向首发

2017年6月25日上午,由中国铁路总公司牵头,中车长客股份公司和四方股份公司研制的具有完全自主知识产权、达到世界先进水平的中国标准动车组被命名为"复兴号"。

中国铁路总公司党组书记、总经理陆东福代表铁路总公司党组宣布命名决定;陆东福和中国中车集团公司党委书记、董事长刘化龙共同为"复兴号"揭幕;中车长客股份公司"全国优秀共产党员"李万君等党员代表,分别就做好高铁技术创新、设备保障、运用维护、服务质量等工作表态发言。

该车有"CR400AF"和"CR400BF"两种型号,"CR"是中国铁路总公司英文缩写,也是指覆盖不同速度等级的中国标准动车组系列化产品平台。型号中的"400"为速度等级代码,代表该型动车组试验速度可达400km/h及以上,持续运行速度为350km/h;"A"和"B"为企业标识代码,代表生产厂家;"F"为技术类型代码,代表动力分散电动车组,其他还有"J"代表动力集中电动车组,"N"代表动力集中内燃动车组。

6月26日,"复兴号"将率先在京沪高铁两端的北京南站和上海虹桥站双向首发,分别担当G123次和G124次高速列车。下一步,"复兴号"中国标准动车组将批量生产,逐步扩大其在不同速度等级高铁线路上的运用,为人民群众出行提供更多的选择。

中国标准动车组的设计研制,遵循了安全可靠、简统化、系列化、经济性、节能环保等原则,在方便运用、环保、节能、降低全寿命周期成本、进一步提高安全冗余等方面加大了创新力度。研制期间,先后完成总体技术条件制定、方案设计、整车型式试验、科学实验、空载运行、模拟载荷试验等工作,在大西线开展了型式试验,在郑徐线开展了高速交会试验,在哈大、京广高铁进行了载客运行,各项考核指标全部符合标准规范和运用要求,安全性、舒适性及各项性能指标,以及运用适应性、稳定性、可靠性、制造质量均达到设计要求,整车性能指标实现较大提升,设计寿命由20年提高到30年。2017年1月3日,取得国家颁发的型号合格证和制造许可证。

中国标准动车组构建了体系完整、结构合理、先进科学的技术标准体系,涵盖了动车组基础通用、车体、走行装置、司机室布置及设备、牵引电气、制动及供风、列车网络标准、运用维修等10多个方面,达到国际先进水平。其大量采用中国国家标准、行业标准、中国铁路总公司企业标准等技术标准,同时采用了一批国际标准和国外先进标准,具有良好的兼容性能,在254项重要标准中,中国标准占84%。中国标准动车组整体设计及车体、转向架、牵引、制动、网络等关键技术都是我国自主研发,具有完全自主知识产权。

(资料来源:中国中车股份有限公司官网 http://www.crrcgc.cc/gd/g9756/s18446/t286556.aspx)

十二、企业通讯稿

(一)企业通讯稿简介

企业通讯是运用多种表现手法,对企业内近期出现的典型人物、重大事件所进行的具体报道。

企业通讯和企业新闻消息一样,是企业文化建设与公关宣传常用的文体,是一种比企业新闻消息更详细、更生动的报道客观事物或典型人物的常用体裁。

企业通讯具有以下主要特点。

(1)新闻性。通讯是一种新闻文体,其内容也要求遵循真实、公正等新闻基本原则。

(2)评论性。通讯要对新闻事实进行议论、评价,在夹叙夹议中表明作者的倾向、态度。

(3)生动性。运用文学创作的手法,展开情节,描写人物,勾画场景,为读者提供鲜活的新闻材料。

(二)通讯稿的种类与基本内容

1. 通讯的主要种类

通讯一般可分为四大类,即人物通讯、事件通讯、工作通讯和概貌通讯。在企业中,经常使用的是前3种。

(1)人物通讯。人物通讯是以报道新闻人物事迹和形象为主的新闻稿。通过报道人物的思想言行和事迹,揭示他们的精神境界,达到教育员工的目的。人物通讯可以写人物的一生,也可以写人物的生活片段。

(2)事件通讯。事件通讯是以记事为主,报道现实生活中带有倾向性和典型性事件的发生、发展和结果的新闻稿。事件通讯可以完整、深入地报道一个新闻事件的发生、发展过程和结果,也可以突出描写其中的某一片断或某一侧面。

(3)工作通讯。工作通讯是报道先进工作经验、某项工作成就的新闻稿。它可以通过对工作的典型剖析,概括出具有规律性的东西。

上述分类只是从通讯内容的主次来划分的,而大多数通讯在写法和内容上常常是互相交融,无法截然分开的。

2. 通讯稿的主要构成内容

通讯稿一般由标题和正文两部分组成。

标题一般由正题和副题组成。正题的作用主要是概括介绍通讯的主要内容，或者点明中心思想。正题是通讯稿必备的标题。副题则主要介绍与正题有关的情况，是对正题的补充、印证和注释。有时副题可以省略。

通讯稿的内容可以根据不同类型，遵循新闻稿的基本原则，运用文学创作手法，夹叙夹议地报道企业内部的典型人物、重要事件和工作事项。

（三）企业通讯稿的写作要求与注意事项

（1）要抓住描写对象的特征，选取典型材料表现主题和刻画人物。从内容和语言上注意稿件的可读性和趣味性。切忌写成文字枯燥的流水账。

（2）精心设计通讯的结构，合理安排层次。

（3）不同于一般行政性公文，就事说事；通讯要综合运用各种表现手法来表现主题。

（四）企业通讯稿参考范例

 范例

"中国移动爱心图书馆"传播的是一种社会责任感

十年树木，百年树人，教育对于一个国家、一个民族的发展影响深远。青少年是国家民族的未来和寄托，对他们的教育则显得更为重要。梁启超 100 年前就发出"少年智则国智，少年强则国强"的呐喊，可谓是对青少年教育重要性的最好注解。今日的中国，发展教育是国家大政方针，国家在教育上的投入也越来越大，孩子们可以在宽敞的教室里琅琅读书、孜孜学习。

加强中小学课外阅读是教育部近年来一直提倡和大力推进的工作之一。课外阅读和学习对中小学生扩展知识、充实精神生活、促进个性全面发展，具有重要意义。学校图书馆是师生的书刊资料信息中心，是开设第二课堂教学的主要场所，是向广大师生提供精神食粮的地方，是课外阅读和学习的最佳阵地。近年来，教育部门加大了中小学图书馆的建设力度。

由于东西部两地城乡经济条件的差异，许多西部地区的农村中小学图书馆建设遇到了一些问题，其中最突出的一个问题就是缺乏适合孩子们阅读的新书、好书。这些学校的师生都殷切地希望自己的学校能有一所真正适合孩子们的图书馆（室）。为贫困地区中小学建立图书馆（室），解决孩子们的阅读难题，缩小城市学生和农村学生之间的课外图书阅读差距已成为一个最现实的问题。

面对这些孩子渴望的眼神，我们怎么办？许多有社会责任感的企业、个人站了出来，他们伸出自己的双手，投身到发展我国的基础教育事业当中，为国家和民族的发展贡献出自己的一分力量。中国移动就是其中之一。

中国移动捐赠 4 000 万元，计划在 2006—2011 年的 6 年时间里为农村中小学建设 1 500 个图书馆和 500 个多媒体教室。目前，已为 23 个省（自治区、直辖市、新疆生产建设兵团）的 1 350 所中小学建立了"中国移动爱心图书馆"。这些被称为课外阅读"天线"的"中国移动爱心图书馆"，成为千百万师生了解世界、学习知识的好平台，为孩子们传播知识、传递欢乐。

为解决孩子们读好书、读新书的难题，中国移动配合教育部组织专家评选出近年来国家正规出版社出版的、优秀的、适合中小学生阅读的图书，通过招标的方式，为这些图书馆购置了大量新书。中国移动的举动表明，中国的教育发展不需要空头支票，而需要实实在在的行动。中国移动拿出了自己的实际行动，不仅为贫困地区学校解了燃眉之急，而且具有示范作用。如果有更多像中国移动这样具有社会责任感的企业，长期投入支持教育事业，那么那些渴望的眼神将会充满欢乐和幸福，我们国家的兴盛强大才会早日实现。

所以说，中国移动不仅仅建设了 1 350 所爱心图书馆，更是打开了孩子们的心灵之窗，这些国家的未来，他们在中国移动爱心图书馆里学到的不仅仅是知识，更是一种社会责任。中国移动传播了这种责任，播种了未来的希望。

（资料来源：中国教育新闻网 http：//www.jyb.cn/ad/rdzt/ydklyd/news/201012/t20101208_404723.html）

第四章

企业日常公关礼仪文书

一、感谢信

（一）感谢信简介

感谢信是机关、企事业单位等机构组织或个人在获得有关方面和人员的帮助、支持、慰问、馈赠后，为向对方表达感激之情的事务性书信。感谢信在公务或商务活动中应用广泛，有着较为显著的公关作用。

（二）感谢信的构成与写法

感谢信由标题、称谓、正文、敬语、落款5部分组成。

1. 标题

感谢信的标题一般可以直接以"感谢信"为标题，也可以由受文单位和文种组成，如"致××公司的感谢信"。

2. 称谓

称谓是在标题下隔行顶格书写所要感谢的单位名称或个人姓名。如果是个人，姓名后应该加写如"同志""先生""小姐""主任"等尊称或职务名称。

3. 正文

感谢信的正文一般应该写以下几个方面的内容：首先简要叙述被感谢者的事迹，应该交代清楚人物、事件、时间、地点、原因和结果等要素；然后说明事迹的良好社会效果，颂扬品德，表示衷心感谢，同时表明己方的学习态度。

4. 敬语

按信函格式，书写"此致""敬礼"等专用敬语。

5. 落款

落款是在正文结束的右下方书写感谢单位名称或个人姓名及日期。

（三）感谢信的写作注意事项

在拟写感谢信的过程中，应该注意以下几点。
（1）感谢信要感情真挚，避免流于敷衍、客套。
（2）遵照严格的书信格式，以免显得不伦不类，自损形象。
（3）行文要注意分寸，表扬适度；杜绝无限拔高，过度拔高反而会降低表扬效果。

（四）感谢信参考范例

感 谢 信

××公司：
　　我公司5名技术人员自今年3月至6月到贵公司接受为期3个月的新产品技术培训。在此期间，贵公司领导的热情关怀和技术部、客服部人员的悉心照顾，使得他们能够顺利完成学习任务。现在，这些技术人员业已在我公司的工作岗位上发挥重要作用，并承担起培养新入职员工的任务，创造了良好的经济效益。
　　为此，我们特向贵公司表示衷心的感谢！
　　此致
敬礼！

北京××××有限公司
××××年×月×日

二、慰　问　信

（一）慰问信简介

　　慰问信是机关、企事业单位、其他社会组织或个人向有关单位或人员表示安慰、问候、鼓励和致意的一种事务性书信。
　　慰问信主要用于对先进者、受难者的慰问，或者节日慰问。

（二）慰问信的构成与写法

　　慰问信由标题、称谓、正文、落款4部分组成。

1. 标题

慰问信的标题一般可以直接以"慰问信"为标题,也可以由受文单位和文种组成,如"致××公司的慰问信"。标题有时也可以由发文单位、受文单位和文种组成,如"××公司致×××的慰问信"。

2. 称谓

称谓是在标题下隔行顶格书写所要慰问的单位名称或个人姓名。

3. 正文

慰问信的正文一般应该书写以下几个方面的内容:简明扼要地交代慰问的背景或原因;较全面、具体地叙述被慰问对象遇到的困难或做出的事迹;表示慰问或慰劳的行动和措施;结语。

4. 落款

落款是在正文结束的右下方书写慰问单位名称或个人姓名及日期。

(三)慰问信的写作注意事项

在拟写慰问信的过程中,应该注意感情要真挚,语气要诚恳,语言要富于真情实感,避免流于敷衍、客套。

(四)慰问信参考范例

 范例

致××地震灾区人民的慰问信

亲爱的××灾区同胞们:

惊悉××省××县20××年×月×日××时××分发生了×级特大地震灾害,给当地人民群众的生命财产造成了巨大损失,我们深感悲痛。灾情震惊了中华大地,震惊了世界,也牵动着我们××集团公司全体员工的心,为了支持灾区人民抗震救灾,帮助灾区群众顺利渡过难关,我公司决定为灾区捐款100万元,捐献价值300万元的赈灾物资。

我公司全员动员,迅速行动,安排部署募捐活动。公司全体员工3天的爱心捐款即达到30余万元。我们会以最快速度派出满载赈灾物资的车辆赶赴灾区,为灾区人民献出我们的一份绵薄之力。

我们坚信,有党中央、国务院的坚强领导和亲切关怀,有全国人民众志成城的鼎力支持,灾区的人民一定能够早日走出悲痛,战胜困难,重建美好家园!

××××集团公司
××××年×月×日

三、贺　　信

（一）贺信的含义

贺信是机关、团体、单位向取得重大胜利、有突出成绩或喜庆之事的有关单位及人员表示祝贺或庆贺的一种礼仪文书。

现在，贺信已成为表彰、赞扬、庆贺对方在某个方面所作贡献的一种形式，有的还用于表示慰问和赞扬。在当前的经济建设中，如某个单位或某个人作出了巨大贡献、某单位召开了重要会议、某工程竣工、某科研项目成功、某项重大任务保质保量地提前完成、某重要人物的寿辰等，都可以使用贺信的形式表示祝贺。重要的贺信往往对广大群众有很大的激励和教育作用。

（二）贺信的构成和写法

贺信的基本结构包括标题、称谓、正文和结尾。

1. 标题

贺信一般就以"贺信"二字为标题，在第一行居中，也可以在"贺信"前写上谁给谁的贺信，以及被祝贺的事由。

2. 称谓

称谓是在顶格写接受贺信的单位或个人及称谓，后面加冒号。

3. 正文

贺信正文在称谓下另起一行，空两格写贺信的内容。内容一般包括对方取得的成绩和重大意义；表示热烈的祝贺和殷切的希望。如系会议要指出其重要性；如系同级单位，除表示祝贺外，还应提出向对方学习的内容；如系下级单位给领导机关的贺信，除表示祝贺外，还应表示自己的决心和态度；如系给个人的贺信，应着重写明有供其他人学习的品德和意义。

4. 结尾

贺信一般以祝愿词结尾，如"谨祝取得新的成绩"。若正文中已有祝愿的内容，也可不用祝愿词结尾。在信的右下侧写明发信单位名称或个人及年月日。

（三）写作注意事项

（1）贺信一定要感情真挚、浓烈，以真情动人。

（2）贺信中的评价要恰当而有新意。行文文字简练，语言朴素，不堆砌华丽辞藻，不言过其实，避免陈词滥调，空喊口号。

（3）行文规范，称谓合体。

（四）贺信参考范例

 范例

致××科技有限公司成立10周年贺信

××科技有限公司全体员工：

　　欣闻10月5日为贵公司成立10周年纪念日，谨此向你们表示真诚而热烈的祝贺！

　　10年来，贵公司在公司领导带领下，发扬自力更生、艰苦奋斗的精神，为开创我国的计算机事业作出了重大贡献。特别是在进入新世纪以来，贵公司锐意改革，积极引进国外先进技术，结合我国实际情况，研制了一批具有适合中国需求的居于国际先进水平的创新产品，为国家科技创新事业作出了重要贡献。

　　贵公司近年来在科技创新体制、人才引进、薪酬激励等方面的创新性举动，产生了极大的经济效益和社会效益，走在同行业企业的前面，并提供了可供借鉴的宝贵经验。我们为你们取得的重大成绩，再一次表示衷心的祝贺！

　　我们两个企业之间有着传统友谊。我们自创建初期，就得到了贵公司在人力、物力尤其是在技术人才方面的大力支持。10年来，我们风雨同舟、患难与共、相互帮助、共同发展，是难忘的10年。希望我们的战略合作关系能够不断发展，迈向一个新高度！

　　最后，再次祝愿贵公司在新的征途中再创辉煌！

　　此致

敬礼

××××科技股份有限公司
××××年×月×日

四、倡 议 书

（一）倡议书简介

　　倡议书是党政机关、企事业单位、机构组织或有影响力的个人公开提出建议，希望有关单位、社会群体或公众共同来完成某项任务或开展某项活动的一种告知性文书。

（二）倡议书的构成与写法

　　倡议书一般由标题、称谓、正文、落款4部分组成。

1. 标题

倡议书的标题一般直接以"倡议书"为标题，也可以由事由和文种组成，如"抗震救灾捐款倡议书"。

2. 称谓

称谓是在标题下隔行顶格书写倡议对象。如果倡议指向对象不特定或在正文中将有交代，称谓一般可以省略不写。

3. 正文

倡议书的正文比较简单，一般包括以下几个方面的内容。

（1）发起倡议的原因和背景。

（2）倡议的依据、目的。

（3）倡议的具体内容，可分条陈述。

（4）表示决心、倡导行动或提出希望。

4. 落款

落款是在正文结束的右下方书写倡议单位名称或个人姓名及日期。如果倡议者为多个，则按主次分列逐一书写。张贴宣传的倡议书落款处还应加盖公章。

（三）倡议书的写作注意事项

在拟写和使用倡议书的过程中，应该注意以下几点。

（1）分析该倡议是否符合倡议者身份，倡议者是否具有话语权和必要的影响力。

（2）倡议书要条理清楚，内容切实可行。

（3）倡议内容是提倡与号召，不具强制力，一定要避免一刀切的行政色彩语言。

（四）倡议书参考范例

 范例

为"5·12"地震灾区捐款倡议书

各分公司广大团员青年：

5月12日14时28分，四川省汶川县发生8.0级地震，全国许多省区市均有震感。这场地震强度之大、波及之广，为几十年来所罕见。灾区人民生产、生活遭受严重破坏。人民群众生命财产安全受到严重威胁。1万多人在地震中死亡，10万人被困大山，成千上万人埋于废墟中，交通中断！通信中断！医疗告急！物资告急！救援告急！四川告急！！！

灾害牵动着党中央、国务院的心。地震发生后，胡锦涛总书记立即作出重要指示，要求尽快抢救伤员，确保灾区人民群众生命安全。温家宝总理当即赶赴灾区，现场指挥抗震救灾工作。当晚，中共中央政治局常委会召开会议，全面部署抗震救灾工作。中国地震局、国家减灾委、民政部、卫生部、公安部、解放军总参谋部、四川省委省政府、成都军区等有关方面急援灾区抗震救灾。这一切，充分表明党中央十分关心灾区人民群众生命财产安全、高度重视抗震救灾工作，充分显示党和政府全力以赴抗震救灾的坚定决心，充分体现党和政府与灾区人民同呼吸、共命运、心连心。

灾情火急，人命关天。抗震救灾工作特别紧迫，责任特别重大，任务特别艰巨。震区的受灾同胞正遭受地震灾害带来的伤痛和苦难。一方有难、八方支援。中华民族素有积德行善、济贫扶危的传统美德。在突如其来的重大灾害面前，生活在同一片蓝天下的我们，每一个铁通青年，都肩负抗震救灾的使命和义务，都应当各尽所能，为抗震救灾捐一份钱、出一份力、奉献一份爱心。

公司团委号召：全公司各级团组织和广大团员青年，认真贯彻落实党中央国务院的重要部署，以高度的政治责任感，紧急行动起来，积极投身到抗震救灾工作中去，尽最大努力把地震灾害造成的损失减少到最低程度。

日前，公司党委已下发通知，在全公司范围内组织捐款。按照集团公司团委的相关要求，公司团委号召广大团员青年积极行动起来，踊跃参加捐款活动！各级团组织也可以特殊团费等形式参与捐款。能力不分大小，捐款不分多少，善举不分先后，贵在有份爱心。有条件的地方可以参加当地组织的献血等爱心赈灾活动。同时号召广大团员青年在灾害面前坚定信心，不散布、传播谣言，积极主动地配合有关部门做好维护社会秩序和稳定的工作。

我们是中国人！我们是汶川人！我们相信，在党中央、国务院的坚强领导下，全国人民万众一心、众志成城、迎难而上、百折不挠，就一定能够夺取抗震救灾斗争的胜利。

中国××集团公司××分公司团委
××××年×月×日

五、祝　　词

（一）祝词简介

祝词是在重要仪式、集会、宴会上常用的一类典型礼仪文书，主要包括欢迎词、欢送词、祝酒词和致谢词等。

欢迎词是在迎接重要宾客而举行的仪式、集会、宴会上，主人对宾客的光临表示热烈欢迎的一种礼仪性文书。欢送词则是主人在欢送宾客的仪式、集会、宴会上发表的表达欢送之情的礼仪性文书。祝酒词主要用于酒会场合礼仪性饮酒建议。致谢词则主要表达致词者的谢意。

其实，这几种文书形式要求重于内容，都属于典型的礼仪文书，格式、结构和写法基本一致，差异在于内容上的差别，祝词上的差别。另外，需要注意的是，这几种文书除欢迎词和欢送词外，其他文书在使用上无严格的区分。

（二）祝词的构成与写法

祝词的构成要素包括标题、称谓、正文和落款 4 部分。一般祝词无具体落款，视情况也可以省略落款。

1. 标题

祝词的标题一般是"集会/典礼/仪式等名称+欢迎词/欢送词/祝酒词"等格式，如"在××典礼上的欢迎词"。其也可以直接以"欢迎词""欢送词""祝酒词"作为标题。

2. 称谓

称谓是对被欢迎或欢送对象或致词主要人物的称呼，称呼前可以增加"尊敬的""亲爱的"之类的修饰语，称呼之后一般应加职务名称或"先生""女士""夫人"等字样，如"尊敬的威尔逊总裁""亲爱的劳拉夫人"等。如果在客人中间有地位、身份特别尊贵的人员，一般在称谓中特别写出，并放在一般称谓前。

3. 正文

欢迎词的正文，一般先写表示欢迎的话，接着介绍宾客来访的目的、意义和作用；在正文主体部分可以回顾交往的历史与友情，赞扬对方对我们的贡献或帮助，以及双方的合作成果等；继而明确表示继续交往、合作的意愿与希望；最后写祝颂词，对客人的光临再次表示热烈的欢迎和美好的祝愿。

欢送词正文的主要内容一般首先是对客人的辞行表示欢送；具体内容可以对客人的访问日期、行程、离别的安排作简要交代，叙述访问的行程及收获等；然后是表达对客人的希望与要求，继续交往的意愿等；最后写祝颂词，再次对客人的离去表示欢送。

祝酒词或致谢词一般都是先回顾彼此的友谊或对方对己方的帮助，然后表达自己的感谢之意，再陈述己方对于双方合作的期盼和愿望，最后是祝愿语或祝酒词。

4. 落款

落款在正文后，一般应该包括致词的单位、人物、日期等。在标题或正文中已经交代清楚这些要素的可以不再落款。

（三）祝词的写作注意事项

在拟写祝词的过程中，应该特别注意以下几点。

（1）首先要对双方的交往历史、取得的主要成果等基本情况了解清楚，才能确保祝词有的放矢、言之有物，让客人感受到真情与温暖。

（2）祝词一般需要营造欢快气氛，以往的过节或分歧意见一般不在这种文书中表现。

（3）行文应该感情真切，注重礼貌，把握恰当分寸。既要充分尊重对方，又要不卑不亢。

（4）语言表达要适用于交际场合，适于诵读、演讲，避免使用很正式的书面语。

（四）祝词参考范例

范例一

习近平主席在APEC欢迎宴会上的致辞

尊敬的各位同事，尊敬的各位来宾，女士们、先生们，朋友们：

大家晚上好！

在亚太经合组织第二十二次领导人非正式会议召开之际，大家不远万里来到北京，用中国人的话来说，就是大家有缘分，有缘千里来相会。首先我代表中国政府和人民，代表我的夫人，也以我个人的名义对各位贵宾的到来表示热烈的欢迎！

刚才我在门口迎接大家，看到各位都穿上中国式服装，既充满了中国传统元素，又体现了现代气息，让我们更感亲近。中国老百姓看了以后，也会感到亲切，会感到各位就像到邻居家串门，来朋友家叙旧一样。特别是各位女士的服饰格外鲜丽，群芳荟萃、姹紫嫣红，为今天的晚宴增加了一道亮丽的风景线。我们现在所在的地方叫水立方，对面是鸟巢，这两个建筑一方一圆，这蕴含着天圆地方中国的哲学理念，形成了阴阳平衡的统一。中国举办2008年北京奥运会的时候，水上的项目比赛就在这里举行的，那一次共产生了44枚金牌，创造了25项世界纪录，很多来自在座的各成员的选手，在这里创造了超越自我的奇迹。今天在座的领导人，有的当年就参加了北京奥运会的开幕式。

这几天我每天早晨起来以后的第一件事，就是看看北京空气质量如何，希望雾霾小一些，以便让各位远方的客人到北京时感觉舒适一点。好在是人努力天帮忙啊，这几天北京空气质量总体好多了，不过我也担心我这个话说早了，但愿明天的天气也还好。这几天北京空气质量好，是我们有关地方和部门共同努力的结果，来之不易。我要感谢各位，也感谢这次会议，让我们下了更大的决心，来保护生态环境，有利于我们今后把生态环境保护工作做得更好。也有人说，现在北京的蓝天是APEC蓝，美好而短暂，过了这一阵就没了，我希望并相信通过不懈的努力，APEC蓝能够保持下去。

我们正在全力进行污染治理，力度之大，前所未有，我希望北京乃至全中国都能够蓝天常在，青山常在，绿水常在，让孩子们都生活在良好的生态环境之中，这也是中国梦中很重要的内容。

各位同事，女士们、先生们，朋友们，我们之所以选择水立方来举行这个晚宴，是因为水在中国文化中具有重要的象征意义。2000多年前，老子说："上善若水，水利万物而不争。"意思就是说最高境界的善行就像水一样涓涓细流，泽被万物。亚太经合组织以太平洋之水结缘，我们有责任使太平洋成为太平之洋，友谊之洋，合作之洋，见证亚太地区和平、发展、繁荣、进步。

这是一个富有意义的夜晚，我们为亚太长远发展的共同使命而来，应该以此为契机，一起勾画亚太长远发展愿景，确定亚太未来合作方向。明天我们将相会在燕山脚下雁栖湖畔，

正式拉开领导人会议的序幕。孔子说:"智者乐水,仁者乐山。"那儿有山有水,大家可以智者见智,仁者见仁,共商亚太发展大计,共谋亚太合作愿景。

现在我提议,大家共同举杯,为亚太地区繁荣进步,为亚太经合组织蓬勃发展,为这次领导人非正式会议圆满成功,为各位嘉宾和家人的健康干杯!干杯!

(资料来源:http://www.xinhuanet.com/world/2014-11/11/c_1113191112.htm)

欢 送 词

尊敬的×××总裁,女士们、先生们:

一个星期以前,我们也是在这里欢聚一堂,热烈欢迎以×××总裁为团长的M公司投资考察团来我公司进行合作考察。明天,×××总裁及M公司投资考察团成员就要离开上海,返回洛杉矶。今天,我们又与M公司投资考察团全体成员欢聚在一起,为他们设宴饯行,既感到非常高兴,又非常难舍。

在过去的一周中,考察团成员对我公司的经营状况进行了认真细致的考察。团员们行程紧张,马不停蹄,在短短的6天内参观考察了我公司的3个下属工厂,召开座谈会10余次,座谈参加人员达到40余人,与我公司的5家供应商和3家销售代理商进行了密切接触。考察总体结果令人满意。M公司投资考察团的工作作风和敬业精神令我们深为感动、敬佩。

在M公司投资考察团离别之际,我们真诚希望在不久的将来能够与M公司建立平等合作关系,互补短长,共同开拓中国市场。借此机会,我代表我公司全体员工向×××总裁、考察团全体成员致以亲切问候和崇高敬意的同时,表达我公司全体员工期盼与M公司合作之迫切心情。

最后,让我们举起酒杯,祝愿你们归国旅程一帆风顺,身体健康!

××××年×月×日晚

××总经理在集团公司成立20周年宴会上的祝酒词

女士们、先生们,各位朋友们:

在20××年的这个夏天,我们迎来了我们集团公司成立20周年的喜庆日子。我谨代表××集团公司全体员工向各位嘉宾、各位同仁致以最诚挚的感谢,最热烈的欢迎!

20年来,我们集团公司在艰苦创业的前进道路上经历过许多艰难和挫折,承蒙有关政府部门、金融机构、科研单位,以及许多兄弟企业给予我们充分的信任和无私的支持与帮助，使我们集团公司由初创伊始的中小型企业逐步发展到今天这样宏大的规模。

饮水当思源，知恩应图报。我们谨向帮助过我们的所有单位的领导和同仁表示最衷心的感谢。今后，我们将一如既往，脚踏实地，勤勤恳恳，在21世纪同兄弟企业携手同进，为祖国经济建设作出我们应有的贡献。

最后，我提议：

为在座各位嘉宾的健康，

为了我们事业的兴旺发达，

为了我们更加愉快的进一步合作，

干杯！

范例四

答 谢 词

尊敬的马×总经理，尊敬的××集团公司的朋友们：

首先，请允许我代表新世纪公司代表团全体成员对马×总经理及××集团公司对我们的盛情接待表示衷心的感谢！

我们新世纪公司一行5人初次来贵地访问，此次来访时间虽短，但收获颇大。5天时间，我们对贵地的微电子产业有了比较全面的了解，并与贵公司签署了技术合作协议。这一切成果，都得益于主人的真诚合作和大力支持。对此，我们表示衷心的感谢。

微电子信息业是新兴的产业，蒸蒸日上，有着广阔的发展前景。贵公司拥有一支由信息技术和电子商务专家组成的精良队伍，技术力量雄厚，市场经验丰富。我们有幸与贵公司建立友好的技术合作关系，为我公司微电子产业的发展提供了新的契机，必将推动我公司微电子产业的市场拓展迈上一个新台阶。

最后我代表新世纪公司再次向××集团公司表示感谢，并祝贵公司迅猛发展，再创辉煌。更希望我们彼此合作愉快，携手共进。

最后，我提议：

为我们之间正式建立友好合作关系，为今后我们之间的密切合作，

干杯！

六、声　　明

（一）声明简介

声明是机关团体、企事业单位等社会组织或公民个人对某一事项或问题公开表明自己立场、态度或决定的一种公关性文书。

声明根据其使用范围，可以分为政务性声明、事务性声明和公关性声明；根据内容可以分为维权声明和遗失作废声明两种。维权声明是当自己的合法权益遭受侵害，为维护自己的合法权益，制止侵权方侵权行为而告知公众的一类文书。遗失作废声明则是指自己遗失了支票、证件、发票等重要凭据或文件，为防止假冒而发布作废信息的一类文书。

企业在遇到信誉危机时，经常以此文书作为化解危机的重要公关手段。在媒体以声明形式来解释问题、说明情况，或者表明企业立场和观点，或者就不当行为致歉等。这种声明可以看作是企业的一种公关宣传文书。公关宣传文书具有及时性、有效性的特点。对于企业而言，公关宣传书能帮助企业挽回不利局面，变被动为主动，有利于塑造良好企业形象、培育良好公众关系。

（二）声明的构成与写法

声明的构成要素包括标题、正文、结语和落款4部分。

1. 标题

声明的标题一般可以直接以文种"声明"为标题，也可以在文种前加一些修饰词，如"紧急声明""郑重声明"等。标题也可以由问题和文种组成或由发文单位和文种组成，如"遗失声明""北京电视台声明"。最完整的标题由声明单位加问题和文种组成，如"××公司道歉声明"。

2. 正文

声明的正文内容一般首先简要交代时间或问题的事实情况，然后就此表明自己的立场、观点、态度和主张，最后提出将要采取的方法、措施等。

如果正文某一部分内容较多，可以分条列项陈述。

3. 结语

声明可以"特此声明"作为结语，有时也可以省略结语不写。

4. 落款

落款是在正文的右下方书写声明单位名称或个人姓名，注明日期。声明发布者为正式机构组织时一般应加盖公章。

（三）声明的写作注意事项

在拟写声明的过程中，应该注意以下几点。

（1）声明标题一定要简洁、醒目。

（2）声明内容要确凿，有依有据。

（3）维权声明要态度鲜明，是非分明，措辞严厉；其他声明用语要客观中性，事项要交代清楚。

（4）公关声明一定要用词严谨，表达语气和缓，分寸掌握恰到好处。

（四）声明参考范例

遗 失 声 明

我公司近日不慎遗失农业银行××支行空白转账支票一本，号码为：××××001至×××100，共计100张，印有我公司财务专用章。我公司业已向银行申请该本支票作废。特此声明。

××××公司（公章）
××××年×月×日

严 正 声 明

最近，在市场上流通一册假冒我社名义出版的名为《×××秘史》的图书，该图书内容粗俗不堪，印制质量低劣。这种违法行为严重损害了我社的声誉和经济利益，同时扰乱了市场经济秩序，也给广大读者带来很大的物质和精神损失。

为此，本社严正声明如下。

一、《×××秘史》（书号：ISBN 978-7-××××-××××-×）系盗用我社书号的非法出版物，广大消费者切勿上当。

二、非法印制者应立即停止非法印制活动，销毁已印制图书。

三、各销售单位应立即停止销售该图书，积极向执法机关提供非法供货商线索。

四、本社保留按照国家相关法规追究非法印制和发行单位相关法律责任的权利。

执法举报电话：010-××××××××。

××××大学出版社有限责任公司（公章）
××××年×月×日

××集团关于××天然矿泉水事件的声明

20××年5月30日

对日前媒体所报道××旗下品牌××天然矿泉水事件，××集团特作声明如下。

1. ××集团证实有5个集装箱（一共118吨）××天然矿泉水，于二〇××年二月因微生物菌落总数含量超过中国政府有关标准，无法通过上海出入境检验检疫局的检测。这批矿泉水目前存放在独立的仓库，并将会被运回法国。

2. 目前所有在中国市场上销售的××天然矿泉水，都是通过中国政府有关检测部门认可的产品，消费者可以安心饮用。

3. ××集团尊重并一贯遵守中国当地的法规，同时希望消费者了解，××天然矿泉水中的微生物菌落并不会危害人类健康。××天然矿泉水完全符合世界卫生组织（World Health Organization，WHO）所颁布的国际食品法典（Codex Alimentarius Standard，CODEX STAN 108-1981，Rev.1-1997），以及欧盟颁布的欧洲标准（European Union Directive 80/777/EEC）。这些规定对天然矿泉水的条件和天然矿泉水所含微生物菌落含量均有明确的规范。我们理解对于未经处理的天然矿泉水中微生物菌落总数含量的规定，中国和世界卫生组织（WHO）及欧盟的标准有所不同。

4. ××集团在过去、现在和将来都会尊重中国政府的相关规定。

事件背景：

当年5月29日，国家质量监督检验检疫总局进出口食品安全局公布了当年3月份进京的不合格食品、化妆品信息，其中达能集团旗下依云这一世界知名的矿泉水品牌也被检验出细菌总数含量超标。据公布信息显示，这批细菌总数超标的依云产品是2月18日在上海进境的，被上海检验检疫局抽检出细菌总数超标，已按相关规定进行了处理。据专家分析，矿泉水中细菌总数超标严重的话，可能会影响消费者的身体健康。

七、聘　　书

（一）聘书简介

聘书又称"聘请书"，一般是单位组织聘请某些有专业特长、名望或具有业界权威地位的人员参加某种活动或担任某项工作的凭证性文书。

聘书一般适用于以下一些情况：院校科研单位、工商企业等组织在需要某方面有特长或有专业技能的人才时，向外部发出人才聘用的证书。此外，社会团体或某些重要的活动为了提高自身的知名度和影响力等目的，也常常聘请一些有名望、社会地位的人士加盟或参与，以期更好地开展活动，如聘请名人做顾问，当指导、评委等。

（二）聘书的格式与内容

聘书一般已按照固定格式印制好，中心内容由发文者填写即可。完整的聘书其格式一般由以下几部分构成。

1. 标题

在聘书正中写上"聘书"或"证书"等字样，也可以不写标题。

2. 称谓

聘请书上被聘者的姓名称呼可以在开头顶格写，然后再加冒号；也可以在正文中写明受聘人的姓名称呼。常见的印制好的聘书大多在第一行空两格写"兹聘请××为……"。

3. 正文

正文一般要求包括以下一些内容。

（1）聘请的原因和工作内容，以及所要担任的职务等。

（2）写明聘任期限，如"聘期两年""聘期自××××年×月×日至××××年×月×日"。

（3）聘任待遇。聘任待遇要视情况而定，可直接写在聘书之上，也可另行约定。

（4）正文还可以写对被聘者的要求及其职责，但这个内容一般不写在聘书上。

4. 结语

聘书结尾一般写上表示敬意和祝颂的结束用语，如"此致敬礼""此聘"等。结语要求必须正式。

5. 落款

落款要署上聘请单位名称或单位领导的姓名、职务，并署上发文日期，同时要加盖公章。

（三）聘书写作的注意事项

（1）聘书内容要明确、全面，对有关聘任的内容要交代清楚。

（2）如果需要手写，最好延请具有较高书法水准的人员书写，聘书的书写要整洁、大方、美观。

（3）聘书语言应使用规范书面语言，要简洁明了、准确严谨。

（4）聘书语气应该郑重严肃，态度应该诚恳谦虚。

（5）聘书是以单位名义发出的，所以必须加盖公章，方视为有效。

（四）聘书参考范例

 范例

聘　　书

兹聘请×××同志为北京××××集团公司维修部技术总顾问，聘期自××××年×月×日至××××年×月×日，聘期内享受集团公司高级工程师全额工资待遇。

此聘。

北京××××集团公司（公章）
××××年×月×日

八、请　束

（一）请柬简介

请柬又称为请帖、柬帖，是为了邀请客人参加某项活动而发出的礼仪性书信。发请柬是为了表示对客人的尊敬，也表明邀请者的郑重态度，所以请柬在款式和柬帧设计上应美观、大方、精致，使被邀请者体会到主人的热情与诚意，感受到喜悦和亲切。

（二）请柬的格式与内容

现在通行的请柬形式有双柬帖与单柬帖两种。
（1）双柬帖。即双帖，将一张纸折成两等分，对折后成长方形。
（2）单柬帖。即单帖，用一张长方形纸做成。
无论双帖、单帖，帖文的书写或排版款式均有横排、竖排两种。
在撰写方法上，无论哪种样式的请柬，都应有标题、称谓、正文、结语、落款等内容。

1. 标题
双柬帖一般封面已印上或写明"请柬"二字。

2. 称谓
称谓是在顶格写清被邀请单位名称或个人姓名，其后加冒号。个人姓名后要注明职务或职称，如"×××总裁先生""××女士"。

3. 正文
正文另起一行，前空两格。要写清活动名称和内容，如开座谈会、联欢晚会、生日派对、国庆宴会、婚礼、寿诞等。同时要写明时间、地点、方式等。若有其他要求也需注明，如"请准备发言""请准备祝词"等。

4. 结语
结尾一般以"（敬请）光临""此致敬礼"等作为结语。

5. 落款
落款要署上邀请者（单位名称或个人姓名）和发柬日期。

（三）请柬的写作要求与注意事项

（1）请柬用词要谦恭，要充分表现出邀请者的热忱与诚意。
（2）语言要精练、准确，凡涉及时间、地点、人名等一些关键性词语，一定要核准、查实。
（3）语言要得体、庄重，使人充分重视。

(4) 在文字书写、纸质、款式和装帧设计上，要注意艺术性，做到美观、大方。

（四）请柬参考范例（略）

九、讣告、唁函、悼词

（一）讣告

1. 讣告简介

讣告是报丧的通知或文告，也称讣文，一般由死者生前的工作单位或亲属等向有关单位、人员和死者亲友发出。

2. 讣告的结构与内容

讣告主要由标题、正文、结语和落款 4 部分组成。

（1）标题。标题部分在第一行正中用较大字体写"讣告"两个字，或者在讣告前面加上死者的姓名，写成"×××讣告"。

（2）正文。正文部分应首先写明死者的姓名、身份、职务，去世的原因、日期、地点及终年岁数等基本信息。如有必要，可另起一行，简要介绍死者的生平事迹。

（3）结语。结语部分写明举行追悼会或向遗体告别的时间、地点和其他要求等。

（4）落款。落款部分是在讣告的右下方，写明发讣告的单位或个人的名称，以及发布讣告的时间。

（二）唁函

1. 唁函简介

唁函一般是对别国的政府首脑或著名人物的逝世表示哀悼、对其亲属表示慰问的信件。在企业中适用于本企业或企业主要领导者对合作企业领导人离世表达哀悼的礼节性文书。

2. 唁函的结构与内容

唁函主要由标题、称谓、正文和落款 4 部分组成。

（1）标题。标题可以直接以唁电、唁函为标题，也可以包括发函人、悼唁对象和文种，如"对××总裁不幸罹难致××企业集团公司唁电"。

（2）称谓。称谓写遇丧者的亲属或继任者的姓名、职务等。

（3）正文。首先，对逝世者表示哀悼，向家人表示慰问。其次，对逝世者的生平和社会价值表示肯定。最后，表达哀痛之情和勉励话语。

（4）落款。落款是发函者署名，并写明时间。

（三）悼词

1. 悼词简介

悼词是对死者表示追悼、寄托哀思的一种专用文体。

2. 悼词的结构与内容

（1）标题。悼词标题主要有两种写法：① 在第一行居中用较大字体写"悼词"；② 活动仪式加文种，如"在×××同志骨灰安放仪式上的悼词"。

（2）正文。悼词正文首先写明所悼念死者的姓名、职务、职称、逝世原因、终年岁数。其次追述死者生前的主要经历和对国家、对人民或供职组织所作的贡献，并给予恰如其分的评价。最后勉励生者化悲痛为力量，学习死者的优秀品质。

（3）结尾。悼词一般以"×××同志永垂不朽！"或"×××同志千古！"为结束语。

（4）署名和日期。写明发布悼词的单位名称或个人姓名，以及悼词发布时间。

（四）讣告、唁函、悼词参考范例

讣　告

我集团公司原总工程师高××同志因患肝癌，医治无效，不幸于20××年×月×日晚上8时39分病逝于北京××医院，享年86岁。

兹定于×月×日下午2时在八宝山公墓×号殡仪室举行遗体告别仪式。

谨此讣告。

××集团公司离退休干部局
××××年×月×日

法国总统吊唁钱钟书

杨女士：

惊悉钱钟书先生的辞世，我感到十分沉痛。

在钱钟书先生的身上体现了中华民族最美好的品质：聪明、优雅、善良、开放和谦虚。

法国人民深知这位20世纪文豪对法国所作出的贡献。自30年代钱钟书先生就读于巴黎大学始，他就一直为法国文化带来荣誉并让读者分享他对于法国作家和哲学家的热爱。他极高的才情吸引了他的全部读者。正如您所知，钱先生作品的法文译本，无论是那些短篇小说、长篇巨著《围城》，还是其评论和研究作品都被我国广大的读者视为名著，受到他们的欢迎。

我向这位伟人鞠躬致意，他将以他的自由创作、审慎思想和全球意识被铭刻于文化历史中，并成为对未来绵绵不绝的灵感源泉。

杨女士，我希望在这一不幸中分担您的痛苦，请您接受法国人民和我个人的深切哀悼之情。

雅克·希拉克
1998年12月24日于巴黎

范例三

在×××同志骨灰安放仪式上的悼词

我院资深教授×××同志因病医治无效，于20××年12月19日逝世，享年61岁。

×××教授生于19××年3月，19××年9月至19××年8月在××师范学校就读；19××年8月，从师范学校毕业后即担任了该县教育局教研室教研员，从此开始了长达35年的教育生涯。19××年12月，调入我院担任国文教师。×××教授来院后，随即会同其他老师和学生一起，同甘共苦，振奋精神，全身心地投入到学校重建和发展建设工作之中。×××教授热爱党的教育事业，工作期间，他爱岗敬业，胸怀坦荡，明辨是非，勤勤恳恳，焚膏油以继晷，恒兀兀以穷年。始终保持着一丝不苟、精益求精的工作作风。他以校为家，关心集体，诲人不倦，为人师表。他长期肩负着繁重的教学任务，勤奋探索，刻苦钻研，任劳任怨，博闻广识，目光敏锐，并以其丰富的教学经验，灵活的教学技艺，形成了自己富有特色的教学风格，培养了一批又一批优秀毕业生，赢得了学生和家长的尊敬、社会的广泛赞誉。30多年的教育生涯硕果累累，桃李满天下，成为我院知名的资深教授之一，为我国的教育事业和学校的发展作出了自己应有的贡献。

×××教授克己为人，廉洁自律，体现出对党、对人民、对教育事业高度负责和无私奉献的精神。他为学校的崛起，并跻身于省内名校之列作出了不可磨灭的功绩。×××教授虽然与世长辞了，但他的精神将长驻我们心中。

×××教授千古！

×××学院治丧委员会
××××年×月×日

第五章

企业会议文书

一、会议通知

（一）会议通知简介

会议通知用于会议组织者在会前向与会者告知会议筹备和组织状况，以及正确与会所应知晓的有关事项。

（二）会议通知的构成与写法

会议通知一般包括标题、抬头、正文、结语和落款5部分。

1. 标题

标题拟写一般应用三项式，即完全式标题："发文单位+事由+文种"。这是一种较为正式、规范的标题拟写法。另一种拟写方法是省略式，在企业内部行文，可以省略发文单位。内容简单的通知也可以同时省略发文单位和事由，直接以"通知"为标题。

2. 抬头

会议通知大多是下发到下属单位或部门，因此，一般情况下应该明确写清受文单位或与会对象。如果是内部性会议通知，可以省略抬头。

3. 正文

会议通知的正文一般包括以下几部分。

（1）召开会议的根据、目的或意义。

（2）要告知对方的事项，即保证与会者能准时有效地参加会议所必需的信息。根据会议通知种类（召开会议的通知、报到通知等）的不同，会议规模、性质等方面的不同，事项的具体内容及其详略程度是不同的。概括起来这些事项主要是会名、会期（天数）、开幕与闭幕的具体时间（年月日、星期、上下午、时、分）、会址、与会者范围、与会者资格条件、与会人数（总数与被通知单位的具体数）、食宿安排、经费来源、交通安排、入场凭证、需携带的文件物品，以及筹办会议者的名称、负责人、联系地址、电话号码、电子邮件地址、传真号等。

4. 结语

会议通知通常以"特此通知"一词作结，有时则提出迎接或出席会议的一些要求，如"做好各种准备""上报有关文件材料""审核与会者条件并上报名单""函复有关事项"等作为结尾。

5. 落款（略）

（三）会议通知的写作注意事项

撰写会议通知时，应注意以下几点。

（1）事项必须完整没有遗漏，一切为与会者准时而有效地参加会议所必知的项目都要写出，并保证其齐全、正确。

（2）项目务必准确、清晰，不能过于概括。若受文者同时就是与会者，就必须注明具体对象，不能笼统写成"有关同志""有关单位"。

（3）会议通知也可以有各种附件，如会议座位次序安排、住宿安排、就餐安排、乘车证、编组名单等均可作为附件，同时发给受文者。

（4）会议日程较长或会议内容较为丰富的，会议通知最好附有详细会议日程安排。

（四）会议通知参考范例

 范例一

关于召开20××年度公司市场销售工作总结会议的通知

公司市场部、销售部、公关部、广告部、研发部：

为了总结本年度公司市场销售工作经验教训，有利于明年更好地开展销售工作，公司决定召开"20××年度公司市场销售工作总结会议"。具体事项通知如下。

会议时间：本月25日上午8点开始签到，会议9点正式开始。会期2天。

会议地点：本市银星大酒店第三会议室。

会议主要议题：总结20××年度市场销售工作情况，讨论20××年度市场销售计划。

参加人员：公司主管领导，各分公司经理，各部门经理，市场部、销售部、公关部、广告部、研发部全体员工。

请各相关单位，认真做好会议准备工作。

附件：会议具体日程安排

××有限公司（印章）

××××年×月×日

范例二

××集团公司行业发展研讨会日程安排

时间			内　容		会议地点
11月4日	全天		会议代表报到		开元大酒店大堂
	晚上	20:00—20:30	秘书处会议工作预备会		开元大酒店202会议室
11月5日	上午	9:00—9:30	开幕式		天南大厦4层报告厅
		9:30—10:15	特邀报告一：×××××××		
		10:15—10:25	茶歇		
		10:25—11:10	特邀报告二：×××××××		
		11:10—12:00	特邀报告三：×××××××		
	午休				
	下午	14:00—14:25	主题报告一：×××	主讲人：×××	天南大厦会议楼第七会议室
		14:25—14:50	主题报告二：×××	主讲人：×××	
		14:50—15:15	主题报告三：×××	主讲人：×××	
		15:15—15:40	主题报告四：×××	主讲人：×××	
		15:40—15:50	茶歇		
		15:50—16:15	主题报告五：×××	主讲人：×××	天南大厦会议楼第八会议室
		16:15—16:40	主题报告六：×××	主讲人：×××	
		16:40—17:05	主题报告七：×××	主讲人：×××	
		17:05—17:30	主题报告八：×××	主讲人：×××	
	晚上	17:30—19:30	晚宴		开元大酒店中餐厅
		20:00—21:00	文艺联欢晚会		天南大厦多功能厅
11月6日	上午	8:30—9:20	特邀报告四：×××××××		天南大厦4层报告厅
		9:20—10:05	特邀报告五：×××××××		
		10:05—10:15	茶歇		
		10:15—11:00	特邀报告六：×××××××		
		11:00—11:45	特邀报告七：×××××××		
		11:45—12:00	闭幕式		
	午休				
	下午	13:30—17:50	滨海新区考察		滨海新区
		17:50—20:00	晚宴		大连海鲜酒店
11月7日		离会，返程			

就餐时间：早餐7:00—8:30，午餐12:00—13:00，晚餐18:00—20:00

就餐地点：开元大酒店中餐厅　会务组房间：开元大酒店808房　电话：11228866-802

二、会议记录

（一）会议记录简介

会议记录是在会议进行中完成的对会议组织状况和会议内容的原始记录，经履行必要的程序手续（整理、发言人或有关领导审阅签字、记录者签字等）后，会议记录可用于查证事实或指导工作。

（二）会议记录的主要类型和内容

根据对内容记录详略程度的不同，会议记录可分为两种：摘要性记录与详细性记录。摘要性记录只记录发言要点和议题、结论、决定决议、表决结果等，常用于一般性会议。详细性记录是有言必录，不仅要求记录会议发言者原意，必要时需要记下原话，这种情况只适用于极其重要的会议。

会议记录一般有两个组成部分：① 会议的组织状况，包括会议名称、会址、时间、出席情况、主持人、记录人等；② 会议内容，主要包括会议议题、发言情况、决议决定的内容、表决结果等。

（三）会议记录的写作要求与注意事项

会议记录要求记录者有较深厚的基本功，做到快、准、全、清。
(1)"快"，就是要有一定记录速度，能迅速感知发言内容并尽快转换成文字形式。
(2)"准"，就是记录准确，保证精确记录原意或原话。
(3)"全"，对详细性记录而言，就是力争不漏一字一句；对摘要性记录而言，就是不遗漏任何要点。同时，"全"还指要完整地履行使文件生效的程序手续。
(4)"清"，就是字迹清晰，整齐端正，段落层次分明。

（四）会议记录参考范例

 范例

××公司行政办公会会议记录

时间：20××年12月15日 下午 14:30—17:30
地点：××办公楼会议室

出席人：×××总经理、×××副总经理、×××副总经理、×××办公室主任、×××办公室副主任、各科室主任、副主任等

主持人：周××

记录：王××、陈××

会议内容：（按发言顺序记录发言人发言要点）

主持人周××：……

×××总经理：……

主持人周××：……

×××副总经理：……

主持人周××：……

×××副总经理：……

主持人周××：……

×××办公室主任：……

主持人周××：……

×××办公室副主任：……

主持人周××：……

×科室主任×××：……

×科室主任×××：……

×科室主任×××：……

……

×副主任×××：……

主持人周××：……

×××总经理：……

主持人周××：……

三、会议纪要

（一）会议纪要简介

会议纪要适用于记载、传达会议情况和议定事项。会议纪要应用较为广泛，既可以作为党政机关、人民团体、企事业单位等的单位内部文件使用，也可以作为一种正式的行政公文使用。会议纪要既可上呈，又可下达，其作用主要是沟通情况、交流经验、事件备忘和指导工作。

会议纪要作为一种行政公文，具有以下特点。

(1) 纪实性。要如实反映会议的基本内容和议定事项，未讨论议题不能写进会议纪要。

(2) 纪要性。会议纪要对会议内容进行归纳、总结，记录主要事项、体现主要精神，而非有闻必录。

(3) 约束性。会议纪要与其他行政公文一样，具有一定约束力。

（二）会议纪要的主要类型

会议纪要依据不同标准可以有多种划分方式。根据会议性质不同，可以划分为办公会议纪要和一般会议纪要；依据写法不同，可以划分为决议式纪要、概述式纪要和摘要式纪要；依据纪要内容的差别，可以区分为议决性纪要和消息性纪要。

下面主要介绍议决性会议纪要和消息性会议纪要两种。

1. 议决性会议纪要

议决性会议纪要是指带有议定事项的决议性会议纪要。

2. 消息性会议纪要

消息性会议纪要是指没有议定事项，仅用于反映会议信息和情况的会议纪要。

（三）会议纪要的构成要素与写作要求

会议纪要包括标题、正文和落款 3 部分。

1. 标题

会议纪要的标题拟写比较简单，一般是由"会议名称+纪要"组成，如"××集团公司20××年度工作总结会议纪要"。

2. 正文

关于会议纪要的正文内容，以下就议决性会议纪要和消息性会议纪要分别加以介绍。

议决性会议纪要的正文内容包括导语和议决事项。导语部分要简要介绍会议名称、目的、时间、地点、参加人员、报告人、会议议程、会议总体效果等会议的基本情况。议决事项的内容可能是与会各方或相关利益方的职责权利的划分与界定，或者是就某些问题达成的统一认识等，或者是会议提出的号召与要求，或者是提出执行议定事项的措施或要求。

消息性会议纪要的正文内容主要包括导语，与会各方就会议议题发表的认识和意见，会议提出的号召、希望和要求等。

3. 落款

会议纪要落款一般包括会议单位和成文时间。如果会议纪要在正文中已交代会议时间、会议单位、会议参加人员等内容，一般省略落款部分，不写成文时间与机构，不加盖公章，也不署名。

（四）会议纪要的写作注意事项

在拟写和使用会议纪要的过程中，应该注意以下几点。

(1) 会议纪要要注意突出会议重点和主题，不要事事记录。

（2）要纪实，实事求是地反映情况，未讨论或未达成共识的事项一定不能写成议定事项。

（3）行文语言表达应概括、简约、明白。

（4）作为行政公文的会议纪要行文应该严肃、严谨，因为下级需要遵守执行。

（5）注意许多会议的会议纪要虽有会议纪要之名，但并非严格的行政公文，而是会议简报，是用以通报会议情况的。

（五）会议纪要参考范例

关于××饮料公司被兼并财务处理会议纪要

时间：20××年11月20日上午8:00—11:00

地点：××市××饮料公司第一会议室

主持人：××市中小企业管理局副局长沈××

参加单位：××市中小企业管理局、市经委、财政局、税务局、××市第一食品集团公司、××市××饮料公司等有关部门负责人

会议对××市第一食品集团公司兼并××饮料公司的财务处理及有关政策问题进行了充分讨论，提出以下处理意见，特此纪要。

1. 关于兼并后的并账依据、时间及财务处理问题

鉴于原××饮料公司因被兼并，其法人资格自行消失，在财务上需要并账。并账依据，示意交接之日（即20××年12月20日）的"资产负债表"中经市财政局和市第一食品集团公司核定的余额。

（1）资不抵债部分。由市财政局和市第一食品集团公司在核定利润指标时，减少部分数额。××饮料公司弥补该部分亏损减少的利润，市财政局视同承包基数的完成。

（2）20××年12月20日正式兼并后，为使被兼并企业能够进行正常生产，所投入的生产经营设施维修费用，20××年12月底前转入市第一食品集团公司产品生产成本中。

2. 原××饮料公司所欠产品增值税问题

截至20××年12月末，原企业所欠产品增值税，写出申请免缴报告，呈请有关领导批准后，由市税务局给予免税处理。

3. 其他方面的问题

（1）为核定交接时的原企业资产与负债，责成由财政局、兼并涉及的两家企业，在近期内共同完成20××年12月末的原企业的资产负债表的编制审定工作。

（2）其他未尽事宜，如有必要，可及时研究解决，保障兼并工作的顺利开展。

××市××饮料公司（公章）

××××年×月×日

四、会议开幕词/闭幕词

（一）开幕词/闭幕词简介

开幕词是在大中型会议或重要会议开幕式上或会议开始时，由有关领导所发表的致词。闭幕词则是由有关领导在会议闭幕式或会议结束时发表的会议致辞。

开幕词和闭幕词都是会议文书，两者的格式、结构和写法基本一致，差异在于内容上的差别：开幕词主要介绍会议举行的意义、内容、主办方的希望与愿望等；闭幕词则主要对会议的情况和效果作简要总结。因此，以下将这两种文书一并介绍。

（二）开幕词/闭幕词的构成与写法

开幕词/闭幕词包括标题、称谓、正文和祝愿词、落款4部分。

1. 标题

开幕词/闭幕词的标题一般可以直接以"开幕词"或"闭幕词"为标题。但是，一些重要会议可以用"致词者+会议名称+开幕词/闭幕词"作为标题，如"章犁总经理在××会议开幕式上的讲话"。有时可以省略致辞者，以"会议名称+开幕词/闭幕词"作为标题，如"××集团总公司20××年度表彰大会闭幕词"。

2. 称谓

开幕词/闭幕词的称谓是对与会人员的称呼。根据具体情况，分别选择诸如"女士们、先生们""同志们""朋友们"等字样。如果在与会人中间有地位、身份特别尊贵的人员，一般在称谓中特别写出，并放在一般称谓前。

3. 正文和祝愿词

开幕词/闭幕词的正文格式和写法基本一致，但注意两者的内容有所不同。

开幕词的正文部分主要包括宣布会议开幕；简要介绍会议背景，与会单位、人员、人数等会议情况；介绍会议议程、会议目的、主要议题等会议内容；对与会者提出希望和要求；最后写祝愿语。

闭幕词的正文一般首先宣布会议闭幕，然后回顾会议任务的完成情况、会议成果，肯定会议的积极意义与参会者的努力等，继而向对会议作出贡献的单位或人员表示感谢，最后提出新任务，新的希望、号召和要求等。

4. 落款

开幕词/闭幕词的落款较为简单，一般写明日期即可。在标题后或正文中已经交代清楚会议开幕或闭幕的时间的，也可以省略落款。

（三）开幕词/闭幕词的写作注意事项

拟写开幕词/闭幕词应该注意以下几点。
（1）开幕词/闭幕词需要营造热烈欢快的气氛，注意用词效果。
（2）开幕词/闭幕词不要篇幅过长，介绍情况要简练，最忌长篇大论。
（3）行文口语化，通俗易懂，富于号召力和感染力。
（4）开幕词/闭幕词的遣词造句要严格、准确，否则会损害致辞者和致辞单位的公关形象。

（四）开幕词/闭幕词参考范例

范例一

××××公司总经理
在国际中药新产品博览会开幕式上的讲话

女士们、先生们，朋友们：

上午好！

我宣布由中国××行业协会主办、××××公司承办的"第×届国际中药新产品博览会"现在开幕！

我谨代表博览会组委会向各参展企事业单位和人员表示最热烈的欢迎！

本届博览会参展单位218家，推出中药新产品223种，与会人数将超过50 000人次，是历届博览会中参展单位最多、参展新产品品种最多、与会人数最多的一届盛会。

国际中药新产品博览会是中药行业自我展示、商业交易的最佳平台。希望本次举办的博览会能够为科研单位、生产企业、流通企业架起一座合作桥梁，充分交流、相互合作、互补短长，签约贸易额实现质的飞跃。

本公司作为全国规模最大的中草药生产集散地的企业，我们愿意为弘扬祖国中药事业贡献自己的力量。办好博览会，为大家服好务。

最后，预祝"第×届国际中药新产品博览会"圆满成功！

××××年×月×日

范例二

第××届全国干燥会议闭幕词

（20××年×月×日）

各位专家、各位同仁：

大家晚上好！由中国化工学会化学工程委员会干燥技术专业组主办、××化工设备有限公司和××化工报社承办的第××届全国干燥会议，经过紧张的两天时间，完成了既定议程，胜利闭幕了！

在此，请允许我代表干燥专业组向承办单位及干燥界的同仁们、新闻界的朋友们表示衷心的感谢！谢谢你们的大力支持和热情参与。

本次会议参会代表219人，会议收录论文112篇，规模和层次都大大超过了往届。本次大会的主题是"产学研结合，推动中国干燥事业的健康快速发展，推动干燥技术的国际交流"。两天来，来自国内外干燥界的科研院所、大专院校，以及干燥及相关企业的专家、学者和朋友，共聚一堂，就国内外干燥技术和装备的最新进展、发展趋势、理论研究和技术开发成果，进行了交流、探讨，涉及化工、石化、食品、粮食、医药、木材、环保等领域。学术界与产业界相碰撞，产学研相结合，既有理论前沿问题，还有实际应用问题……

节能降排和大型干燥装备的国产化是我国的大政方针，也是代表们两天来谈论的热点话题。这对我们干燥行业来说，带来了新的发展机遇。干燥作为耗能大户，其节能降耗的空间很大。国家"十一五"发展规划的实施和对高耗能企业的整治，给干燥行业的发展带来机遇。同时，干燥作为废弃物资源化处理的重要手段，国家降排政策的实施，也给干燥行业带来新的发展空间。一些重大国产化项目，也必然促进我国干燥产业的发展。这些，也给我们带来了很多新的干燥课题，需要我们国内外干燥界同仁共同去解决。

经过大家的共同努力，第××届全国干燥会议获得了圆满成功。干燥界同仁对干燥会议给予了大力支持，有3家单位积极申请承办下一届全国干燥会议，经过干燥专家组的研究决定，天华化工机械及自动化研究设计院获得了承办权。

各位专家、同仁，第××届全国干燥会议刚刚闭幕，我们干燥专业组开始积极筹办下一届全国干燥会议，让我们20××年××市相见。

谢谢大家！

第六章

企业日常规章制度

企业日常规章制度又分为行政综合（部门）管理制度和专业（部门）管理制度。两者的主要区别为前者是针对所有部门和人员的综合性制度，而后者则是专业部门和人员需要遵守与执行的专业性制度。

企业行政综合管理制度是解决企业例常性事务的基本制度工具，具有行政约束力。在本章内容中，主要介绍在企业中经常使用的行政综合管理制度的写作内容与要点，如企业章程、考勤管理制度、档案管理制度、办公用品与设备使用管理制度、会议管理制度、安全管理制度、卫生清洁制度、公司员工日常行为规范、公司公务差旅管理制度、员工绩效考核管理制度、员工奖惩办法、员工薪酬管理制度、财务管理制度等。专业技术部门管理制度差异性大、专业性强，在此不再作介绍。

一、企业章程

（一）企业章程简介

企业章程是规定企业权利和义务的最基本法律文件，是企业内部经营管理的战略性规范文件。

企业章程一般是企业成立之初用于规定企业的性质、组织原则、机构设置和经营管理等重大事项的法规性文件。企业章程的内容和形式具有法律规定性，它具有一定的法规效力，其内容必须与国家有关法律和法规的规定一致，对企业具有一定的行政约束力。根据企业类型的不同，可以把企业章程简单分为一般有限责任公司章程、股份有限公司章程、企业集团章程和中外合资企业章程等。

（二）企业章程的格式与主要内容

企业章程内容丰富，但格式简单。其主要由标题和正文组成。

1. 标题

企业章程一般由企业正式名称和文种构成,如"北京天地春秋文化艺术有限公司章程"。

2. 正文

企业章程是企业最具权威性的法规性文件之一,它规定了企业自身和经营管理的重要事项和基本原则,是企业日常经营管理的制度依据和来源。因此,企业章程的内容极其丰富,而且极具严肃性。企业章程的绝大部分内容是由相关法规硬性规定的,一般包括以下几项内容。

(1) 企业名称及法定地址。
(2) 企业宗旨、经营范围和方式。
(3) 企业的所有制形式。
(4) 企业的投资总额及来源。
(5) 管理机构的设置及其职责和任免方法。
(6) 法人代表产生的程序和职权范围。
(7) 企业劳动报酬的分配方法和利润的分配形式。
(8) 解散和清算。
(9) 章程的修改和终止程序。
(10) 其他事项。

除此以外,企业可以根据自身情况和要求,增加企业认为重要的事项内容并加以规定。

(三) 企业章程撰写的主要注意事项

(1) 企业章程的内容构成具有硬性规定性,切忌随意删减规定性内容,内容必须符合法规要求。
(2) 企业章程撰写态度一定要严肃、认真,行文规范、严谨。
(3) 企业章程最好按照相关法规的规定内容划分章节进行撰写,使得层次清晰,形式简洁、美观。

(四) 企业章程参考范例

范例一

北京××××有限责任公司章程

第一章 宗 旨

第一条 为了促进社会主义市场经济的发展,根据《中华人民共和国公司法》的有关规定,自愿集资入股组建本公司。

第二章　公司名称和住所

第二条　公司名称（以下简称公司）：
第三条　住所：_____　　邮政编码：_____
　　　　　法定代表人：_____

第三章　公司的经营范围

第四条　公司的经营范围：_____

第四章　公司注册资本

第五条　公司注册资本××万元人民币，为在公司登记机关登记的全体股东实缴出资额。

第五章　股东名称、出资方式、出资额

第六条　股东名称、出资方式及出资额如下：
第七条　本条应包括的内容，由公司根据自身实际情况按下列内容选择一部分或全部拟定。

注册资本中以实物出资的，公司章程中应当就实物转移的方式、期限等作出规定，以工业产权出资的，公司章程应当就工业产权转让登记事宜作出规定，公司应当于成立后半年内办理有关过户手续、工业产权转让登记手续，并报公司登记机关备案。

注册资本中以非专利技术出资的，公司章程中应当就非专利技术的转让事宜作出规定，公司成立后一个月内，非专利技术所有人与受让人（公司）应当签订技术转让合同，并报公司登记机关备案。

注册资本中以土地使用权出资的，公司章程中应当就土地使用权事宜作出规定，公司应当于成立后半年内依照法律、行政法规规定，办理变更土地登记手续，并报公司登记机关备案。

第八条　公司成立后应当向股东签发出资证明书。

第六章　股东的权利和义务

第九条　股东享有如下权利：
（一）参加或推选代表参加股东会议并根据其出资份额享有表决权；
（二）了解公司经营状况和财务状况；
（三）选举和被选举为董事会成员和监事；
（四）按照出资比例分取红利；
（五）优先购买其他股东转让的出资；
（六）优先购买公司新增的注册资本；
（七）公司终止后，依法分得公司的剩余财产；
（八）其他权利。

第十条 股东承担以下义务：

（一）遵守公司章程；

（二）按期缴纳所认缴的出资；

（三）依其所认缴的出资额承担公司债务；

（四）在公司办理登记注册手续后，股东不得抽回投资。

第十一条 股东之间可以相互转让其全部或部分出资。

第十二条 股东向股东以外的人转让其出资时，必须经全部股东过半数同意；不同意转让的股东应当购买该转让的出资，如果不购买该转让的出资，视为同意转让。

第十三条 股东依法转让其出资后，由公司将受让人的姓名或名称、住址，以及受让的出资额记载于股东名册。

第七章　公司的机构及其产生办法、职权、议事规则

第十四条 股东会由全体股东组成，是公司的权力机构，行使下列职权：

（一）决定公司的经营方针和投资计划；

（二）选举和更换董事，决定有关董事的报酬事项；

（三）选举和更换由股东代表出任的监事，决定有关监事的报酬事项；

（四）审议批准董事会的报告；

（五）审议批准监事会的报告；

（六）审议批准公司的年度财务预算方案、决算方案；

（七）审议批准公司的利润分配方案和弥补亏损的方案；

（八）对公司增加或减少注册资本作出决议；

（九）对股东向股东以外的人转让出资作出决议；

（十）对发行公司债券作出决议；

（十一）对公司合并、分立、变更公司形式、解散和清算等事项作出决议；

（十二）修改公司章程。

第十五条 股东会的首次会议由出资最多的股东召集和主持。

第十六条 股东会议由股东按照出资比例行使表决权。每×元人民币为一个表决权。

第十七条 股东会会议分为定期会议和临时会议，并应当于会议召开十五日以前通知全体股东。定期会议应×个月召开一次，临时会议由代表四分之一以上表决权的股东，三分之一的董事，或者监事提议方可召开。股东出席股东会议也可以书面委托他人参加，先例委托书中载明的权利。

第十八条 股东会会议由董事会召集、董事长主持。董事长因特殊原因不能履行职务时，由董事长指定副董事长或其他董事主持。

第十九条 股东会会议应对所议事项作出决议，决议应当由代表二分之一以上表决权的股东表决通过。但股东会对本章程第十四条第八款、第十款、第十一款规定事项所作出的决定，应由代表三分之二以上表决权的股东表决通过。股东会应当对所议事项的决定作出会议记录，出席会议的股东应当在会议记录上签名。

第二十条 公司设立董事会，其成员×名，由股东大会选举产生（或由股东委派产

生)。其中董事长一人,副董事长×人。

董事会任期限×年,任期届满,连选可以连任。董事在任期内,股东会不得无故解除其职务。

董事会行使下列职权:

(一)负责召集股东会,并向股东会报告工作;
(二)执行股东会决议;
(三)决定公司经营计划和投资方案;
(四)制订公司的年度财务预算方案、决算方案;
(五)制订公司的利润分配方案和弥补亏损方案;
(六)制订公司增加或减少注册资本的方案;
(七)拟订公司合并、分立、变更公司形式、解散的方案;
(八)决定公司内部管理机构的设置;
(九)聘任或解聘公司经理,根据经理的提名,聘任或解聘公司副经理、财务负责人,决定其报酬事项;
(十)制定公司的基本管理制度。

第二十一条 董事会由董事长召集并主持。董事长因特殊原因不能履行职务时,由董事长指定副董事长或其他董事召集和主持。三分之一以上董事可以提议召开董事会会议,并应于会议召开十日前通知全体董事。

第二十二条 董事会应将所议的事项决定做成会议记录,出席会议的董事应当在会议记录上签名。

第二十三条 公司设经理,由董事会聘任或解聘,经理对董事会负责,行使下列职权:

(一)主持公司的生产经营管理工作,组织实施董事会决议;
(二)组织实施公司年度经营计划和投资方案;
(三)拟订公司内部管理机构设置方案;
(四)拟定公司的基本管理制度;
(五)制定公司的具体规章;
(六)提请聘任或解聘公司副经理、财务负责人;
(七)聘任或解除应由董事会聘任或解聘以外的负责管理人员;
(八)公司章程和董事会授予的其他职权。

经理列席董事会会议。

第二十四条 公司设立监事会。监事会由2名监事组成,其中股东代表×名,职工代表×名。监事会召集人为×××。

监事任期每届为3年。监事任期届满,连选可以连任。董事、经理及财务负责人不得兼任。

监事会行使下列职权:

(一)检查公司财务;
(二)对董事、经理执行公司职务时违反纪律、法规或公司章程的行为进行监督;
(三)当董事和经理的行为损害公司的利益时,要求董事和经理予以纠正;

（四）提议召开临时股东会；
（五）公司章程约定的其他职权。
监事列席董事会会议。

第二十五条 董事、经理应当遵守法律、行政法规和公司章程，忠实履行职务，维护公司利益，不得利用在公司的地位和职权，为自己牟取私利。董事、经理执行公司职务时违反法律、行政法规或公司章程的规定，给公司造成损害的，应当承担赔偿责任。

第八章　公司的法定代表人

第二十六条 董事长为公司的法定代表人，任期为3年，由董事会（或股东会）选举产生（也可由股东委派产生），任期届满，连选可以连任。

第二十七条 董事长行使下列职权：
（一）召集主持股东会议和董事会议；
（二）检查股东会议和董事会议的落实情况，并向董事会报告；
（三）代表公司签署有关文件；
（四）在发生战争、特大自然灾害等紧急情况时，对公司事务行使特别裁决权和处置权，但这类裁决权和处置权必须符合公司利益，并在事后向董事会和股东会报告；
（五）提名公司经理人选，交董事会任免；
（六）其他职权。

第九章　财务、会计、利润分配及劳动用工制度

第二十八条 公司应当依照法律、行政法规和国务院财政主管部门的规定建立本公司的财务、会议制度。

公司在每一会计年度终了时制作财务会计报告，依法经审查验证后于第二年1月1日送交各股东。

财务会议报告包括下列会议报告及附属明细表：
（一）资产负债表；
（二）损益表；
（三）财务状况变动表；
（四）财务情况说明书；
（五）利润分配表。

第二十九条 公司分配当年税后利润时，应当提取利润的百分之十列入公司法定公积金，并提取利润百分之五至百分之十列入公司法定公益金。公司法定公积金累计额为公司注册资本的百分之五十以上的，可不再提取。

公司的法定公积金不足以弥补上一年度公司亏损的，在依照前款规定提取法定公积金和法定公益金之前，应当先用当年利润弥补亏损。

公司在从税后利润中提取法定公积金后，经股东会决议，可以提取任意公积金。

公司弥补亏损和提取公积金、法定公益金后所余利润，公司按照股东的出资比例分配。

第三十条 劳动用工制度按国家法律、法规及国务院劳动部门的有关规定执行。

第十章　公司的解散事由与清算办法

第三十一条　公司营业期限 50 年，从营业执照签发之日起计算。

第三十二条　公司有下列情形之一的可以解散：

（一）公司章程规定的营业期限届满或公司章程规定的其他解散事由出现时；

（二）股东会决议解散；

（三）因公司合并、分立解散；

（四）公司被依法宣告破产；

（五）公司被依法责令关闭。

第三十三条　公司解散时，应根据《中华人民共和国公司法》的规定成立清算组对公司进行清算。清算结束后，清算组应当制作清算报告，报股东会或有关主管机关确认，并报送公司登记机关申请注销登记后公告公司终止。

第十一章　股东认为需要规定的其他事项

第三十四条　公司根据需要或涉及公司登记事项变更的，可修改公司章程，修改公司章程的决议必须经代表三分之二以上表决权的股东通过，并由全体股东签名、盖章。修改后的公司章程应送原公司登记机关备案；涉及变更登记事项的，同时应向公司登记机关申请变更登记。

第三十五条　公司章程的解释权属于股东会。

第三十六条　公司登记事项以公司登记机关核准的为准。

第三十七条　本章程经股东共同协商订立，自公司设立之日起生效。

第三十八条　本章程一式六份，股东各持一份，并报公司登记机关备案一份。

股东签字盖章
日期

 范例二

北京××股份有限公司章程

第一章　总　　则

第一条　本章程依照《中华人民共和国公司法》和有关法律、法规及地方政府的有关规定，为保障公司股东和债权人的合法权益而制定。本章程是北京××股份有限公司的最高行为准则。

第二条　公司业经_____人民政府批准成立，是在工商行政管理部门登记注册的股份有限公司，具有独立法人资格；其行为受国家法律约束，其经济活动及合法权益受国家有关法律、法规保护；公司接受政府有关部门的管理和社会公众的监督，任何机关、团体和个人不

得侵犯或非法干涉。

第三条 公司名称：××股份有限公司（以下简称公司）
公司英文名称：_____
第四条 公司法定地址：_____
第五条 公司注册资本为人民币_____元。
第六条 公司是采取募集方式设立的股份有限公司。

第二章 宗旨、经营范围及方式

第七条 公司的宗旨：（略）
第八条 公司的经营范围：主营：（略）；兼营：（略）
第九条 公司的经营方式：（略）
第十条 公司的经营方针：（略）

第三章 股 份

第十一条 公司股票采取股权证形式。公司股权证是本公司董事长签发的有价证券。
第十二条 公司的股本分为等额股份，注册股本为_____股，即_____元人民币。
第十三条 公司的股本构成：发起人股_____股，计_____万元，占股本总数的_____。其中：社会法人股_____万股，占股本总数的_____；内部职工股_____万股，占股本总数的_____。
第十四条 公司股票按权益分为普通股和优先股。公司已发行的股票均为普通股。
第十五条 公司股票为记名股票。每股面值_____元。社会法人股每一手为_____股；内部职工股每一手为_____股。
第十六条 公司股票可以用人民币或外币购买。用外币购买时，按收款当日外汇价折算人民币计算，其股息统一用人民币派发。
第十七条 公司股票可用国外的机器设备、厂房或工业产权、专有技术等有形或无形资产作价认购，但必须符合下列条件：

1. 为公司必需的；
2. 必须是先进的，并具有中国或外国著名机构或行业公证机构出具的技术评价资料（包括专利证书或商标注册证书）有效状况；
3. 作价低于当时国际市场价格，并应有价格评定所依据的资料；
4. 经董事会批准认可的。以工业产权、专有技术等无形资产（不含土地使用权）作价所折股份，其金额不得超过公司注册资本的_____%。

第十八条 公司的董事和经理在任职的3年内未经董事会同意，不得转让本人所持有的公司股份。3年后在任职期内转让的股份不得超过其持有公司股份额的50%，并需经过董事会同意。
第十九条 公司发行的股票须由公司加盖股票专用章和董事会董事长签字方为有效。
第二十条 公司股票的发行、过户、转让及派息等事宜，由公司委托专门机构办理。
第二十一条 公司股东所持有的股票如有遗失或毁损，持股股东应以书面形式告知公司并在公司指定的报刊上登载 3 天,从登报之日起 30 天内无人提出异议,经公司指定的代理评判机构核实无误,可补发新股票并重新办理登记手续,原股票同时作废。

第二十二条 公司的股票可以买卖、赠与、继承和抵押。但自公司清算之日起不得办理。股票持有人的变更应在 45 天内到公司或公司代理机构办理过户登记手续。

第二十三条 根据公司发展,经董事会并股东大会决议,可进行增资扩股,其发行按下述方式进行:

1. 向社会公开发行新股;
2. 向原有股东配售新股;
3. 派发红利股份;
4. 公积金转为股本。

第二十四条 公司只承认已登记的股东(留有印鉴及签字式样)为股票的所有者,拒绝其他一切争议。

第四章 股东、股东大会

第二十五条 公司的股份持有人为公司的股东。

第二十六条 法人作为公司股东时,应由法定代表人或法定代表人授权的代理人代表其行使权利,并出具法人代表的授权委托书。

第二十七条 公司股东享有以下权利:

1. 出席或委托代理人出席股东大会并按其所持股份行使相应的表决权;
2. 依照国家有关法律、法规及公司章程规定获取股利或转让股份;
3. 查阅公司章程、股东会议记录及会计报告,监督公司的经营,提出建议或质询;
4. 优先认购公司新增发的股票;
5. 按其股份取得股利;
6. 公司清算时,按股份取得剩余财产;
7. 选举和被选举为董事会成员、监事会成员。

第二十八条 公司股东承担下列义务:

1. 遵守公司章程;
2. 执行股东大会决议,维护公司利益;
3. 依其所认购股份和入股方式认缴其出资额;依其持有股份对公司的亏损和债务承担责任;
4. 向公司提交本人印鉴和签字式样及身份证明、地址,如有变动应及时向公司办理变动手续;
5. 在公司办理工商登记手续后,不得退股。

第二十九条 公司股份的认购人逾期不能交纳股金,视为自动放弃所认股份,由此对公司造成的损失,认购人应负赔偿责任。

第三十条 股东大会是公司的最高权力机构,对下列事项作出决议,行使职权:

1. 审议、批准董事会和监事会的工作报告;
2. 批准公司的利润分配及亏损弥补;

3. 批准公司年度预、决算报告，资产负债表，利润表及其他会计报表；
4. 决定公司增减股本，决定扩大股份认购范围，以及批准公司股票交易方式等方案；
5. 对公司发行债券作出决议；
6. 选举或罢免董事会成员和监事会成员，并决定其报酬和支付方法；
7. 修订公司章程；
8. 对公司其他重大事项作出决议。股东大会决议内容不得违反我国法律、法规及本公司章程。

第三十一条 股东大会分股东年会和股东临时会议。股东年会每年举行一次，两次股东年会期间最长不得超过15个月。

第三十二条 有下列情形之一，董事会应召开股东临时大会：
1. 董事缺额1/3时；
2. 公司累计未弥补亏损达到实收股本总额的1/3时；
3. 占股份总额10%以上股东提议时；
4. 董事会或监事会认为必要时。

第三十三条 股东大会应由董事会召集，并于开会日的30日以前通告股东，通告应载明召集事由。股东临时会不得决定通告未载明事项。

第三十四条 股东大会由公司股东名册已登记、拥有或代表普通股_____股以上的股东组成。

第三十五条 股东出席股东会，应持有本公司当届股东会的出席证。出席证应载有股东姓名、拥有股数、大会时间、公司印鉴、签发人和签发日期。

第三十六条 股东可书面委托自己的代表（以第三十条为限）出席股东大会并代行权利，受委托的股东代表出席股东大会，持股东的出席证书、委托书和本人身份证。

第三十七条 股东大会决议分普通决议和特别决议两种。
1. 普通决议应由持公司普通股份总数1/2以上的股东出席，并由出席股东1/2以上的表决权通过。
2. 特别决议应由代表股份总额的2/3以上的股东出席，并以出席股东2/3以上的表决权通过。

上款特别决议是指本章程第三十条第2、4、5、8所列事项作出决议。

第三十八条 出席股东大会的股东代表的股份达不到第三十七条所规定数额时，会议应延期15日举行，并向未出席的股东再次通知；延期后召开的股东会，出席股东所代表的股份仍达不到规定的数额，应视为已达到法定数额，决议即为有效。

第三十九条 股东大会进行表决时，每一普通股拥有一票表决权。

第四十条 股东大会会议记录、决议由董事长签名，10年内不得销毁。

第五章 董事会

第四十一条 公司董事会是股东大会的常设权力机构，对股东大会负责。在股东大会闭会期间，负责公司的重大决策。

第四十二条 公司董事会由_____名董事组成，其中董事长一名、董事_____名。

第四十三条 董事会由股东大会选举产生。每届董事任期3年，可以连任。董事在任期内经股东大会决议可罢免。从法人股东选出的董事，因法人内部的原因需要易人时，可以改派，但须由法人提交有效文件并经公司董事会确认。

第四十四条 董事会候选人由上届董事会提名；由达到公司普通股份总额_____以上的股东联合提名的人士，亦可作为候选人提交会议选举。

第四十五条 由股东大会授权，董事会可在适当时候，增加若干名工作董事，并于下届股东大会追认。工作董事由公司管理机构高层管理人员担任，其职责、权利及待遇与其他董事同等。

第四十六条 董事会行使下列职权：
1. 决定召开股东大会并向股东大会报告工作；
2. 执行股东大会决议；
3. 审定公司发展规划和经营方针，批准公司的机构设置；
4. 审议公司年度财务预、决算，利润分配方案及弥补亏损方案；
5. 制订公司培养股本、扩大股份认购范围，以及公司股票交易方式的方案；
6. 制订公司债务政策及改造公司债券方案；
7. 决定公司重要财产的抵押、出租、发包和转让；
8. 制订公司分立、合并、终止的方案；
9. 任免公司高级管理人员，并决定其报酬和支付方法；
10. 制订公司章程修改方案；
11. 审批公司的行政、财务、人事、劳资、福利等各项重要管理制度和规定；
12. 聘请公司的名誉董事及顾问；
13. 其他应由董事会决定的重大事项。

董事会作出前款决议事项，除第5、6、7、8、10款决议须由出席董事会的2/3以上董事表决同意外，其余可由半数以上的董事表决同意，董事长在争议双方票数相等时有两票表决权。

第四十七条 董事会会议至少每半年召开一次，会议至少有1/2的董事出席方为有效。董事因故不能出席会议时，可书面委托他人出席会议并表决。董事长认为有必要或半数以上董事提议时，可召开董事会临时会议。

第四十八条 董事会会议实行一人一票的表决制和少数服从多数的组织原则。决议以出席董事过半数通过为有效。当赞成和反对的票数相等时，董事长有权多投一票。在表决与某董事利益有关系的事项时，该董事无权投票。但在计算董事的出席人数时，该董事应被计入在内。

第四十九条 董事长由全部董事的1/2以上选举和罢免。

第五十条 董事长为公司法定代表人。董事长行使下列职权：
1. 召集和主持股东大会；
2. 领导董事会工作，召集主持董事会会议；
3. 签署公司股票、债券、重要合同及其他重要文件；
4. 提名总经理人选，供董事会会议讨论和表决；
5. 在发生战争、特大自然灾害等紧急情况下，对公司行使特别裁决权和处置权，但这种裁决和处置必须符合法律规定和符合公司利益，并在事后向董事会和股东大会报告。

第五十一条 董事长因故不能履行其职责时，可指定其他董事行使职权。

第五十二条 董事对公司负有诚信和勤勉的义务，不得从事与本公司有竞争或损害本公司利益的活动。

第六章 监 事 会

第五十三条 公司设立监事会，对董事会及其成员和经理等公司管理人员行使监督职能。监事会对公司股东大会负责并报告工作。

第五十四条 监事会成员为_____人，其中_____人由公司职工推举和罢免，另外_____人由股东大会选举和罢免。监事任期3年，可连选连任。监事不得兼任董事、总经理及其他高级管理职务。

第五十五条 监事会设监事会主席一人，由监事会2/3监事同意当选和罢免。监事会成员的2/3以下（含2/3），但不低于1/2，由股东大会选举和罢免。

监事会行使下列职权：

1. 监事会主席或监事代表列席董事会议；
2. 监督董事、经理等管理人员有无违反法律、法规、公司章程及股东大会决议的行为；
3. 监督检查公司业务及财务状况，有权查阅账簿及其他会议资料，并有权要求有关董事和经理报告公司的业务情况；
4. 核对董事会拟提交股东代表大会的工作报告、营业报告和利润分配方案等财务资料，发现疑问可以公司名义委托注册会计师帮助复审；
5. 建议召开临时股东大会；
6. 代表公司与董事交涉或对董事起诉。

第五十六条 监事会决议应由2/3以上（含2/3）监事表决同意。

第五十七条 监事会行使职权时，聘请法律专家、注册会计师、执业审计师等专业人员的费用，由公司承担。

第七章 公司经营管理机构

第五十八条 公司实行董事会领导下的总经理负责制，设总经理一名、副总经理_____名。总经理由董事长提名，董事会聘任；其他高级管理人员（副总经理、财务主管、审计主管、律师）由总经理提名，董事会聘任，工作对总经理负责。

第五十九条 总经理的主要职责：

1. 执行股东大会和董事会决议，并向董事会报告工作；
2. 拟订公司发展计划，年度生产经营计划，年度财务预、决算方案，以及利润分配和弥补亏损方案；
3. 任免和调配公司管理人员（不含高级管理人员）和工作人员；
4. 决定对职工的奖惩、升降级、加减薪、聘任、招聘、解聘及辞退；
5. 全面负责公司经营管理，代表公司处理日常经营管理业务和公司对外业务；
6. 由董事会或董事长授权处理的其他事宜。有权拒绝非经董事会授权的任何董事对公司经营管理工作的干预。

第六十条 董事、经理的报酬总额必须在年度报告中予以说明并公告。

第六十一条 董事、经理及本公司高级职员因违反法律、公司章程、徇私舞弊或失职造成本公司重大经济损失时，根据不同情况，经股东大会或董事会决议可给予下列处罚：

1. 限制权力；
2. 免除现任职务；
3. 负责经济赔偿。触犯刑律的，提交有关部门追究法律责任。

第八章 财务、审计和利润分配

第六十二条 公司的财务会计制度遵照《中华人民共和国企业会计制度》及国家其他法律、法规条例的有关规定。

第六十三条 公司会计年度采用公历年制，自公历每年1月1日起至12月31日止为一个会计年度。

第六十四条 公司以人民币为记账本位币。公司一切凭证、账簿、报表用中文书写。

第六十五条 公司财务报表按有关规定报送各有关部门。

公司编制的年度资产负债表、利润表、财务状况变动表和其他有关附表，在股东大会召开20日前置于公司住所，供股东查阅；年度会计报告须经注册会计师验证，并出具书面证明，由财务委员会向股东大会报告。

公司依法向税务机关申报并缴纳税款，税后利润按下列顺序分配：

1. 弥补亏损；
2. 提取法定盈余公积金；
3. 提取公益金；
4. 支付优先股股利；
5. 提取任意盈余积金；
6. 支付普通股股利。

第六十六条 公司税后利润分配的比例为：

1. 法定盈余公积金提取比例为10%；
2. 公益金提取比例为5%～10%；
3. 任意盈余公积金提取比例为（略）
4. 用于支付股利的比例为（略）

以上具体分配比例由董事会根据公司状况和发展需要拟定，经股东大会通过后执行。

第六十七条 公司股利每年支付一次或两次，按股份分配，在公司决算后进行。分配股利时，采用书面通告或在指定报刊公告。

第六十八条 公司分配股利采用下列形式：

1. 现金；
2. 股票。

第六十九条 公司实行内部审计制度，设立内部审计机构或配备内部审计人员，依公司章程规定在监事会或董事会领导下，对公司的财务收支和经济活动进行内部审计监督。

第九章　劳动人事和工资福利

第七十条　公司职工的雇佣、解雇、辞职、工资、福利、劳动保险、劳动保护及劳动纪律等事宜执行《股份制试点企业人事管理暂行办法》及《股份制试点企业劳动工资管理暂行规定》，并依照上述有关规定制定公司规章细则。若国家法律、法规有新的变化，应依据其变化相应修改。

第七十一条　公司招聘职工，由公司自行考核，择优录用。

第七十二条　公司根据国家有关法律、法规及政策，分别制定企业用工、职工福利、工资奖励、劳动保护和劳动保险等制度。

第七十三条　公司与职工发生劳动争议，按照国家有关劳动争议处理的规定办理。

第十章　章程的修改

第七十四条　公司章程根据需要可进行修改，修改后的章程不得与法律、法规相抵触。

第七十五条　修改章程的程序如下：
1. 由董事会提出修改章程的建议；
2. 按规定将上述修改条款通知股东，召开股东大会进行表决；
3. 依股东大会通过的修改章程的决议，拟订公司章程的修改案。

第七十六条　公司变更章程，涉及变更名称、住所、经营范围、注册资本、法定代表人等登记注册事项，以及要求公告的其他事项，应予公告。

第十一章　终止与清算

第七十七条　公司有下列情况之一时，可申请终止并进行清算：
1. 因不可抗力因素致使公司严重受损，无法继续经营；
2. 违反国家法律、法规，危害社会公共利益被依法撤销；
3. 公司设立的宗旨业以实现，或者根本无法实现；
4. 公司宣告破产；
5. 股东会决定解散。

第七十八条　公司宣告破产终止时，参照《中华人民共和国企业破产法》的有关规定执行。

第七十九条　公司不接受任何破产股东因债权而提出接管公司的财产及其他权益的要求。但破产股东在公司的股份和权益，可根据有关法规和本章程，由破产股东与债权人办理转让手续。

第八十条　公司依第七十七条第1、2、3项终止的，董事会应将终止事宜通知各股东，召开股东大会，确定清算组人选，发布终止公告。

公司应在终止公告发布之后15日内成立清算组。

第八十一条　清算组成立后，应于10日内通知债权人，并于两个月内至少公告3次，债权人应自通知书送达之日起30日内，未接通知书的自公告之日起90日内向清算组申报其债权。债权人逾期申报债权不列入清算之列，但债权人为公司明知而未通知者不在此限。

第八十二条 清算组行使下列职权：

1. 制订清算方案，清理公司财产，并编制资产负债表和财产清单；
2. 处理公司未了结业务；
3. 收取公司债权；
4. 偿还公司债务，解散公司从业人员；
5. 处理公司剩余财产；
6. 代表公司进行诉讼活动。

第八十三条 清算组在发现公司财产不足清偿债务时，应立即停止清算，并向人民法院申请宣告破产。公司经人民法院裁定宣告破产后，由人民法院按破产程序对公司进行处理，清算组应将清算事务向其移交。

第八十四条 公司决定清算后，任何人未经清算组批准，不得处理公司财产。

第八十五条 公司财产优先拨付清算费用后，清算组应按下列顺序进行清偿：

1. 自清算之日起前3年所欠公司职工工资和社会保险费用；
2. 所欠税款和依法律规定应缴纳的税款附加、基金等；
3. 银行贷款、公司债券及其他债务。

第八十六条 清算组未依前款顺序清偿，不得将公司财产分配给股东。违反前款所作的财产分配无效，债权人有权要求退还，并可请求赔偿所受的损失。

第八十七条 公司清算后，清算组应将剩余财产分配给各股东。

第八十八条 清算结束后，清算组应提交清算报告并造具清算期内收支报表和各种财务账册，经注册会计师验证，报政府授权部门批准后，向工商行政管理机关和税务机关办理注销登记，并公告公司终止。

第十二章 附　　则

第八十九条 公司股东大会通过的有关章程的补充和修订决议，以及董事会根据本章程制定的实施细则和有关规定制度，视为本章程的组成部分。

第九十条 本章程的解释权属于公司董事会。

第九十一条 本章程条款如有与法律和现行国家政策不符之处，以法律和有关政策为准，并应按法律和政策规定及时修改本章程。

第九十二条 本章程经创立会议特别决议通过，并经_____人民政府有关部门批准，自公司注册登记之日起生效。

二、考勤管理制度

（一）考勤管理制度简介

考勤管理制度是企业保持正常生产、办公等运营秩序的最基本的管理制度之一。考勤管理制度的根本目的是约束员工在正常工作时间处于在岗履职状态，保证刚性的工作时间要求。

（二）考勤管理制度的基本结构与主要内容

考勤管理制度一般包括总则、作息时间制度、节假日制度、考勤办法、请假制度、加班制度、奖惩制度、附则等部分。但是，当企业规模较小时，考勤管理制度就相对简单，不一定进行总则、附则等大类的划分，而仅以一个层次的条项式来编排内容。

1. 总则

总则的内容主要是交代制定本制度的依据、目的和意义等。

2. 作息时间制度

作息时间制度主要规定企业正常的周工作时间、日工作时间，以及季节工作时间的变化情况等。

3. 节假日制度

节假日制度具体规定员工节假日如何休息的具体安排。企业一般应按照国家法定节假日规定执行，如有变通及其补偿情况应该在制度中详细加以说明。

4. 考勤办法

考勤办法是该制度的主要内容。考勤办法主要明确考勤范围、考勤种类设置及其标识符号、考勤具体记录方法等方面内容的规定。

5. 请假制度

请假制度也是考勤管理的一项重要内容。请假制度主要规定请假的条件、程序、批准人及假期待遇等内容。

6. 加班制度

加班制度主要是预先规定需要加班的条件、要求，以及加班的补偿待遇等内容。

7. 奖惩制度

奖惩制度是考勤管理制度中不可缺少的内容，也是考勤制度贯彻执行的必要保证。奖惩制度的内容主要包括两方面：对于在考勤中表现良好人员和表现不佳人员分别给予一定的奖励与惩处。

8. 附则

附则的主要内容应该包括对制度的补充解释，制度的执行时间、执行部门等。

（三）考勤管理制度拟写的注意事项

有关人员拟写考勤管理制度，应该特别注意以下几点。

（1）管理制度都是组织意志的集中体现，具有普遍约束力。因此，拟写管理制度的态度要严肃认真，语言表述要郑重、正式，避免口语化，以免降低制度的权威性。

（2）考勤制度是一个非常具体的执行性管理制度，内容一定要切实可执行，否则就会造成制度形同虚设。

（3）符合国家相关法律、法规规定应该是制度制定的最基本前提，如加班待遇问题、法定节假日的安排问题等。

（4）制度的内容要符合企业的具体实际情况。

（5）制度设计要合理、周延，不能引起多数人不满或抵制，更不能出现漏洞。

（四）考勤管理制度参考范例

××公司考勤管理制度

第一章 总 则

第一条 为加强考勤管理，维护工作秩序，提高工作效率，特制定本制度。

第二条 为使本制度切实有效地贯彻执行，各部门的考勤结果纳入公司员工年度业绩考评范围，与奖金效益挂钩。

第二章 公司作息制度

第三条 公司工作日时间。

公司一般实行每天8小时标准工作日制度。

8:30—11:30，13:30—17:30（夏季）

9:00—12:00，13:00—17:00（冬季）

公司实行每周5天标准工作日制度，遵照国家双休日及法定节假日制度安排执行。特定情况，可以根据工作需要临时调整。

第四条 休息日与节假日。

1. 每周星期六、星期天，公休2日。
2. 国家法定节假日休息：

（1）元旦，放假3日；

（2）春节，放假7日；

（3）清明节，放假3日；

（4）"五一"国际劳动节，放假3日；

（5）端午节，放假3日；

（6）中秋节，放假3日；

（7）"十一"国庆节，放假7日；

（8）法律、法规规定的其他节假日，如妇女节、青年节、探亲假、生育假等，按照国家规定执行。

第三章 考勤办法

第五条 公司除总经理、副总经理和二级部门正副部长等高级职员外，所有员工均在考勤之列。

第六条 公司研发部门实行项目责任制，工作时间可弹性掌握，该部门考勤由研发部自行掌握；特殊情况，员工不参与考勤，须事先由本部门上报人力资源部备案。

第七条 公司采用考勤机打卡制度。任何员工不得委托或代理他人打卡或签到。

第八条 员工忘记打卡或签到时，须提交书面说明，经部门经理签字，留存考勤部门。

第九条 考勤类型及符号设置。

(1) 迟到。比预定上班时间晚到2小时内，记为（△）。

(2) 早退。比预定下班时间早走2小时内，记为（○）。

(3) 旷工。无故缺勤2~4小时，记旷工半天；超过4小时记旷工一天，记为（×）。

(4) 事假。因个人私事请假，记为（□）。

(5) 病假。因生病请假，记为（⊙）。

(6) 外地出差，记为（Φ）。

(7) 本地外勤、调休视同出勤，记为（√）。

第十条 员工申请事假3日以内，须事先申请，经部门经理批准；3日以上事假在部门经理同意后须经部长签批；病假员工需提供正规医疗机构的正式病假条。

第十一条 考勤执行工作及考勤结果统计分析等管理工作由人力资源部考核处负责，定期向各部门公布。

第四章 奖 惩 制 度

第十二条 公司通过扣分法与现金处罚的方式评价每个员工的出勤情况。考勤具体奖惩办法如下。

1. 迟到。迟到1次扣绩效分2分，扣除当月效益工资10元。当月迟到超过3次，部门内通报批评。当月迟到超过5次，公司范围内通报批评。

2. 早退。早退1次扣绩效分2分，扣除当月效益工资10元。当月早退超过3次，部门内通报批评。当月早退超过5次，公司范围内通报批评。

3. 旷工。旷工1天扣绩效分20分，扣除当月效益工资200元。当月旷工超过2次，公司范围内通报批评。

4. 请假超期。请假超期一天扣绩效分10分，扣除当月效益工资100元。

第十三条 以100分为考勤基数分，考勤绩效分为以下五级。

优：100分；良好：90~99分；一般：80~89分；

中：60~79分；差：60分以下。

第十四条 考勤绩效分作为公司员工年度评优的依据之一。具体内容参见人力资源部的年度考核办法。

第五章 附 则

第十五条 本制度由公司总经办会同人力资源部制定，经公司办公会议批准，自20××年7月1日起施行。

第十六条 本制度解释权归公司人力资源部所有。

三、档案管理制度

（一）档案管理制度简介

档案管理制度是企业管理制度的重要组成部分。文件与档案是企业的宝贵资产，是企业信息资源的有形载体。档案管理制度的根本目的是保存保护档案文件，以便充分利用档案文件，发挥其价值。

当企业规模较小时，档案管理制度内容也会相对简单，制度形式往往以一个层次的条项式来编排内容。当企业文件或档案数量较大时，内容也相对具体、丰富，制度内容层次会在两个以上。档案文件管理属于特定的专业管理，其管理制度的制定应该由企业文秘部门和档案管理部门的专业人员制定，然后以企业名义颁布实施。在此，仅简要介绍一下档案管理制度应该包括的基本内容和一般格式。

（二）档案管理制度的基本结构与主要内容

档案管理制度一般包括总则、文件处理流程、管理组织、档案实体管理办法、附则等。其中，档案实体管理办法又包括档案收集、档案实体管理、档案利用等，具体包括归档范围、立卷要求、档案收集、档案编目、密级和保管期限划分、档案实体存放、档案借阅、档案编研、档案鉴定、档案销毁、奖惩制度、附则等部分。

1. 总则

总则的内容主要交代制定本制度的依据、目的和意义等。

2. 文件处理流程

文件处理是各个部门职权履行的过程，具有严格的程序性和规定性。这部分内容一般规定文件处理的程序、规则，以及各部门的职责和任务等。该部分内容在档案管理制度中并非必备内容，有些企业会另行规定。

3. 管理组织

文件处理与档案管理部门的设置一般在企业组织设置中已经包括，在此应该是档案部门内部组织的设置与具体职责和管理任务的界定，以保证文件档案管理工作顺利开展。但是，有些企业在组织设置基本制度中已有明确具体规定的，在该制度中可以省略此部分内容。

4. 档案实体管理办法

档案实体管理办法是该制度的主要内容。档案实体管理办法主要明确档案收集、档案实体管理和档案利用的基本工作内容与要求。

（1）档案收集。档案收集部分包括归档范围、立卷要求、移交程序和时间等内容。这部分工作是文件处理部门和档案部门的交汇点，制度应该明确职责分工，以免互相扯皮。

（2）档案实体管理。档案实体管理的基本内容包括档案编目、密级确定、保管期限划分、档案实体存放与保护、档案鉴定与销毁等。这是档案部门的基本工作内容规范，可以保证档案实体管理工作正常运行。

（3）档案利用。档案利用是档案管理价值的最终体现。档案利用一般包括各部门的档案资料借阅利用和档案部门根据现有档案资料进行的编研成果利用。同时，制度应该对档案资料的利用进行严格的程序和权限规定。

5. 附则

附则一般是对制度的补充解释，如制度的执行时间、执行部门等。

（三）文件档案管理制度拟写的注意事项

在拟写文件档案管理制度时，应该特别注意以下几点。

（1）管理制度都是组织意志的集中体现，具有普遍约束力。制度设计要合理、周延，对于有关文件档案使用的责权要明确。文件档案是组织的重要信息资源，如果出现丢失、损毁、泄露等问题，要明确追究责任。

（2）文件档案管理制度是具体的执行性管理制度，内容一定要切实可执行，制度的内容要符合企业的具体实际情况，以有利于档案文件保护和再利用为基本前提。

（3）符合国家公文和档案管理相关法律、法规规定，企业制度规定不能与国家或行业法律、法规相抵触。

（四）文件档案管理制度参考范例

××公司档案管理制度

（20××年3月1日修订并颁布实施）

第一章　总　　则

第一条　为了加强本公司文件档案管理，保证文件档案资料的有效保护和利用，根据国家有关企业档案管理法律、法规，制定本办法。

第二条　公司档案是指公司本部和下属各单位在生产经营及管理活动中直接形成的，对具有一定查考利用价值的各种文字、图表、声像及实物等不同形式和载体的历史记录。

第二章　管理组织及职责

第三条　公司办公室在主管副总经理领导下，归口负责领导、检查、监督档案管理工作，负责对各部门文件材料立卷、归档工作进行总体检查和考核。

第四条　公司设立综合档案室，归属办公室领导，负责统一管理和指导公司档案工作。各部门设立兼职档案员，组成档案工作管理网络。

第五条 档案工作是我公司管理工作的重要组成部分。各部门必须将文件材料立卷归档工作纳入本单位和有关人员的职责范围，并作为考核干部实绩的内容之一。

第六条 承办立卷人的职责

（一）本职工作任务在完成或告一段落后，承办人员应将所形成的文件材料按照归档范围、保管期限和密级划分加以系统整理并归档。

（二）根据自己的职责范围和工作中可能形成的文件材料，协助兼职档案员编制当年的案卷类目。

（三）来往文、电中的外文材料，承办人员应在原文上译出中文文件标题、单位名称或个人姓名及文件日期。

第七条 兼职档案员的职责

（一）会同承办人员编制当年的案卷类目，组织承办人员进行预立卷，发现类目与实际形成的文件不符时，及时纠正。

（二）负责检查承办人员立卷和移交的文件材料的系统、齐全、完整情况，发现问题及时修改、补充。

（三）编写案卷标题，并将案卷按永久、长期、短期分别进行统一排列，编制移交目录，送交档案室。

第八条 档案部门的职责

（一）贯彻执行国家档案工作的方针、政策、法规，结合本公司情况，制定档案工作管理制度。

（二）参加各部门工作任务验收、科研成果鉴定、仪器设备开箱等的文件材料验收工作，检查验收应当归档的文件材料是否合乎归档要求，未经档案部门验收和经检查不合要求的不能通过鉴定、验收。

（三）培训、指导、监督兼职档案员和承办人员的立卷归档工作；协助兼职档案员编制或修改案卷类目。

（四）在案卷装订之前，对各部门的案卷质量进行复查。

（五）接收各单位移交的档案，负责全站档案的分类编目、排架、统一保管、借阅和开发利用。

第三章 立卷归档

第九条 档案文件材料的形成要与立卷归档工作实行"四同步"管理，即下达任务与提出文件材料的形成、积累、整理和归档同步；检查工作进度与检查文件材料的形成、积累、整理和归档同步；鉴定、验收科技成果与鉴定、验收科技文件材料的立卷和归档同步；上报登记和评审奖励科技成果与档案机构出具证明材料同步。

第十条 归档范围

凡是反映本公司科研、生产、销售及管理（包括外事、财务、人事、党政工团、安全、保卫、宣传、教育等）工作活动，具有查考利用价值的各种门类和载体的文件材料（包括文字材料、图表、照片、录音（像）带、计算机磁盘等），均属立卷归档范围。

重份文件,没有查考价值的文件材料不需归档。

第十一条 立卷归档时间

(一)文书档案由承办单位或承办人员在次年4月底以前移交档案室。

(二)会计档案在会计年度终了后,可暂由本单位财务会计部门保管一年,期满后的次年4月底以前移交档案室。

(三)科研或工程建设档案,由任务下达部门督促承担单位在成果鉴定或验收后两个月内移交档案室,周期过长的可以按形成阶段分期归档。

(四)重要工作会议、专项活动、专业性技术会议和学术会议的文件材料在活动或会议结束后一个月内整理、立卷并移交档案室。

(五)带有密级的文件材料,应由承办单位随时形成随时归档。

第四章 档案实体管理

第十二条 案卷接收

案卷归档时,各单位将案卷连同案卷目录(一式两份)一并移交档案室,由档案室清点验收,合格者由交接双方在案卷目录上签字。案卷目录一份留档案室,一份由立卷单位存查。不合格者由原立卷单位负责重新整理。

第十三条 编目

档案室根据《××档案分类大纲》进行档案的分类标引,编写目录和分类目录。进行档案实体的分类整理和排架。

第十四条 保管期限

档案保管期限分为永久、长期、短期3种。凡在工作查考、经验总结、科学研究、基本建设等方面具有长远利用价值的,应永久保存;凡在一定时期内具有利用价值的,应短期(15年以内)保存;凡介于以上两种保管期限之间的,应长期(15~50年)保存。

第十五条 统计

做好档案的统计工作,对档案的收进、移出、保管利用等工作及时进行统计,并按规定报送档案工作统计年报。

第十六条 补充与修改

(1)需补充的文件材料,承办人经整理后向档案部门补充归档。档案部门对补充归档的文件材料应及时整理编目,归档材料不多的可归入相关案卷内,并填写案卷目录;归档材料较多的,可单独组卷、编目,并根据规定及时调整案卷的保管期限。

(2)严禁修改已归档的档案,对已归档的案卷确需修改时,必须经有关主管负责人批准后,将修改后的文件材料补充归入案卷,并在备考表中注明原因。

第十七条 安全与修复

档案保管设有专用库房,必须保证防盗、防火、防晒、防虫、防潮、防鼠、防腐蚀等安全设施完好。定期检查档案保管状况,有破损或变质的档案,要及时修复。

第十八条 鉴定与销毁

定期对档案的保存价值进行鉴定。对保管期限变动、密级调整和需销毁的档案,由档案与产生部门的人员组成专门的鉴定小组，在主管负责人领导下进行鉴定工作。对失去保存价值的档案，按有关规定和程序进行销毁。

……

第五章　档案的开发利用

……

第×××条　档案室负责编制必要的检索工具。搞好档案信息资源加工，积极主动开展档案的开发利用工作。

第×××条　建立、健全提供档案利用的各种制度。借阅、复制档案要有一定的批准手续，提供密级档案要严格按照保密规定执行。

第×××条　借用档案者必须严格遵守档案室各项规定，不得擅自转借、拆折、剪贴、涂改等。

……

第六章　附　　则

第×××条　本办法由公司办公室综合档案室负责解释并制定实施细则。

第×××条　本办法未尽事宜按国家档案局和行业主管部门的有关档案规定执行。

第×××条　本办法自发布之日起施行。

四、办公用品与设备使用管理制度

（一）办公用品与设备使用管理制度简介

办公用品与设备使用管理制度是企业日常办公工作最基本的管理制度之一。该制度的根本目的是约束与规范员工使用企业办公用品和设备的行为，保证企业的资源得以充分利用，设备得以保护和正常使用，杜绝浪费现象。

（二）办公用品与设备使用管理制度的基本内容

办公用品与设备使用管理制度的基本内容一般包括总则、办公用品及耗材使用规定、办公设备使用规定、办公家具使用规定、交通工具使用规定、附则等部分。但是，当企业规模较小时，办公用品与设备使用制度就相对简单，应该根据企业办公用品和设备的实际情况来决定制度的规定内容。

1. 总则

总则的内容主要是规定制定本制度的依据、目的和意义等。

2. 办公用品及耗材使用规定

办公用品及耗材使用规定的内容主要包括企业日常办公用品、耗材的使用申请，采购审批，采购，分发，保管，以及使用情况监督等内容的规定。

3. 办公设备使用规定

关于办公设备使用规定主要包括电话机、传真机、复印机、空调机、计算机、互联网络等办公设备使用的规定内容。

4. 办公家具使用规定

办公家具主要是办公桌椅，一般纳入单位固定资产管理范围，经常以台账形式进行管理。

5. 交通工具使用规定

交通工具的管理是企业日常行政综合管理的重要内容，交通工具的管理主要是对机动车辆的使用与控制管理。因为交通工具的使用不仅涉及交通费用，还涉及交通安全问题，责任重大。

6. 附则

制度附则的内容主要是说明规定的生效时间、监督管理部门等。有时附则的内容已在正文中交代，因此也不一定以单独部分出现。

（三）办公用品与设备使用管理制度拟写的注意事项

拟写办公用品与设备使用管理制度，应该特别注意以下几点。

（1）管理制度规定内容要周延，不能遗漏内容，否则会造成制度缺陷。

（2）办公用品与设备使用管理制度是一个组合式制度，涉及多项内容，企业应该视具体情况决定是形成一个综合性制度，还是形成多个专门性制度。

（3）办公用品与设备使用管理制度是一个非常具体的执行性管理制度，内容规定一定要符合企业的具体实际情况，可操作性强。制度规定的内容还要体现责权对称原则。

（4）语言表达要规范，语气要郑重，体现制度的权威性。

（四）办公用品与设备使用管理制度参考范例

范例一

××公司办公用品管理制度

为进一步有效规范公司办公用品的采购、使用与保管等各个环节，保证办公设备正常运转，节约成本，并明确相关人员责任分工，特制定本制度。

一、办公用品管理

1. 本制度所指办公用品是指员工日常办公所使用的纸张、笔墨等一般文具，办公文印设备所需用的耗材（包括光盘、磁盘、色带、墨盒等），以及其他设备的配件等。

2. 办公用品管理统一由公司行政综合部负责。每年年末行政综合部根据各部门办公用品需求计划和员工办公经费标准制定统一的办公用品购置预算，并报经主管领导批准。如遇特殊情况，经主管领导批准后可临时提出购置计划。

3. 公司行政综合部根据购置计划和临时购置计划每季进行一次采购，各部门原则上不得自行采购。如有特殊情况，各部门确需自行采购办公用品，要事先提出书面申请，报请主管领导审批同意后，方准自行采购，但事后应到公司行政综合部办理入库、出库手续，然后到财务部门报销。

4. 办公用品的购置、保管和发放由行政综合部实行专人负责、分开管理的原则。

5. 领取办公用品，领用人要填写办公用品领用单，写明品名、数量和领用人姓名，由部门负责人签字后，方可领取，保管人员根据领用单进行台账登记。

6. 已购置办公用品由专人保管，行政综合部落实保管责任到人，保持库房整洁、摆放有序。

7. 全体员工要爱护办公用品，不浪费，损坏照价赔偿。

8. 办公用品按规定手续购入后，由采购人员将所购物品、发票交财务部会计人员验收、签字，填写办公用品入库单，登记入账，然后由采购人员将所购物品和入库单交给本部门保管人员，保管员核实物账入库。

9. 每年年末，保管人员和发放人员共同盘库，并将盘库情况报公司行政综合部主管人员。

二、办公设备管理

（一）复印机使用管理

1. 为确保复印机的安全运转，复印机由专人保管使用，其他人员不得自行开机。

2. 复印一般性资料要办理登记手续，详细填写复印资料名称、时间、份数等项目，经本部门主管批准签字后送行政综合部复印。

3. 复印公司重要文件或机密文件资料，需填写机密文件复印申请单，详细填写复印时间、保密等级、份数和理由，经部门负责人签字同意后，报请公司主管领导签字批准。

4. 任何人不得擅自复印私人资料。

（二）传真机、电话机使用管理

1. 传真机主要用于公司公务电文、传真函件的发送与接收。

2. 传真机一般一个办公室配备一部，每部传真机指定专人保管使用。

3. 以单位名义对外发送的传真文件，应该履行文件审批手续。部门文件由部门负责人签字批准；公司名义文件由公司主管领导签字批准。

4. 任何人不得擅自利用公司传真机收发私人函件。

5. 电话机是公司开展公务活动的重要通信工具，严禁利用公司电话拨打私人电话。

（三）计算机与互联网管理

1. 各办公室计算机及附属设备属于公司固定资产，任何个人不得将设备据为己有或挪作他用。

2. 员工应该爱护计算机设备，使用设备前，严格按规范操作。

3. 上班时间不准在计算机上玩游戏，播放娱乐性 VCD、DVD 和观看网上电影等与工作无关的内容。

4. 计算机设备损坏应查明原因，分清责任，因违规操作所造成的设备损坏，由操作人员负责赔偿。

5. 公司重要文件必须在计算机非系统运行磁盘上备份保存，复制文件应该办理审批手续。

6. 定期给杀毒软件升级，定期查杀计算机病毒，所有软盘、光盘、优盘等即插性设备必须确保无病毒才能使用。

7. 增强安全意识，注意防火防盗，下班时必须关好门窗、切断电源、盖好机套。

三、附则

1. 本制度解释权归于公司行政综合部。
2. 本制度自20××年9月1日起执行。

××公司车辆管理制度

（一）总则

1. 为加强车辆有效调度和使用，保证安全，最大限度地满足公司业务用车要求，促进公司经济效益的提高，特制定本制度。

2. 本制度适用于本公司所有机动车辆和机动车辆司机。

（二）车辆使用管理

1. 公司机动车辆各种证照的保管，车辆年审、车辆保险、养路费缴纳等事务办理统一由行政部负责。

2. 公司机动车辆由行政部分别指派专人负责车辆保养、维修、检验、清洁工作等。

3. 本公司人员因公用车须凭本部门负责人签批的用车单，事前向行政部经理申请调派；行政部依事项时间与重要性顺序派车。不按规定申请，不得派车。

4. 车辆驾驶人必须具有相应车辆的驾照，方能驾驶相应车辆。

5. 未经公司领导批准，任何人不得将公司车辆借给非本公司的任何人员使用。任何司机不得将机动车辆交予不具有相应车辆驾照人员驾驶。

6. 非工作时间因工作之需用车须由行政部同意后安排专职司机接送。

7. 公务派车，下班前须返回公司，并将车钥匙上缴车辆管理负责人统一保管。特殊情况，必须提前征得车辆管理负责人同意，并尽早返回。

（三）车辆费用管理

1. 车辆维修、清洗、保养等应由车辆使用人填写"车辆维修申请单"，注明行驶里程，经行政部车辆管理负责人核准后方可送修。

2. 机动车费用报销：公务车油料统一到行政部领用油票，外出购油及维修须经行政部经理批准后，凭发票实报实销。

3. 所有车辆在本市内维修应到行政部指定特约修理厂，否则，所有费用一律不准报销。可自行修复的，报销购买材料、零件费用。

4. 车辆在外地于行驶途中发生故障或其他耗损急需修复时，可视实际需要进行修理，但无迫切需要或修理费超过 2 000 元时，应征得行政部经理的批准。

（四）车辆违规与事故处理

1. 在无照驾驶、未经许可将车借予他人使用而违反交通规则或发生事故，由驾驶人员承担损失，并予以警告、罚款、记过、留用察看、开除等处分。

2. 违反交通规则罚款由驾驶司机自行负担。

3. 各种车辆在公务途中发生交通事故，应先急救伤员，同时向附近公安机关报案，并立即与行政部负责人联络，请求协助处理。

4. 发生责任事故造成经济损失时，应按国家相关交通法规处理。如需向受害当事人赔偿经济损失的，在扣除保险金额后，其差额视具体责任处理。

（五）驾驶岗位责任

1. 在行政部车辆管理负责人领导下，认真做好对公司领导和各业务部门的驾驶服务。

2. 工作积极主动，服从领导工作分配，凭用车申请单出车，未经领导批准不得利用公车办私事。

3. 司机有事提前请假，不得无故迟到、缺勤、早退。

4. 坚持安全原则，行车前要坚持检查机油、汽油、刹车油、冷却水是否备齐；轮胎气压、制动转向、喇叭、灯光是否完好；确保车辆处于安全、正常状态。

5. 公司员工不得利用公车学习汽车驾驶，否则，一切后果及损失由车辆保管者负责赔偿。

6. 如因驾驶员使用不当或车辆管理负责人疏于保养，致使车辆损坏或出现机械故障，其所需要的维护费，应依情节轻重，由公司与驾驶人或车辆管理负责人分担。

7. 司机因故需离开车辆时，必须锁死车门；车中放有贵重物品或文件资料，司机又必须离开时，应将其放于后行李箱后加锁保管。

8. 司机在出发前，应根据目的地，选择最佳的行车路线；收车后，应填写包括目的地、用车人、行车人、行车时间、行车距离等项目内容的行车记录，完成后上交行政部车辆管理负责人。

9. 司机需保持良好的个人形象，保持仪表整洁。

10. 司机应该每天对所负责机动车辆进行打扫、清洗，保证车内车身卫生整洁。

（六）附则

1. 本制度由公司行政部制定并负责解释。

2. 本制度自20××年1月1日起执行。

五、会议管理制度

(一) 会议管理制度简介

会议管理制度是企业对各种工作会议进行统筹安排,保证会议较高效率和良好效果,并且有效控制会议成本的制度性规定。

(二) 会议管理制度的基本内容

关于会议管理制度的内容,不同性质和规模的企业差异较大。一般而言,在大中型企业,年度会议数量较多的情况下,才有成文的会议管理制度,其基本内容主要包括会议类型、会议时间与地点安排、会议日程与议题、规模控制和成本预算、会议事务安排与组织部门等。但是,当企业规模较小时,会议管理制度就相对简单,或者根本没有成文规定,往往依照惯例安排,会议安排随机性较强。

1. 会议类型

一般单位每年会有大量例常性会议,这些会议的时间、地点、内容等与以往的会议大致相同。对于这些会议,单位较早就可以大致确定,因为确定性从而使会议安排有一定的优先性。另外一些临时性会议就随机灵活安排。

2. 会议时间与地点安排

会议时间与地点安排是会议制度的一项重要内容。因此,企业对不同会议的安排在时间和地点上应该本着统筹规划、分清主次、合理安排的原则,以制度形式对会议安排问题加以规定,既可以提高效率,又可以避免部门间因会议冲突而产生矛盾。

3. 会议日程与议题

一些重要会议往往需要较长的会议筹备期,需要相关筹备部门制订详尽的会议预案,对会议日程和主要议题等进行预先计划,然后报请有关领导批准。一些会议的程序和议题是法定的,不能轻易更改,如"职工代表大会"等。

4. 规模控制与成本预算

任何会议都需要进行规模控制,以确保所有有必要参加会议的人员能够参加,杜绝过多非必要人员参加会议。会议规模是会议费用产生的一个重要影响因素,任何会议都应该追求低成本、高效率的目标。

5. 会议事务安排

会议事务安排是关于会议接待、接送、食宿、会间服务等会议事务的规定。

（三）会议管理制度拟写的注意事项

拟写会议管理制度应该特别注意以下几点。
（1）会议管理制度从形式到内容因企业不同差异较大。
（2）会议管理制度一般由综合行政部门制定，但文件起草者应广泛征求各部门意见，调研各部门实际会议情况，以便能够制定出切实可行的会议管理制度。
（3）语言表达要规范、严谨，以免产生制度漏洞。

（四）会议管理制度参考范例

 范例

××××有限公司会议管理制度

为进一步规范公司会议管理，协调好各级各类会议安排，有效控制会议成本，保证会议效果，特制定本制度。

一、公司各类各级会议

（一）公司级例行会议

1. 生产例会

时间：每月×日上午 9:30 召开，每月一次。

主持：生产部负责人

地点：第四会议室

会议议题：① 汇报上月生产情况；② 布置本月生产计划与任务；③ 其他生产事项。

参加人员：公司领导；生产部负责人、生产部各车间负责人；销售部主管、技术部主管、质监部主管、采购部主管，以及工程部、行政部、仓库等部门负责人和其他相关人员。

2. 销售会议

时间：每月×日下午 3:00 召开，每月一次。

地点：第三会议室

主持：销售部经理

会议议题：① 总结公司当月销售工作情况与问题；② 对下一月度销售工作进行预测；③ 分析竞争对手销售状况及其对策；④ 其他销售事项。

参加人员：总经理、副总经理、销售部负责人、生产部负责人、技术部负责人、广告部负责人、品质部负责人、财务部负责人，以及其他相关人员。

3. 质量与客户服务例会

时间：每周六下午 4:00。

地点：第二会议室

主持：品质部经理/客户服务部经理

会议议题：① 回顾与总结本周产品质量状况；② 汇报客户投诉及客户退货情况；③ 汇总影响质量的因素，检讨改善的手段与方法；④ 提出下周工作质量目标及完成目标的管理措施；⑤ 其他产品质量与客户服务问题研究。

参加人员：品质部、客户服务部全体员工。

4. 总经理办公会议

时间：一般每月一次，特定情况随机进行。

主持：总经理

地点：第一会议室

会议内容：① 各部门报告本部门近期工作情况；② 对照上次会议安排，逐条逐项检查落实完成情况；③ 安排和部署下一步公司整体工作；④ 需要公司协调解决的问题；⑤ 其他突发性问题。

参加人员：总经理，生产部、品质部、销售部、技术部、财务部、采购部、人事行政部、工程部等各部门第一负责人。

5. 季度总结会议

……

6. 年度总结会议

……

(二) 公司级临时性会议

1. 重大安全事故处理会议

……

2. 各类迎接上级检查会议

……

(三) 部门会议

1. 部门例会

各部门每周须定期召开由部门负责人主持召开的专题会议，传达公司会议精神、讲评部门工作要点、落实各项管理措施。各部门要制订例会计划，主要包括会议时间、地点、议题、参加人员等内容，每季度末上报公司行政部。

2. 部门临时会议

上级布置或本部门决定召开的处理研究随机问题的会议。

二、会议要求

（1）做好会议记录。公司会议记录要做到专人记录和管理，会议记录人应按照会议主持人的要求形成会议纪要，以使大家共同遵照执行。部门专题会议也要指定人员做好会议记录。会议记录应定期归档。

（2）保证会议质量。各级各类会议力求务实、高效，用数据说话，防止和杜绝空洞无物的泛泛而论。可开可不开的会议坚决不开。

(3) 严格会议纪律。会议管理是保证会议质量的一项措施。与会人员应认真准备、准时参会。与会人员一般不得缺席或指定他人代表，确因个人紧急事务需要请假的，须向人事行政部或部门负责人事先请假，同时指定专人代为履行职责。公司会议由人事行政部进行考勤，部门会议由各部门自行考勤。
……
三、会议准备
……
四、会议费用管理
……
五、附则
(1) 公司将会议工作成绩和考勤情况纳入员工业绩考核范围之内，也是员工年度评优的重要依据之一。
(2) 本制度解释权归公司人事行政部所有。
(3) 本制度自20××年1月1日起执行。

六、安全管理制度

（一）安全管理制度简介

安全管理制度是企业为保证生产经营管理活动安全运行、物资财产的安全，对部门和员工作出的安全要求与规定。安全管理制度是任何企业必不可少的规章制度，其根本目的是减少安全事故隐患，杜绝安全事故发生；同时对相关人员起到预先控制作用，进行安全意识教育，明晰安全责任。

（二）安全管理制度的基本内容

关于安全管理制度的内容，不同性质和规模的企业差异不大。一般主要包括安全组织设置、安全教育、安全问题及其防范、安全责任、安全事故处理等内容。

1. 安全组织设置

大中型企业单位往往设有由分管安全工作的主要领导担任组长的安全工作领导小组，对企业安全保卫工作统一规划、统一领导。当遇有安全事故时，该组织全力及时处理。在各个部门也设有专门负责安全的分支组织或专门人员，直接对上级安全组织负责。

2. 安全教育

安全管理的主旨在于预防安全事故的发生，而非事后处理。因此，对全体员工的安全教育，提高全员的安全意识是防患于未然的重要措施。安全教育应该制度化，定期和不定期进行,以确保企业的安全运行。

3. 安全问题及其防范

一般企业单位的安全问题可能会有以下几类:生产安全操作问题、防火防爆问题、防盗防破坏问题、安全警卫问题、预防自然灾害等。

生产安全操作问题主要包括遵守生产安全操作规程,如有毒物品的取放、存储,安全用电,重要设备的安全操作程序等,以防发生财产和人身安全事故。防火防爆问题是企业安全工作的日常性工作内容,对一些易燃易爆产品、半成品、原材料要制定严格的安全管理措施。防盗防破坏安全问题也是企业重要的安全工作内容,在安全管理制度中应该加强对企业重要设备物资、高价值产品的安全防盗防破坏工作的制度规定。安全警卫问题的内容主要包括企业人员、车辆出入管理,重要地点的监控,安全执勤值班,安全巡逻等内容。

在安全制度中,还要注意对自然灾害的安全预防内容,如对台风、暴雨、洪水、地震等自然灾害采取的安全防范措施和应对预案等。

4. 安全责任

对安全责任的明确也是安全管理制度不可缺少的内容。只有对安全责任进行明确,落实到具体部门和个人,并且规定明确的奖惩措施,才能真正使安全制度发挥作用,起到预防安全问题于未然的作用。

5. 安全事故处理

企业对于安全事故的处理应该制度化,不能因人因事随意处理,既不利于安全管理的后续管理,也容易在员工中产生不公平感,同时降低了管理层和制度的权威性。安全管理制度在安全事故处理方面应该具有解决事故处理的一般程序、事故善后措施和相关人员的处理等内容。

(三)安全管理制度拟写的注意事项

拟写安全管理制度应该注意以下几方面的问题。

(1)不同企业安全问题的内容和重要性会有所差异,要注意紧密结合企业的具体安全问题拟写制度。

(2)安全无小事,安全管理制度要周延,不能遗漏任何安全问题死角,从安全隐患到安全责任都要明确,落实到位。

(3)安全问题奖罚要分明,措施要超出员工一般预期,这样才能使制度发挥作用,杜绝安全事故。

(4)安全管理制度会涉及一些专业领域,专业安全部分应该由专业部门或人员先行草拟,然后由综合行政部门汇总,最后确定纳入总制度。

（四）安全管理制度参考范例

范例

××市××公司安全保卫管理制度

(20××年1月1日修订施行)

第一章 总 则

第一条 为了加强本公司的安全防范工作，保护企业财产和员工生命安全，保障各项工作顺利进行，特制定本制度。

第二条 本公司以"安全、稳定，保证正常生产经营"为原则，组织实施安全管理。

第二章 组织领导

第三条 公司成立安全领导小组，统一负责领导本公司的安全保卫工作。

组长：×××（总经理）

常务副组长：×××（总经办主任）

成员：……（各部门经理，每个部门一名安全工作专员）

第四条 安全领导小组承担公司安全工作第一责任，各部门经理为部门安全工作第一责任人，各部门应严格执行公司安全管理制度，定期开展安全检查工作。

第五条 公司发生安全事故，由部门和公司安全负责领导处理，按制度规定进行。

第六条 公司将每年各部门安全工作成绩作为部门年度评优的依据之一，任何部门发生一次安全事故，即取消该部门年度评优资格。

第三章 安全教育

第七条 安全教育范围为公司全体员工。

第八条 安全教育的主要内容

（1）思想教育。定期和不定期进行。

定期安全意识教育：主要是正面宣传安全经营的重要性，选取典型事故，从事故的社会影响、经济损失、个人伤害后果等几个方面进行安全意识教育。

不定期安全教育：在同行业企业或本企业发生重大或典型性安全事故时，及时进行全员安全教育。

（2）安全法规教育。学习国家、行业主管部门有关安全管理法律、法规，以及本企业的安全规章制度。定期进行，每月保证半个工作日进行安全法规教育学习。

（3）安全技术教育培训。定期进行，每季度进行1~3次包括生产技术、一般安全技术的教育和专业安全技术的训练与学习。

安全技术教育培训内容主要是本公司安全技术知识、工业卫生知识和消防知识。具体内容包括本部门动力特点、危险地点和设备安全防护注意事项；电器安全技术和触电预防；安全急救知识；高温、粉尘、有毒、有害作业的防护；职业病原因和预防知识；运输安全知识；劳动保护用品的发放、管理和正确使用知识等。

第四章　安全技术与安全检查

第九条　防火管理

（1）加强各种可燃物质的管理，大宗燃料应按品种堆放，不得混入硫化物和其他杂质；对酒精、丙酮、油类、甲醇、油漆等易燃物质要妥善保存，不得靠近火源。

（2）采取防火技术措施，设计建筑物和选用设备应采用阻燃或不燃材料；油库和油缸周围应设置防火墙等。

（3）配备消防设施，厂区要按规定配备消火栓、消防水源、消防车等。生产车间应配备必需消防用具，如沙箱、干粉、二氧化碳灭火器或泡沫灭火器等。灭火器材要经常检查、定期更换，使之处于良好状态。

（4）开展群众性消防活动，既要依靠专业消防队，也要建立公司群众性防火灭火消防队伍，并通过学习和实地演习，提高灭火技能。

第十条　预防触电管理

预防触电的主要措施是加强管理、严禁违章作业。

（1）各类电器设备，包括电焊机、照明、家用电器等的选用和安装要符合安全技术规定，保证设备的保护性接地或保护性接零良好。

（2）电器设备要定期检修，并作好检修记录；及时更换老化或裸露的电线；及时拆除临时和废弃线路等；待接线头要包扎绝缘。

（3）建立健全电器设备安全操作规章和责任制度，严禁违章作业，严禁非专业人员擅自操作或修理电器设备。

（4）对电器设备进行修理作业，要拉断电源和穿戴绝缘衣物。

（5）组织员工训练，掌握对触电者的急救措施和技术。

第十一条　地震灾害预防（略）

第十二条　生产经营过程中存在的主要安全隐患

（1）生产设备和仪器的防护、保险及信号等装置缺乏或不良。

（2）设备、仪器、工具及附件或材料等有缺陷；无总电源、总气阀。

（3）生产工艺本身缺乏充分的安全保障，工艺规程有缺陷。

（4）生产组织和劳动组织不合理。

（5）个人劳动保护用品缺乏或不良。

（6）事故隐患未暴露或还未被发现等。

第十三条　工作环境的安全隐患

（1）工作场地通道不好，材料、半成品、成品混堆，工作场所过分拥挤或布置不当，地面不平，有障碍物存在或地面过滑。

（2）厂房或车间平面或立体布置不合理，未提供紧急出口，或者出口不足。

（3）工作场地光线不足或光线太强，可能由视觉失误引起动作失措。

（4）工作场地有超标准噪声，引起员工情绪烦躁，无法安心工作；温度、湿度、空气清洁度不符合标准。

（5）有毒、有害物品超定额存放或保管不当，无急救或保险措施。

第十四条 安全巡查的主要内容

（1）查有无进行安全教育。

（2）查安全操作规程是否公开张挂或放置。

（3）查在布置生产任务时有无布置安全工作。

（4）查安全防护、保险、报警、急救装置或器材是否完备。

（5）查个人劳动防护用品是否齐备及正确使用。

（6）查工作衔接配合是否合理。

（7）查事故隐患是否存在。

（8）查安全计划措施是否落实和实施。

……

第十五条 安全检查形式

安全检查的方法有经常性检查（如月查、周查、日查和抽查等）、专业性检查（如防寒保暖、防暑降温、防火防爆、制度规章、防护装置、电器保安等专业检查等），还有节假日前的例行检查和安全月、安全日大检查。

第十六条 自我安全检查要点

（1）检查工作区域的安全性：注意周围环境卫生、工作通道畅通、梯架台稳固、地面和工作台面平整。

（2）检查使用材料的安全性：注意堆放或储藏方式，装卸地方大小，材料有无断裂、毛刺、毒性、污染或特殊要求，运输、起吊、搬运手段的信号装置是否清晰等。

（3）检查工具的安全性：注意是否齐全、清洁，有无损坏，有何特殊使用规定、操作方法等。

（4）检查设备的安全性：注意防护、保险、报警装置、控制机关的完好情况。

（5）其他检查：通风、防暑降温、保暖情况；防护用品是否齐备，是否正确使用；衣服鞋袜及头发是否合适；有无消防和急救物品等。

第五章　安全保卫制度

本部分内容主要包括企业员工与外来人员出入、车辆出入管理，重要地点的监控，执勤值班，安全巡逻等。（具体内容省略）

第六章　安　全　责　任

第××条 负责安全工作内容的员工，如出现以下情况之一，按情节轻重，给予批评教育、警告、罚款、记过处分。如果造成安全事故，将追究安全责任。

（1）未很好地学习操作方法、技巧和规程，未按规程操作或工作技术不熟练。

（2）未使用劳动保护用品或使用不适当。

（3）生产时注意力不集中或情绪不稳定。

(4) 工作责任心不强,自由散漫,工作时闲谈或不认真。
(5) 不遵守劳动纪律,工作时打闹、嬉戏。
(6) 没有注意劳逸结合,过度疲劳,长期加班,精力不集中。
……

第××条 个人负责安全工作内容的员工因渎职造成安全事故者,按情节轻重,给予警告、罚款、记过、开除留用察看、开除处分。如果构成违法犯罪,将依法追究其法律责任。
……

第七章 事故处理

第××条 事故处理是包括事故发生后的紧急处理、报告有关部门、进行调查分析和统计、采取措施及处分有关单位和人员等一系列工作的总称。

第××条 事故发生后的紧急事故处理往往具有突然性,因此在事故发生后要保持头脑清醒,切勿惊慌失措、处理失当,一般按以下顺序处理。
(1) 首先切断有关动力来源,如气源、电源、火源、水源等。
(2) 救出受伤人员,对重伤员进行急救包扎。
(3) 大致估计事故的原因及影响范围。
(4) 在报告和请求援助的同时,抢移易燃易爆、剧毒等物品,防止事故扩大和减少损失。
(5) 采取灭火、堵水、导流、防爆、降温等措施,使事故尽快终止。
(6) 事故被终止后,要保护好现场。

第××条 事故的调查、分析和处理

对伤亡事故进行调查分析和处理的基本目的是找出原因,查明责任,采取措施,消除隐患,吸取教训,改进工作。

部门的责任是协助有关部门或人员,搞好调查分析和处理工作。一般事故调查、分析和处理工作由公司安全领导小组负责;遇有重大安全事故,公司成立专门事故处理小组负责处理。

七、卫生清洁制度

(一)卫生清洁制度简介

卫生清洁制度是企业为保证生产、办公或公共区域的基本卫生条件,为员工创造一个舒适、干净的工作环境而设定的公司制度。

（二）卫生清洁制度的基本内容

关于卫生清洁制度的内容，不同性质和规模的企业几乎没有差异。但是，企业是自行负责全部区域的清洁卫生工作，还是将卫生清洁工作外包给专业清洁公司或物业公司，其制度内容应有较大差异。一般公司卫生清洁制度的内容应该包括卫生清洁标准、责任人职责、责任区域划分、奖惩制度等方面。

卫生清洁标准是卫生责任人履行其职责的基本工作标准，也是上级检查卫生工作的依据。在制度中还应该明确卫生清洁工作人员的工作职责和内容，责任区域的责任人也需要落实。此外，对于不能或未按标准履行职责的部门或人员应有一定的处罚措施。其他内容与其他一般制度没有太大差异。

（三）卫生清洁制度拟写的注意事项

拟写卫生清洁制度应该注意以下几个方面的问题。
（1）不同企业的卫生清洁制度，要注意紧密结合自己企业的具体卫生问题着手拟写。
（2）卫生清洁制度要具体详细，责任要明确到部门和个人，落实到位。泛泛的制度规定形同虚设。
（3）为了使制度能够贯彻执行，要有奖有罚，奖罚要分明。

（四）卫生清洁制度参考范例

范例

××××公司卫生清洁管理制度

为创造与保持一个舒适、优美、整洁的工作环境，树立公司的良好形象，特制定本制度。

（一）

1. 公司室外卫生由公司行政综合部以书面形式统一划定"卫生责任区"，落实到各部门；室内厕所、走廊、楼梯等公共卫生区域的卫生保洁工作由物业公司保洁人员负责，各部门负责监督检查；各部门室内卫生清洁工作由各部门自行安排卫生值日人员时间表，明确职责。

2. 公司各部门室内卫生清洁工作应该在公司上班前彻底清理完毕。

3. 公司公共区域的卫生保洁工作必须在公司上班前15分钟结束。

（二）

4. 卫生清洁标准。

(1) 地面标准：无尘土、沙粒、纸屑，无污水、泥浆、痰迹等。

(2) 绿化区标准：无杂草、无杂物、无落叶。

(3) 窗户标准：玻璃光亮透明、无污点，窗台无灰尘，窗角无灰挂。窗户在风、雪、雨、雾天过后，要及时抹拭，保持标准要求。

(4) 墙壁标准：无蜘蛛网，墙角无灰挂，墙壁无残痕、无污染等。

(5) 室内物品标准：桌面整齐无杂物、无灰尘；日光灯无灰尘；卫生工具整齐地摆放在隐蔽位置；纸篓、报夹、椅子等物品摆放整齐有序。

(6) 水池、便池标准：无污垢、尿锈、无异味，水龙头、水阀不跑、冒、漏、滴水。

(7) 花卉树木平时须加强管理，浇花时如将水洒到盆外应立即拖干。花草摆放要定位、严禁空缺，不得摆有影响美化布局和环境的花卉。

剪草机剪过后的边角高草，必须在剪完后12小时内用大剪刀清剪干净。夏天7天左右、春秋季15天左右连续不下雨，必须浇一次水。

(8) 室外卫生清洁，大面积用扫帚清扫，小面积特别是边角处用笤帚清扫，以保持地面卫生标准。

(9) 雪天，各部门首先清理本部门卫生区积雪，清理时，将积雪均匀地铺到绿化带内（以不压坏花木为标准）。清理完毕，应保证地面无浮雪、不打滑。本部门责任区积雪清理完毕后，应积极帮助其他部门清理。

（三）

5. 清洁厕所、洗涮间及室外卫生工作要求。

(1) 清擦厕所、洗涮间墙壁和隔板时用拧干水的半湿抹布，禁止直接用水冲洗。对于重点部位，可用毛刷用力擦洗（如已干结的便渍、痰渍、污渍等）。厕所、洗涮间在清扫完毕前，必须用干拖把将地面的水渍拖干。

(2) 打扫各办公楼内厕所、洗涮间内的卫生时，用洗刷干净的半湿拖把拖地（半湿拖把以拧干提着走10～15米不滴水为标准）。

(3) 在洗涮间洗涮物品时，必须先将杂物倒入洗涮间设置的杂物桶内，严禁倒入水池，堵塞管道；洗涮完毕后，将水池擦拭干净，并随手将水龙头关妥当，以不滴漏为准。

(4) 到厕所大小便后，一定将便盆冲洗干净，然后把水龙头关好，以不滴漏为准。

(5) 洗涮间、厕所内一切设施，人人有责任爱护，谁损坏谁赔偿，如查不出损坏人，由当天清理负责人赔偿或负责修复。

(6) 负责打扫厕所和洗涮间的部门如发现管道堵塞、设施损坏，由负责清理的部门立即组织疏通或维修。

6. 清理卫生水桶、拖把等用具、物品用完后要定位存放：拖把放在制作的拖把架上，并在用完之后放好；毛刷、水管等物品挂在洗涮间的墙上，水桶放在下水道口处，笤帚挂在各室部的门后墙上，大扫帚放在楼梯底处；厕所用的水管放在各厕所一角墙上。

（四）

7. 公司成立爱国卫生运动领导小组，统一负责领导本公司的卫生清洁工作。

组长：×××（副总经理）

常务副组长：×××（总经办主任）

成员：……（各部门负责人一名，每个部门一名卫生工作专员）

8. 公司每月第一个星期五下午为大扫除日，由卫生领导小组组织检查，评定各部门卫生等级：优、良、合格、不合格，并将检查结果张贴公布。

9. 公司员工个人违反以上制度，每人每次罚款10元；属于物业公司保洁范围的，每次对物业公司罚款50元。

10. 公司将每年各部门卫生清洁工作成绩作为部门年度评优的依据之一。

（五）

11. 本制度自20××年10月1日起执行。

12. 本制度解释权归公司爱国卫生运动领导小组所有。

八、公司员工日常行为规范

（一）公司员工日常行为规范简介

公司员工日常行为规范是企业对员工仪表仪容、工作行为和个人自身修养等方面作出明确规定的说明性文书。公司员工日常行为规范既是企业对于员工日常表现和行为的约束性标准，更是企业员工进行自我形象管理的重要依据。科学、合理的员工行为规范有利于规范员工工作期间的日常行为，塑造良好的行为习惯，也有利于树立企业的良好公众形象。员工形象即是企业形象，加强对员工日常行为的规范管理对树立企业形象有重要作用。

不同企业对员工日常行为规范管理文书的名称或许有所差异，其内容可以包括在员工手册、员工守则、企业礼仪制度等文书中。

（二）公司员工日常行为规范的基本内容

公司员工日常行为规范一般应包括以下几方面内容：总则、员工仪容仪表要求、语言文明与礼貌要求、工作时间行为规范，以及特定工作内容的工作流程与要求等。其中，总则是对该行为规范的制定目的和目标的解释与说明。规范的具体内容不同的企业会有所差异，也会以不同内容模块来安排整体结构和排版形式，但基本内容应该差异不大。

（三）公司员工日常行为规范的撰写要求及注意事项

（1）公司员工日常行为规范属于公司细则式管理制度，制定该规范应该考虑全面，公司认为有必要规范员工日常行为的方面均应纳入其中，以免造成制度的缺陷或部分内容缺失。

（2）公司员工日常行为规范的内容应该尽量具体，切实可执行，切忌只作出原则性规定，或者说法含糊其辞，这样的制度会流于形式。

（3）公司员工日常行为规范可以同时规定严重违反行为规范的处罚措施，或者与企业的激励奖惩制度挂钩，否则就难以彻底执行到位或使制度流于形式。

（四）公司员工日常行为规范参考范例

范例

北京××××文化艺术有限公司
员工日常行为规范细则

一、总　　则

为了规范企业员工的日常个人和职务行为，保证企业经营的良好运转，塑造卓越企业文化，提升企业公众形象，特制定本细则。

二、工作行为规范

（一）从上班到下班

1. 上班规范

1.1　严格遵守上班时间。因故迟到和请假的时候，必须事先通知，遇突发事件时方可用电话通知。

1.2　上班前5分钟到岗，做好工作前的准备。

1.3　打开计算机，传阅文件，查看网上邮件。

2. 岗位工作

2.1　工作要做到有计划、有步骤、按时进行。遇有上级紧急工作部署，应立即行动。

2.2　在办公室内保持安静，不要在走廊内大声喧哗。

2.3　工作中不扯闲话；不打私人电话；不从事与本职工作无关的私人事务。

2.4　工作中不要随便离开自己的岗位；离开自己的座位时要整理桌子，椅子半位，以示主人未远离；长时间离开岗位时，可能会有电话或客人来访，事先应拜托给上司或同事。椅子全部推入，以示主人外出。

3. 办公用品和文件的保管

3.1　办公室内实施定置管理。

3.2 办公用品和文件必须妥善保管，使用后马上归还到指定保管场所。

3.3 办公用品和文件不得带回家，需要带走时必须得到领导许可。

3.4 文件保管不能自己随意处理，或者遗忘在桌上、书柜中。

3.5 重要的记录、证据等文件必须保存到规定的期限。

3.6 处理完的文件，根据公司文件档案管理规定及时归档。

4. 下班规范

4.1 下班时，文件、文具、用纸等要整理好，桌面整洁，椅子归位。

4.2 考虑好第二天的任务，并记录在工作日志本上。

4.3 关好门窗，检查处理计算机和电源等安全事宜。

4.4 需要加班时，应事先通知主管领导和物业管理部门。

4.5 交班时，应与接班同事交接完毕，再行离开。

（二）工作基本方法

1. 接受指示时

1.1 接受上级指示，要注意正确领会意图。

1.2 虚心听取领导指示。

1.3 听取工作指导，必要时应做好记录。

1.4 有疑点必须当场提问，把工作内容搞清楚。

1.5 重要或复杂工作，需要重复被指示的内容。

1.6 当上级指示重复的时候，首先从最高上司的指示开始执行。

2. 执行上级指示时

2.1 充分理解工作内容。

2.2 按照上司指示的方法和顺序完成工作。

2.3 实行决策方案时，如需要其他部门协助，要事先进行联络。

2.4 备齐必要的工作器具和材料。

2.5 工作经过和结果须同时向上司报告。

2.6 工作到了期限不能完成时，要马上向上司报告，请求指示。

2.7 任务实施时，遇到疑问和困难应立即向上司请示。

2.8 任务完成后，检查工作内容和结果是否与被指示的内容一致。

3. 汇报工作时

3.1 工作完毕后，应立即向主管领导报告。

3.2 先从结论开始报告。

3.3 根据需要，简要总结要点。

3.4 根据实际情况，提出自己的意见。

3.5 最后撰写报告文书。

4. 工作受挫时

4.1 首先及时报告。

4.2 虚心接受意见和批评。

4.3 认真总结，避免相同的失败出现第二次。

4.4 不能失去信心。
4.5 不逃避责任。

（三）创造愉快的工作氛围

1. 打招呼
1.1 早上上班时，见面要问"早上好"；晚上下班说"再见"。
1.2 在公司内外，应主动与客人、上司、同事打招呼。

2. 愉快工作
2.1 工作中自己思想要保持活跃。
2.2 为顾客服务，与同事合作，愉快工作。
2.3 同事间相互理解、信任，建立和睦关系，通过工作使自己得到成长锻炼。

3. 健康管理
3.1 保证睡眠，消除疲劳。
3.2 为了消除体力疲劳，缓解工作压力，应适量参加体育活动。

（四）因公外出

1. 因公外出按规定逐级办理请假手续，无特殊原因不可电话、口头捎话请假。
2. 因公外出时需向同事或上司交代工作事宜，保证工作衔接。
3. 因公在外期间应与公司保持联系。
4. 外出归来及时销假，向上司汇报外出工作情况。
5. 外出归来一周内报销差旅费。

（五）工作餐

1. 按规定时间用餐，在规定时间内用餐完毕。
2. 遵守秩序，不急不躁，排队取餐，轮流等候。
3. 厉行节约，反对浪费，按需取餐，吃多少盛多少。
4. 食品应在餐厅食用，不得随意外带出餐厅。
5. 就餐期间，不大声喧哗，文明就餐。
6. 就餐完毕，自觉清理桌面，桌椅归位，餐盘碗筷送回洗碗间。

三、仪容仪表形象规范

1. 着装正式、整洁、得体
1.1 服装正规、整洁、完好、协调、无污渍，扣子齐全，不漏扣、错扣。
1.2 在左胸前佩戴好统一编号的员工证。
1.3 上班时必须穿工作服。
1.4 衬衣下摆束入裤腰和裙腰内，袖口扣好，内衣不外露。
1.5 着西装时，打好领带，扣好领扣。上衣袋少装东西，裤袋不装东西，并做到不挽袖口和裤脚。
1.6 鞋、袜保持干净和卫生，鞋面洁净，在工作场所不赤脚，不穿拖鞋，不穿短裤。

2. 仪容自然、大方、端庄
2.1 头发梳理整齐，不染彩色头发，不戴夸张的饰物。

2.2 男职工修饰得当，头发长不覆额、侧不掩耳、后不触领，不留胡须。
2.3 女职工淡妆上岗，修饰文雅，且与年龄、身份相符，工作时间不能当众化妆。
2.4 颜面和手臂保持清洁，不留长指甲，不染彩色指甲。
2.5 保持口腔清洁，工作前忌食葱、蒜等具有刺激性气味的食品。

3. 举止文雅、礼貌、精神

3.1 精神饱满，注意力集中，无疲劳状、忧郁状和不满状。
3.2 保持微笑，目光平和，不左顾右盼、心不在焉。
3.3 坐姿良好。上身自然挺直，两肩平衡放松，后背与椅背保持一定间隙，不用手托腮。
3.4 不跷二郎腿，不抖动腿，椅子过低时，女员工双膝并拢侧向一边。
3.5 避免在他人面前打哈欠、伸懒腰、打喷嚏、抠鼻孔、挖耳朵等。难以控制时，应侧面回避。
3.6 不能在他人面前双手抱胸，尽量减少不必要的手势动作。
3.7 站姿端正。抬头、挺胸、收腹、双手下垂置于大腿外侧或双手交叠自然下垂；双脚并拢，脚跟相靠，脚尖微开。
3.8 走路步伐有力，步幅适当，节奏适宜。

四、语言沟通规范

1. 会话亲切、诚恳、谦虚

1.1 语音清晰、语气诚恳、语速适中、语调平和、语意明确。
1.2 提倡讲普通话。
1.3 与他人交谈，要专心致志，面带微笑，不能心不在焉，反应冷漠。
1.4 不要随意打断别人的话。
1.5 用谦虚的态度倾听。
1.6 适时地搭话，确认和领会对方谈话内容、目的。
1.7 尽量少用生僻的专业术语，以免影响与他人交流的效果。
1.8 重要事件要具体确定。

2. 自我介绍

2.1 公司名称、工作岗位和自己的姓名。
2.2 公司外的人可递送名片。
2.3 根据情况介绍自己的简历。

3. 文明用语

3.1 严禁说脏话、忌语。
3.2 使用"您好""谢谢""不客气""再见""不远送""您走好"等文明用语。

五、社交礼仪规范

1. 接待来访，微笑、热情、真诚、周全

1.1 接待来访热情周到，做到来有迎声，去有送声，有问必答，百问不厌。
1.2 迎送来访，主动问好或话别，设置有专门接待地点的，接待来宾至少要迎三步、送三步。

1.3 来访办理的事情无论是否对口,不能说"不知道""不清楚"。要认真倾听,热心引导,快速衔接,并为来访者提供准确的联系人、联系电话和地址,或者引导到要去的部门。

2. 访问他人

2.1 要事先预约,一般用电话预约。

2.2 遵守访问时间,预约时间5分钟前到。

2.3 如果因故迟到,提前用电话与对方联络,并致歉。

2.4 访问领导,进入办公室要敲门,得到允许方可入内。

2.5 用电话访问,铃声响3次未接,过一段时间再打。

3. 使用电话

3.1 接电话时,要先说"您好",然后自我介绍公司名称、工作部门和自己姓名。

3.2 电话交谈应简洁明了,不聊无关话题。

3.3 不要用电话闲聊天。

3.4 使用他人办公室的电话要征得同意。

4. 交换名片

4.1 名片代表客人,用双手递接名片。

4.2 看名片时要确定姓名。

4.3 拿名片的手不要放在腰以下。

4.4 不要忘记简单的寒暄。

4.5 接过名片后确定姓名正确的读法。

5. 商业秘密

5.1 员工有履行保守公司商业秘密的义务。

5.2 不与家人及工作无关的人谈论公司商业秘密。

5.3 使用资料、文件,必须爱惜,保证整洁,严禁涂改,注意安全和保密。

5.4 不得擅自复印、抄录、转借公司资料与文件。如确属工作需要摘录和复制,凡属保密级文件,须经公司领导批准。

六、会 议 规 范

1. 事先阅读会议通知。

2. 按会议通知要求,在会议开始前5分钟进场;遵从主持人的指示与安排。

3. 事先阅读会议材料或做好准备,针对会议议题汇报工作或发表自己的意见。

4. 开会期间关掉手机、个人电脑,不会客,不从事与会议无关的活动,如剪指甲、交头接耳等。

5. 得到主持人的许可后,方可发言;发言简洁明了,条理清晰。

6. 认真听别人的发言并记录;不得随意打断他人的发言。

7. 会议完毕后及时向上司报告,按要求传达。

8. 妥善保存会议资料,以备留存查阅。

9. 保持会场肃静。

七、安全卫生环境

1. 安全工作环境

1.1 工作时既要注意自身安全,又要营造安全的工作环境。

1.2 爱护公司公物,所用设备、设施要定期维修保养,节约用水、用电、易耗品。

1.3 学习并掌握相关安全知识,提高个人发生事故和意外时的紧急处理与自救能力。

1.4 应急电话:市内伤病急救 120;市内火警 119;公司火警 111;市内匪警 110。

2. 卫生环境

2.1 员工有维护良好卫生环境和制止他人不文明行为的义务。

2.2 养成良好的个人卫生习惯,不随地吐痰,不乱丢纸屑、杂物,不流动吸烟。办公室内不得吸烟。

2.3 如在公共场所发现纸屑、杂物等,随时捡起放入垃圾桶,保持公司的清洁。

2.4 定期清理办公场所和个人卫生区域。有必要的物品依规定定置管理,没有必要的废物清除掉。

八、互联网使用规定

1. 在工作时间不得在网上进行与工作无关的活动。

2. 不得利用国际互联网危害国家安全,泄露国家机密,不得侵犯国家的、社会的、集体的利益和公民的合法权益,不得从事违法犯罪活动。

3. 不得利用互联网制作、复制、查阅违反宪法和法律、行政规定的,以及不健康的信息。

4. 不得从事下列危害计算机网络安全的活动。

4.1 对计算机信息网络功能进行删除、修改或增加。

4.2 对计算机信息网络中储存、处理或传输的数据和应用程序进行删除、修改或增加。

4.3 制作传播计算机病毒等破坏程序。

九、人际关系处理

1. 上下关系:尊重上级,不搞个人崇拜;平等对待下级,营造相互信赖的工作气氛。

2. 同事关系:对待同事抛弃偏见,关心同事,营造"同欢乐、共追求"的工作氛围。尊重他人,肯定、赞扬他人的长处和业绩,对他人的短处和不足,进行忠告、鼓励,营造明快和睦的气氛。相互合作,在意见和主张不一致时,应理解相互的立场,寻找能共同合作的方案。

3. 禁止搞小团体,人为形成派别,不允许在工作岗位上以地缘、血缘、学员组成派别。

十、心灵沟通

1. 虚心接受他人的工作建议或意见。

2. 不要感情用事,理智对待工作和同事;工作不掺杂个人情绪。

3. 工作出现失误,不要解释和否定错误,全力及时采取补救措施。

4. 真诚地对待他人。对他人有意见应选择合适的时机和场合当面说清,不要背后乱发议论。

5. 不嘲笑他人，在公众场合出现他人有碍体面、有违公司规定的行为时应及时善意地提醒。

6. 对领导的决策和指示要坚决执行。有意见的，保留并择机反映，但在领导改变决策之前，不能消极应付。

7. 不随便评议领导、同事或下级，更不能恶语伤人。

8. 公司内部设有政务公开栏、公告栏，以及公司在局域网上开辟有政务公开、金点子及公司建设等栏目，定期发布各种公司动态、业务活动、规章制度等信息，以让员工及时了解公司的业务发展和变化情况，并提出意见和建议。

十一、附　　则

本规范为试行，不妥或不全面之处有待修改或补充。解释权归公司综合部所有。

九、公司公务差旅管理制度

（一）公司公务差旅管理制度简介

公司公务差旅管理制度是企业为了加强出差事务管理，保证出差活动的有效性，节省不必要的出差费用及严格有关出差组织纪律而制定的行政性管理制度。它要求全体员工共同遵守，从而达到对企业出差活动的有效管理和监督。

不同企业的公务差旅管理制度表现形式或名称不尽相同。一般大中型企业，公务差旅活动频繁，需要制定单独的公务差旅管理制度。而中小企业则往往将这部分内容放置在行政办公制度或财务管理制度当中。与该制度配套使用的企业差旅管理制度文书还包括出差申请书、出差通知书、差旅费支付说明书、差旅费用开支标准说明书和差旅费报销项目明细表等。

（二）公司公务差旅管理制度的基本内容

公司公务差旅管理制度一般应包括以下几个方面的内容：总则、公务差旅流程及管理、员工差旅费用标准和使用管理等。其中，总则是对该制度制定目的和目标的解释与说明。关于差旅管理制度的具体内容，不同企业会有较大差异，但基本内容框架结构差异不大。

（三）公司公务差旅管理制度的撰写要求及注意事项

（1）公司公务差旅管理制度属于综合公司行政管理和财务制度内容的管理制度，制定该制度应该全面规划，有必要吸纳行政综合部门主管领导和财务主管领导及专业人员参加，以免造成制度的缺陷或部分条款违反国家相关财经纪律。

（2）公司公务差旅管理制度内容应该尽量具体、全面，切实可执行，以免公司员工在执行时遭遇制度障碍。

（3）公司应该对差旅例外性事件规定处理原则、处理权限和权利归属等内容。

（四）公司公务差旅管理制度参考范例

范例一

××公司国内出差管理办法

第一条 为适应本公司业务需要，更好地规范员工差旅行为，实现公司经营目标，公司特制定本办法。全体员工遵照执行。

第二条 员工出差程序

1. 出差前应填具"出差申请单"。出差期限由派遣主管视情况需要，事先予以核定。出差申请单填写完毕后，送交有核决权限的领导审核批准。

2. 凭核准的"出差申请单"向财务部暂支取相应数额的差旅费，但须于返程后一周内填具"出差旅费报告单"并结清暂付款；其未于一周内报销者，财务部应从其当月薪资中先予扣回，等报销时再行核付。

第三条 出差的核决权限规定

国内出差：1日以内由（副）经理核准，1日以上由（副）总经理核准。（副）经理（含高专）以上人员一律由（副）总经理核准。

第四条 出差行程视为正常工作时间，不得报支加班费，但假日出差，按假日天数予以加倍计薪。

第五条 出差中途除因病或遭逢意外灾害或因实际需要由主管指示延时外，不得因私事或借故延长差期，否则除不予报销差旅费外，并依情节轻重扣减当季度奖金。

第六条 差旅费分为交通费、住宿费、膳费、杂费及特别费（因公需要的邮电、交际等费用），其给付标准如下表所列。

职位 费用/元 项目花费	总经理	副总经理	（副）经理	主任	主任以下
交通费	实支	实支	实支	实支	实支
每日住宿费	实支	500	300	200	160
每日早餐费	实支	50	30	20	20
每日午、晚餐费	实支	100	50	30	30
每日通信杂费	实支	50	50	40	30
特别费	实支	实支	实支	实支	实支
合计					

说明：

（1）交通费需以单据认定，无法取得凭证者核实认定，使用公司交通工具者不支交通费。

（2）住宿费需要凭证于给付标准内认定，但本公司备有住宿场所时不支住宿费。
（3）膳费依给付标准报支，但有公司供应餐食或已报支交际费者，不支餐费。
（4）杂费依第八条规定于给付标准内支付。
（5）特别费依凭证核支。

第七条 出差返回超过午夜 12 时者，可以另支餐费 70 元。

第八条 杂费及膳费计算标准

1. 出差杂费按日数支给，但于上午出发或下午销差者，当日应支 2/3，下午出发或午前销差者，当日支 1/3。
2. 上午 7 时前出差者，可以报支早餐，于下午 1 时后销差者报支午餐，于晚上 7 时以后销差者报支晚餐。
3. 出差 1 日者不受上项标准限制。

第九条 低阶人员随同高阶人员同行出差时，其膳、宿费可比照高阶人员的出差旅费给付标准，但每日杂费仍照规定支付。

第十条 乘火车、汽车旅程超过 20 小时，或者时间急迫或合理成本考虑而需乘飞机时，须总经理批准。

第十一条 因时间急迫或交通不便或业务需要得以计程车代步时，须报经理核准，经理应对计程车费严加管理限制。

第十二条 本办法解释权归公司行政综合部所有。

××公司境外差旅费支付规定

1. 公司管理人员与职工因公司业务境外出差时，均按本规定执行。公司顾问、特约人员境外出差时，亦适用于本规定。
2. 境外差旅费包括飞机、船舶和火车等交通工具票费，出差补助，住宿费和准备费 4 种。
3. 交通费

（1）票费按顺路（或按实际经过路线）支付实际费用。
（2）乘坐火车时，含卧铺费。
（3）各类人员乘坐交通工具的级别标准如下表所列。

身份	飞机	船舶	火车	市内车费
专务董事	实费	特等或 1 等	软座	实费
常务董事	实费	特等或 1 等	软座	实费
其他董事	实费	1 等	软座	实费
部长、副部长、分店长	实费	1 等	普通	实费
科长级	实费	1 等	普通	实费
其他	实费	2 等	普通	实费

（4）出差人利用何种交通工具，事先必须经过公司行政主管部门批准，在不得已情况下，本人决定后，须及时向公司报告。

（5）在无法利用飞机、船舶、火车等交通工具时，可利用汽车或出租车，其费用按实费支付。

4. 住宿费

（1）出差中住宿费按下表标准支付。

（2）在火车上过夜时，支付住宿费的 50%。如在车中过夜两天以上，第二天后的住宿费按 2/3 支付。

（3）在船舶、飞机上过夜时，无论天数多长，均以半额支付住宿费。

住宿费与补助

身份	补助/美元			住宿费		
	A 地区	B 地区	C 地区	A 地区	B 地区	C 地区
总裁				实费	实费	实费
专务董事				实费	实费	实费
常务董事				实费	实费	实费
其他董事				实费	实费	实费
部长、副部长				定额	定额	定额
分店长				定额	定额	定额
科长级				定额	定额	定额
其他				定额	定额	定额

5. 补助费支付按出差天数和地区支付，支付标准如上表所列。船舶、飞机旅行中的补助同出差地补助。

6. 准备费

（1）对出差者支付的准备费如下表所列。但可根据出差天数和出差地区追加。

（2）当出差人在两年内再次出差时，不再支付准备费。

（3）因公司指令、本人死亡或疾病等原因，取消出差时，不再退还准备费。

身份	A 地区	B 地区	C 地区
总裁			
专务董事			
常务董事			
其他董事			
部长、副部长			
分店长			
科长级			
其他			

注：准备费以人民币支付。

7. 本规定中的地区分类为:
A 地区　　韩国、日本
B 地区　　除 A 地区以外的亚洲地区
C 地区　　欧洲、澳大利亚、美洲
8. 在境外出差过程中,境内旅费按境内出差费标准支付差旅费。
9. 对境外出差人员,由公司支付费用投保意外伤害保险,详见下表。

分　类	保险额/元
总裁	
专务董事	
常务董事	
其他董事	
部长、副部长	
分店长	
科长级	
其他	

保险契约人和保险费所有者为公司。
10. 本规定未涉及事项,适用于境内出差规定。
11. 本规定自 20××年 1 月 1 日起实施。

十、员工绩效考核管理制度

(一)员工绩效考核管理制度简介

绩效考核管理是指收集、分析有关员工在其工作岗位上的工作行为表现和工作效果方面的信息情况的过程。绩效考核管理制度即是对绩效考评过程和结果应用整个过程进行指导的规范性文件。

(二)员工绩效考核管理制度的内容

员工绩效考核管理制度一般包括以下几个方面的内容:总则、考核范围、考核原则、考核目的、考核时间、考核内容、考核形式和办法、考核程序、特殊考核、考核结果及效力、附则等。其中,总则和附则是管理制度的格式要求,是对制度分别进行总体说明和补充说明;特殊考核是对几种特殊情况的考核进行说明,如试用期考核;考核结果及效力是对考核的效力进行说明,以此保证考核的权威性。

(三)拟定员工绩效考核管理制度的写作要求和注意事项

(1)明确员工绩效考核制度的目的、适用范围、原则等,这些方面必须清楚,不能含糊。

(2)需要阐述考核内容和方法的要义。对专业性强的考核术语要给出通俗的解释,要把考核的内容方面、考核方法的操作层面分别交代清楚。

(3)应该说明考核结果的应用及效力。考核管理结果必须和晋升、薪酬挂钩,否则就会缺乏实际的效用。因此,必须表明考核的结果怎样应用。

(四)员工绩效考核管理制度参考范例

范例

××公司员工绩效考核管理制度

第一章 总 则

第一条 为全面了解、评估员工工作绩效,发现优秀人才,提高公司工作效率,特制定本办法。

第二章 考核范围

第二条 公司全体员工均需考核,适用本办法。

第三章 考核原则

第三条 通过考核,全面评价员工的各项工作表现,使员工了解自己的工作表现与取得报酬、待遇的关系,获得努力向上改善工作的动力。

第四条 使员工有机会参与公司管理程序,发表自己的意见。

第五条 考核目的、考核对象、考核时间、考核指标体系、考核形式相匹配。

第六条 以岗位职责为主要依据,坚持上下结合,左右结合。定性与定量考核相结合。

第四章 考核目的

第七条 各类考核目的

1. 获得晋升、调配岗位的依据,重点在工作能力及发挥,工作表现考核。
2. 获得确定工资、奖金的依据,重点在工作成绩(绩效)考核。
3. 获得潜能开发和培训教育的依据,重点在工作和能力适应性考核。

第五章 考核时间

第八条 公司定期考核，可分为月度、季度、半年、年度考核，月度考核以考勤为主。

第九条 公司因为特别事件可以举行不定期专项考核。

第六章 考核内容

第十条 公司考核员工的内容见公司员工考评表，共有4大类18个指标组成考核指标体系。

第十一条 公司员工考评表给出了各类指标的权重体系。该权重为参考性的，对不同考核对象，目标应有调整（各公司依据自身企业特点，生成各类权重表）。

第七章 考核形式和办法

第十二条 各类考核形式

1. 上级评议。
2. 同级同事评议。
3. 自我鉴定。
4. 下级评议。
5. 外部客户评议。

各种考核形式各有优缺点，在考核中宜分别选择或综合运用。

第十三条 考核形式简化为3类：普通员工、部门经理、公司领导的评议。

第十四条 各类考核办法

1. 查询记录法：对员工工作记录档案、文件、出勤情况进行整理统计。
2. 书面报告法：部门、员工提供总结报告。
3. 重大事件法。

所有考核办法最终反映在考核表上。

第八章 考核程序

第十五条 人事部根据工作计划，发出员工考核通知，说明考核目的、对象、方式，以及考核进度安排。

第十六条 考核对象准备自我总结，其他有关的各级主管、下级员工准备考评意见。

第十七条 各考评人的意见、评语汇总到人事部。根据公司要求，该意见可与或不与考评对象见面。

第十八条 人事部依考核办法使用考评标准量化打分，填写考核表，统计出考评对象的总分。

第十九条 该总分在1～100分之间，依次可划分优、良、好、中等、一般、差等定性评语。

第二十条 人事部考核结果首先与考评对象见面，征求员工对考核的意见，并需其签写书面意见，然后请其主管过目签字。

第二十一条 考核结果分别存入人事部、员工档案、考核对象部门。

第二十二条 考核之后，还需征求考核对象的意见。

1. 个人工作表现与相似岗位人员比较。
2. 需要改善的方面。
3. 岗位计划与具体措施，未来6个月至1年的工作目标。
4. 对公司发展的建议。

第九章 特殊考核

第二十三条 试用考核

1. 对试用期届满的员工均需考核，以决定是否正式录用。
2. 对试用优秀者，可推荐提前转正。
3. 该项考核由试用员工部门经理主办，并会同人事部考核定案。

第二十四条 后进员工考核

1. 对认定为后进的员工可因工作表现随时提出考核和改进意见。
2. 对留职察看期的后进员工表现，作出考核决定。
3. 该项考核主办为后进员工主管，并会同人事部共同考核定案。

第二十五条 个案考核

1. 对员工日常工作的重大事件即时提出考核意见，决定奖励或处罚。
2. 该项考核主办为员工主管和人事部。
3. 该项考核可使用专案报告形式。

第二十六条 调配考核

1. 人事部门考虑调配人员候选资格时，该部门可提出考评意见。
2. 人事部门确认调配事项后，该部门提出当事人在本部门工作评语供新主管参考。
3. 该项考核主办为员工部门经理。

第二十七条 离职考核

1. 员工离职时，须对其在本公司工作情况作出书面考核。
2. 该项考核须在员工离职前完成。
3. 公司可为离职员工出具工作履历证明和工作绩效意见。
4. 该项考核由人事部主办，并需部门主管协办。

第十章 考核结果及效力

第二十八条 考核结果一般要向本人公开，并留存于员工档案。

第二十九条 考核结果具有的效力

1. 决定员工职位升降的主要依据。
2. 与员工工资奖金挂钩。
3. 与福利（住房、培训、休假）等待遇相关。
4. 决定对员工的奖励与惩罚。
5. 决定是否解聘员工。

第十一章 附 则

第三十条 本办法由人事部解释、补充，经公司总经理办公会议通过后颁布生效。

十一、员工奖惩办法

（一）员工奖惩办法简介

员工奖惩办法也称员工奖惩制度，是在对员工进行工作绩效考核的基础上，对绩效考核优秀的员工进行精神或物质奖励，或者对绩效考核差的员工进行处罚的一系列措施规定，是公司管理层团体制定的章程或文件。

（二）员工奖惩办法的构成要件与写作要求

员工奖惩办法一般包括总则、管理职责、奖励、处罚、奖惩程序、附则等内容。其中，总则和附则是对办法的格式要求，对办法的目的和特殊事项等进行说明；管理职责是对办法的修订和执行等相关部门的职责进行说明；奖励和处罚则是对员工奖惩的相关内容进行说明，是办法制定的重点；奖惩程序是对奖惩的步骤进行规定与说明。

一般来说，员工奖惩管理办法的制定需注意以下几点：确定制度实施的目的和范围（一般在总则中体现）；明确奖惩的方式与方法；注明奖惩实施的程序；规定实施日期。

（三）员工奖惩办法参考范例

 范例

××公司员工奖惩办法

第一章 总 则

为了维护本公司正常的工作秩序，使全公司员工尽心尽责，自觉遵守本公司的各项规章制度和岗位职责，实现行为规范，保证生产过程中的各个环节有效运行，特制定本规定。

本办法规定员工奖励和处分的原则、分类、范围和等级等事项，坚持把思想政治工作同行政管理、经济奖惩相结合，实行奖惩严明原则。

本办法本着与总公司规定相一致的原则，是各项奖惩规定制定的依据。

本规定适用于本公司全体在册员工、劳务工及外单位来公司工作、实习人员。

第二章 管理职责

第 1 条 综合人力资源部负责组织《员工奖惩办法》的制定和修改,并督促职能部门执行、考核。

第 2 条 综合管理部负责制定和修改《员工奖惩办法》,监督、协调各部门实施。

第 3 条 生产技术部根据本办法,细化有关工艺、设备、安全、现场的奖惩细则,并监督实施。

第 4 条 各部门负责组织贯彻执行本公司各项规定,并做好考核记录,及时与有关部门联系,并协助相关部门实施奖惩措施。

第三章 奖 励

第 5 条 对于表现杰出或在工作任务等方面有显著成绩的员工将分别酌情给予奖金、书面嘉奖、记功、记大功、晋级等荣誉,并以书面形式在公告栏公告。

第 6 条 员工有下列情形之一者,给予现金奖励,每次 5~50 元,并以书面形式在公告栏公告:(具体条文略)

第 7 条 员工有下列情形之一者,给予书面嘉奖一次,含奖金 100 元,并以书面形式进行公告;三次书面嘉奖等同一次记功:(具体条文略)

第 8 条 员工有下列情形之一者,给予记功一次,含奖金 300 元,并以书面形式进行公告,三次记功等同一次记大功:(具体条文略)

第 9 条 员工有下列情形之一者,给予记大功一次,含奖金 500 元,并以书面形式进行公告,三次记大功自动晋升一级工资:(具体条文略)

第 10 条 员工有下列情形之一者,给予晋级奖励,并以书面形式进行公告:(具体条文略)

第四章 处 罚

第 11 条 员工有下列情形之一者,给予罚款处罚,每次 5~50 元,并以书面形式进行公告:(具体条文略)

第 12 条 员工有下列情形之一者,给予书面警告一次,含罚款 50 元,并以书面形式进行公告,三次书面警告等同一次记过:(具体条文略)

第 13 条 员工有下列情形之一者,给予记过一次,含罚款 100 元,并以书面形式进行公告;三次记过等同一次记大过:(具体条文略)

第 14 条 员工有下列情形之一者,给予记大过一次,含罚款 300 元,并以书面形式进行公告;累计三次记大过者予以遣退:(具体条文略)

第 15 条 员工有下列情形之一者,给予降级处罚,若该员工职级已属最低级别,则给予该员工辞退处罚,并以书面形式进行公告:(具体条文略)

第 16 条 员工有下列情形之一者,给予待岗 1~3 个月处罚,情节严重的给予遣退处罚,并以书面形式进行公告(本办法所指的"遣退"是指将人员遣送回劳务输出单位,属本公司身份的员工,则遣送回公司人力资源部):(具体条文略)

第17条 待岗期间的工作安排及待遇：（具体条文略）

第18条 在处罚员工违纪事件时，应遵照教育为主，惩罚为辅的原则；以事实为依据，以本办法为准绳。

第19条 员工被处罚时，根据其上级领导责任大小，必要时将追究上级领导责任，给予连带责任惩罚。

第五章 奖惩程序

第20条 各部门需对员工进行奖惩时，须先填写《奖惩通知单》，并经相关主管及相关部门负责人及厂长批准；所有奖惩均需以公告为准。

1. 生产技术部、综合管理部管理人员填写《奖惩通知单》→部门主管签署意见→综合管理部签署意见→厂长签署意见→综合管理部定期（每周一次）进行公告。

2. 生产车间班组管理人员填写《奖惩通知单》→车间主任签署意见→生产技术部、综合管理部签署意见→厂长签署意见→综合管理部定期（每周一次）进行公告。

3. 非本部门人员的奖惩，可由各管理人员（备注：班长级以上（含）人员）填写《奖惩通知单》→生产技术部、综合管理部签署意见→被奖惩人员所在部门主管签署意见→厂长签署意见→综合管理部定期（每周一次）进行公告。

第六章 附 则

第21条 同一责任人或单位在一次违纪中同时违反多项条款的按处罚程度最重的条款执行。必要时可追加累计经济损失10%～20%的赔款。

第22条 受奖励的个人或单位，如同时获得几个级别的奖励，以执行最高层次奖励为主。

第23条 各部门根据本办法及各自的职权范围和生产管理特点，制定相应的实施细则，报厂部批准后实施。

第24条 如遇所发生的情况不适用本规定时，按上级有关文件办理。

第25条 本办法报请公司审核备案后，自下发之日起执行。

十二、员工薪酬管理制度

（一）员工薪酬管理制度简介

员工薪酬管理是组织针对所有员工提供的服务来确定他们应当得到的报酬总额，以及报酬结构和报酬形式的一个过程。在这个过程中，企业就薪酬水平、薪酬体系、薪酬结构、薪酬构成，以及特殊员工群体的薪酬作出决策，在此基础上不断予以完善，规范员工薪酬确定、发放及调整办法等有关事项的规章制度。

(二)员工薪酬管理制度的内容构成

员工薪酬管理制度主要包括以下内容。
（1）薪酬制度总则。其主要包括制定的目的、原则、相关说明等。
（2）企业薪酬结构说明。其主要包括薪酬构成、薪酬等级、定级标准、扣减项目等内容的说明。
（3）薪资调整规则。即员工出现转正、升职等情形时的工资调整规则。
（4）薪酬发放情况。其主要包括发放时间、发放形式、离职员工薪酬发放程序等。
（5）特殊员工（如试用期员工）的薪资规定。
（6）有关薪资的其他规定。

(三)员工薪酬管理制度参考范例

××集团公司员工薪酬管理制度

第一章 总 则

第一条 目的

本制度旨在建立适合公司成长与发展的工资报酬体系和工资报酬政策，规范工资报酬管理，构筑有集团特色的价值分配机制和内在激励机制，实现公司的可持续成长与发展。

第二条 基本原则

工资报酬制度的设计与运作，所遵循的基本原则如下。

1. 业绩导向原则

把绩效考核的结果作为确定工资报酬的直接依据，员工工资的增长与业绩考核的结果直接挂钩。鼓励员工在提高工作效率和为公司作出持续贡献的同时，享受人事待遇上的优惠。

2. 效率优先，兼顾公平原则

公司不在价值分配上搞平均主义，工资报酬必须向为公司持续创造价值的员工倾斜，向公司的关键职位族和关键职位倾斜，对员工所创造的业绩予以合理的回报。

3. 可持续发展原则

工资报酬的确定必须与公司的发展战略相适应，必须与公司的整体效益的提高相适应。通过工资报酬来吸引人才，留住关键人才，激活人力资源，提高集团的核心竞争力。

第三条 分配比例

公司将依据企业的发展和外界环境的变化，确定工资、奖金和福利等经济报酬的内部动态比例。在员工收入中，工资与奖金的比例原则上应保持在7∶3。

公司依据不同职位的性质和绩效考核的特点，灵活地确定不同的工资结构。

对于业绩可直接定量衡量的职位或职位族，采用"固定工资+绩效工资+奖金"的工资结构。

对于业绩不能直接定量衡量的职位或职位族，采用"固定工资+奖金"的工资结构。

对于直接参与项目组运作的员工，在合同执行期间，其工资收入根据其与公司签订的有关合同执行。

第四条 管理体制

为了保证人力资源政策的统一性和完整性，公司实行集中统一的工资报酬管理体制。人力资源部为工资报酬管理政策的提出者和组织实施者，各部门和分支机构都必须严格地执行公司的工资报酬政策。

第二章 工 资 等 级

第五条 工资等级确定

员工工资等级的确定依据是职位等级，即各类职位对公司战略目标实现的"相对价值"，职位等级越高，相对价值越大，工资等级越高。

第六条 职位族划分

公司所有职位中，划分管理、工程、专业和事务4个职位族，各职位族包括的职务或岗位的范围如下。

管理族：公司领导、高层管理者、各职能部门和业务部门主管、项目经理等。

工程族：土建、电气给排水等专业工程师，项目报批主管、项目设计主管，物资采购员。

专业族：策划、预决算、审计、律师、成本核算、资金管理、资债管理、成本费用、税务、出纳、电算化、合同、催款、服务、办证、市场调查分析、销售、按揭、贷款、综合服务等人员。

事务族：人力资源文秘、办公室、接待、行政事务、档案、总务、车辆、保安等人员。

第七条 职位等级

依据职位评价要素，划分不同的职位类别，形成职位族，对各类职位的价值进行评价，确定各类职位的"职等"。各职等内部的职位序列，形成"职级"。

公司的各类职位共分为8个职等，不同的职位族中形成不同的职级，具体划分结果详见表1（略）。

第八条 工资等级

职位等级确定工资等级。依据职位等级的划分，公司的工资等级共划分为9个薪等，每个薪等中包含15个薪级。

第九条 工资等级区间

根据职位等级的划分及各职位族的价值，确定各职等对应的薪等区间。薪等区间确定的是该职级工资的最高和最低标准，即各职等的薪等进入标准。如V职等（包括工程四级和专业四级）的最高薪等为七等，最低为五等，详见表2（略）。

第十条 等级进入

员工进入新工资制度的工资等级时,必须对其职位进行评估,确认其是否能在现任职位发挥应有的价值,进而确定其职位等级,根据职位等级序列确定其工资等级。

第十一条 工资等级表

为职等和职级设计对应的固定薪值,形成工资等级表,参见表3(略)。薪值在各职等和各职级之间保持着一定的等差和级差,职等越高,等差和级差越大(工资等级表略)。

第十二条 工资等级进入基准

新进员工(含应届毕业生)试用期结束后,其工资等级的确定程序为:首先确定其职位族,然后按照职位评价标准确定其职等,最后根据其能力、经验和学历等要素确定其薪等和薪级。

非应届毕业生进入公司时,主要根据其所应聘职务(岗位)的性质和工作经验,在制度规定的工资等级区间内,以协商的方式决定其薪等和薪级。

第十三条 工资等级调整

1. 员工工资每年年末调整一次。

2. 工资调整与同期绩效考核结果直接挂钩,即绩效考核档次直接决定工资等级的提高或降低。

3. 员工工资的调整程序是,依据本年度绩效考核的结果,确定其工资等级的升降(等级升降标准参见《人事考核制度》);进而确定其新的工资等级,工资等级所对应的薪值,即为新的工资水平。

第十四条 薪级调整基准

绩效考核结果的累计分值决定薪级的晋升或降低,具体的调整标准如表4所示(表4略)。

第十五条 工资等级调整

工资等级于每年年末调整,先调整薪级,当其薪级达到本薪等的最高级(15级)时,在上一个薪等找对应的薪值,该薪值所对应的工资等级即为新的工资等级。

第十六条 工资结构

1. 对于业绩可直接定量衡量的职位或职位族,其"固定工资+绩效工资+奖金"的工资结构中,工资等级中的薪值70%为固定工资,按月支付;其余30%为绩效工资,年终根据绩效考核结果支付系数确定支付额。

绩效考核结果与支付系数的关系如表5所示。

表5 考核结果与支付系数

考核结果	3分以下	>3分	>4分	>5分	>6分	6分以上
支付系数	0.5	0.6	0.8	1	1.2	1.4

2. 对于业绩不能直接定量衡量的职位或职位族,采用"固定工资+奖金"的工资结构。

第十七条 自动降薪

当公司或部门经营业绩出现大幅度下降时,为了避免大规模地裁减员工,公司可随时启动整体的(全公司范围)或部分的(某一部门或职位族)自动降薪机制。自动降薪通过停止晋升薪级或降低薪级实现。

自动降薪的实施方案由公司总经理办公会议决定。

第十八条 工资扣减

员工因私旷工、病假、缺勤的工资扣减依照公司的有关规定处理，但扣减额的核算必须以新的工资等级为基数。

第十九条 税费处理

公司在向员工支付工资前，如符合税费缴纳规定时，需由公司统一扣除个人所得税及地方政府规定的有关个人的税费。

第二十条 工资支付

员工工资的支付时间和支付方式遵照公司的原有规定办理。

第三章 奖 金

第二十一条 依据和分类

奖金是对员工所贡献业绩的回报，其确定的依据是职位等级、绩效考核结果和公司的整体经营效益状况。

公司的奖金分为季度业绩奖、年度业绩奖和特殊贡献奖。

第二十二条 季度业绩奖

季度业绩奖是对员工本季度工作业绩的回报，其确定依据是本人的月平均工资水平和本季度的个人绩效考核结果。

季度业绩奖的计算方法为

$$季度业绩奖 = 月平均工资 \times 4 \times 季度奖金系数 \times 奖金系数$$

季度奖金系数是指公司季度奖金总额占季度工资总额的比例，该比例原则上不高于15%。具体比例由公司人力资源委员会决定。

奖金系数根据不同的绩效考核结果设定，如表6所示。

表6　季度绩效考核结果与奖金系数

考核结果	A	B	C	D	E
奖金系数	1.5	1.3	1.0	0.8	0

第二十三条 年度业绩奖

年度业绩奖是对员工本年度工作业绩的回报，其确定是在参考公司当年经营效益的基础上，与本年度个人绩效考核结果直接挂钩。

年度业绩奖的确定方法为

$$年度业绩奖 = 月平均工资 \times 12 \times 年终奖金系数 \times 年度绩效考核档次系数$$

其中，年终奖金系数为年终奖金额占全年工资总额的比例，原则上不超过15%。具体比例由公司人力资源委员会决定。

年度绩效考核档次系数为本年度不同档次的人事考核结果设定的奖金系数，如表7所示。

表7　年度绩效考核结果与奖金系数

考核结果	A	B	C	D	E
奖金系数	1.4	1.2	1.0	0.7	0.4

第二十四条　特殊贡献奖

特殊贡献奖是对本年度为公司作出突出贡献的员工的一种特殊奖励。

凡符合下列条件的，可由各部门提出申报，公司人力资源委员会审议，总经理决定。

1. 对公司工程项目开发设计有重大改进。
2. 为公司工程项目开发的顺利进行解决重大问题。
3. 在个人职责范围之外，提出新建议并获得重大效益。
4. 在个人职责范围之外，提出新建议并避免重大损失。
5. 公司总经理认定的特殊贡献。

第二十五条　责任者

公司的奖金分配方案由公司人力资源委员会审议，最终决定权归总经理及总经理办公会议。

公司人力资源部负责制订奖金发放方案，并审定各部门的奖金分配方案及有关咨询工作。

第二十六条　例外

1. 凡没有季度或年度绩效考核结果者，原则上不发放业绩奖和年终奖。新进员工只发放实际工作的业绩奖和部分年终奖。
2. 凡因绩效考核不合格，下岗者不发放奖金。
3. 凡因个人原因，给公司造成重大损失者不发放季度奖金和年度奖金。

第四章　其　他

第二十七条　福利制度

公司的福利制度是为了回报员工的累计贡献，为员工提供生活安全的需要，提高员工的生活质量，补充社会公共福利的不足。凡是应当和能够由社会或员工承担的福利支出，一律由社会或员工个人承担。

公司将根据实际情况，在适当的时机，有计划地实施内部福利项目，目前仍实行现行的福利项目。

第二十八条　津贴

公司对特殊岗位发放一定津贴，对津贴（含补贴）的种类、发放范围和数额，由人力资源委员会审议后，报总经理批准执行。

第二十九条　附则

1. 本制度的解释说明权归人力资源部所有。
2. 本制度的未尽事宜经授权后，由人力资源部补充。
3. 本制度的最终决定、修改和废除权归公司总经理所有。
4. 本制度从××××年×月×日起实施。

十三、财务管理制度

(一) 财务管理制度简介

财务管理制度是关于财务管理工作的规则、方法和程序所制定的规范性文件。当针对某一项财务管理工作时,财务管理制度规定了其工作任务,所涉及的岗位、职责,以及工作的基本内容和要求。

进行财务管理制度设计,应该遵循以下基本原则。

(1) 合规性原则。企业财务管理制度的设计要符合国家、行业的相关法律、法规和政策。

(2) 整体性原则。企业财务管理制度的设计要全面规范企业的财务活动。

(3) 适应性原则。企业财务管理制度的设计要不断适应企业生产经营的需要,同时紧跟国家发展的要求。

(4) 效益性原则。企业财务管理制度的设计要兼顾成本与效益原则,达到制度科学化、效益最大化。

(5) 一贯性原则。企业财务管理制度的设计要具有一定的稳定性,不能朝令夕改。

(二) 财务管理制度设计的基本内容

企业制定财务管理制度,原则上应包含企业内部财务体制、财务预算、资金筹集和所有者权益、流动资产及往来结算、固定资产和无形资产及递延资产、对外投资、成本和费用及税务、营业收入和利润及利润分配、外汇业务、财务报告、财务分析、财务监督和会计档案管理等方面内容的设计与规定。

(三) 财务管理制度文案写作的注意事项

制定和撰写财务管理制度文案,应该注意以下事项。

(1) 财务管理制度作为公司的一项重要制度,在写作过程中要严格遵循现行的相关会计制度及相应准则。

(2) 用词要准确、规范;分项写作,每一项要相应细化,不留任何漏洞。

(3) 写作过程中要注意明确相应的权利和义务,以及相关的控制措施。

(四)财务管理制度文案参考范例

范例

××股份有限公司财务管理制度

第一章 总 则

第一条 为了规范××股份有限公司(以下简称"股份公司")及股份公司下属控股子公司的财务管理工作,达到财务管理工作的制度化、规范化,按照现代企业制度要求,根据中华人民共和国财政部颁发的《企业会计制度》及相关准则,结合本公司情况制定本财务管理制度。

第二条 财务管理的目标是:充分发挥公司的整体优势,以合理的成本、资金投入,优化的资源配置,达到盈利目标最大化,资本运营最优化,获利能力和股东财富最大化。

第三条 公司财务管理制度依据国家颁布的财经法规和公司内部各项管理制度,通过财务管理制度的实施来合理组织会计核算,真实、完整地反映财务状况和经营成果,提高公司财务管理水平,保证公司资产的安全性、完整性。

第二章 财务管理体制

第四条 为了体现以产权为依托的母子公司关系,股份公司实行"会计政策统一制定,经济业务独立核算"的财务管理体制。凡是股份公司全资、控股及有实际控制权的参股企业的财务管理均纳入股份公司财务管理体系,执行《企业会计制度》及会计准则和《××股份有限公司财务会计制度》,同时符合上市公司信息披露的规范和要求。

第五条 职责和权限划分

(一)属于股份公司统一管理的权限

投资管理:对外投资的审批权限在股份公司。对外投资须按规定程序审批同意后组织实施,投资行为包括直接投资,如设立分公司、子公司等。

贷款信用担保管理:股份公司严格执行财政部和证监会有关规定,控制对外担保。除经股份公司董事会同意外,下属公司不得对外提供任何形式的担保。

赞助和捐赠管理:股份公司对外赞助、捐赠由董事长或董事长授权代理人统一审批。

产品价格管理:产品价格由股份公司市场部负责制定,财务部协助管理。

内部审计管理:股份公司采用定期检查、专项审计等形式对下属控股子公司及分公司进行检查,专项审计包括财务制度的执行情况,以及其他经济业务事项的检查。内审工作由股份公司审计部门组织,公司财务部门配合进行,如有必要也可聘请外部会计师事务所进行。

(二)下属公司的财务管理权限

会计核算管理与财务管理:真实、完整地反映资产质量状况、财务营运状况、经营成果,保证资产的安全、完整。结合自身具体情况制定财务会计管理实施细则,加强会计基础工作，提高财务管理水平。

资金管理：合理筹集资金，有效使用资金。

预算管理：做好财务收支预测、跟踪预算执行情况、分析原因，为公司完成经营指标和公司决策提供信息。

税务管理：对公司的各项经济活动进行正确计税、依法纳税。

财务监督：督促财务制度的严格执行，保证财务信息正确真实，纠正可能存在的工作失误。

第三章　会计核算管理

第六条　股份公司及下属控股子公司按照《企业会计制度》相关的会计准则和《××股份有限公司会计制度》的规范要求，组织会计核算，保证会计信息真实、完整。

第七条　货币资金管理

1. 股份公司及下属控股子公司的财务对外结算，应严格按照《会计基础工作规范》的要求运作。

2. 现金和银行存款的收、付款业务应在会计事项发生的当日编制会计凭证，登记账簿，做到日清月结。月末须将公司银行日记账与银行对账单进行核对，未达款项应查明原因并编制银行存款余额调节表。

3. 转账支票等结算票据由专人保管；银行印鉴由两人分别保管；建立现金支票、转账支票申领和使用的审批与签收登记制度，内容至少应包括票据编号、领用人、收款单位、金额。

4. 支付款项按相关业务授权和公司规定程序办理。

5. 不准用白条抵库。

第八条　应收款项管理

1. 应收账款的日常管理

定期进行应收账款账龄分析，建立对账制度，并督促相关部门清理和催收，有效控制经营风险。

2. 应收票据的管理

收到的应收票据应在"应收票据"科目内核算。设置"应收票据明细账"，票据办理贴现时需经财务负责人批准，贴现息计入财务费用。

第九条　存货款项管理

1. 本制度存货的含义为：材料采购、原材料、包装物、低值易耗品、委托加工材料、自制半成品、产成品、库存商品。

2. 存货采购一般必须签订购货合同，并实行审批制度。

3. 大宗材料的采购实行招标形式。

4. 存货的入库必须严格履行验收制度，对名称、规格、型号、数量、质量等要逐项核对，并及时入账。

5. 存货的发出必须按规定办理，及时登记仓库账，并与会计记录核对。

6. 存货的采购、验收、保管、运输、付款等职责必须严格分离。

7. 低值易耗品采用一次摊销法。

8. 存货的日常核算,要做到及时、准确,要能即时反映存货的流转动态。存货实行永续盘存制,建立定期盘点制度,发生的盘盈、盘亏、毁损、报废要及时按规定程序审批和处理。

第十条 投资管理

1. 将本公司的现金、实物和无形资产,转移到工商局批准开业、具有独立法人资格的经营实体中,列作长期投资进行核算。

2. 长期投资的核算方法必须执行现行财务会计制度规定并及时正确处理相关投资收益。

3. 根据股东大会或董事会的决议及投资合同、协议等有关文件办理财产转移的账务处理。对投资金额占被投资企业资本总额在50%以上,或者投资金额不足50%,但具有重大影响的,其经营状况应纳入本公司的合并报表范围。

4. 按时收取被投资企业的财务报表,发现问题及时联系,每年对被投资企业的经营状况要进行实地检查,并就其财务活动提出书面的检查及整改意见。

第十一条 固定资产管理

1. 编制旨在预测与控制固定资产规模和合理运用资金的年度预算,对实际支出与预算之间的差异,以及未列入预算的特殊事项,要履行特别的审批手续。

2. 严格控制经批准的技改、大修、更新等项目预算。参与工程项目的财务可行性报告。

3. 除固定资产总账外,还必须设置固定资产明细账和登记卡,按固定资产类别、使用部门和每项固定资产进行明细分类核算,固定资产的增减变化均应有原始凭证。固定资产折旧的折旧方法、折旧年限确定、残值率均应根据公司会计制度执行,报主管财税局备案。

4. 严格区分资本性支出和收益性支出。凡不属于资本性支出的应作收益性支出并计入当期损益。

5. 固定资产的处置,包括投资转出、报废、出售等要按国家规定和公司制度办理申请报批手续。

6. 固定资产每年定期盘点,验证各项资产的真实存在。

7. 固定资产建立维护保养制度,以防止各种自然和人为的因素而遭受损失,建立日常维护和定期检修制度,以保证其使用寿命。

第十二条 负债管理

1. 应付账款的核算制度:公司采用权责发生制,发生采购业务通过本科目核算。本科目按客户设立明细账,暂估入账的隔月应原数冲回。

2. 应付工资的核算制度:按公司计税工资标准核算,公司实行代扣代缴个人调节税并列入计税工资额。

3. 应付福利费的核算制度:本科目核算范围内容较多,财务部要严格把关,原始凭证和自制凭证签核手续齐全,严格执行现金报销制度。年末若出现借方余额,则全额结转到管理费用。

4. 预提费用核算:借款利息的计提。

5. 应付利润:根据公司经董事会利润分配方案的分配决议,计入本科目贷方,支付时计入借方。

第十三条 收入和成本管理

1. 营业收入的确定符合法定要求，营业成本和费用与营业收入相配比。同样，其他业务收入与其他业务成本相配比。

2. 为了正确地核算产品成本，对成本进行有效的控制，股份公司及下属控股子公司，分公司根据本公司特点建立健全成本核算方法和控制制度，将生产控制和成本核算有机结合起来。

（1）建立健全原始记录，严格执行计量验收和物资收发制度。

（2）按照权责发生制的原则确定成本、费用的开支，不能任意预提和摊销。

（3）各成本项目的核算，制造费用的归集与分配、结转遵循一贯性原则。

3. 成本资料是公司的机密资料，未经公司总经理批准，不得对其他单位、部门提供。

4. 费用开支范围和标准须符合公司会计制度规定，发生的费用按股份公司规定的科目进行分类和归集。

第四章　资　金　管　理

第十四条 资金管理的目标是：充分发挥股份公司整体优势，支持业务发展；控制资金风险，降低融资成本，提高资金使用效率。

第十五条 资金管理应体现效益优先和有偿使用原则。

第五章　财务预算管理

第十六条 根据股份公司全面预算管理要求，各公司编制年度销售收入成本费用计划，财务部对预算进行跟踪，将预算执行情况报告总经理。

编制预算的目的是加强股份公司的财务预算管理，提高整体经济效益。

第十七条 股份公司及下属控股子公司根据董事会确定的经营规模和利润目标，分别确定销售预算、生产预算、费用预算、资金预算等，并据以编制预算利润表和预算资产负债表和预算现金流量表。各职能部门根据各自的职能，基于节约费用的要求，编制部门的费用支出预算。

第十八条 上报的预算均需经上报公司（部门）负责人签名。

第十九条 股份公司财务部负责掌握和分析预算的执行情况，根据需要对预算执行情况进行不定期检查，并向董事长、总经理、分管经理报告。

第六章　税　务　管　理

第二十条 依法纳税是企业的义务。企业财务人员要熟练掌握有关税务政策，积极参与公司的投资、资产重组、股权转让等经济业务的税收筹划。

第二十一条 财务部门应加强与税务部门的联系，及时足额履行纳税申报义务。

第七章　财　务　监　督

第二十二条 财务监督的目的是保证国家财经纪律和股份公司财务制度的严格执行，保证财会信息的正确性、真实性，提高财务管理水平。

第二十三条 财务监督的对象是生产、经营、管理活动的全过程，以及反映该活动信息的财务会计资料和其他有关资料。其主要内容为：

1. 执行财务制度情况；
2. 会计基础工作水平；
3. 财务风险分析。

第二十四条 财务监督的方式分为定期检查、专项检查审计等。定期检查即每年1~2次对下属控股子公司进行检查；专项检查审计包括财务制度、会计制度的执行情况，以及对其他经济活动会计事项的检查。

第二十五条 检查工作由股份公司审计部门组织，公司财务部配合进行，如有必要也可聘请外部会计师事务所进行。

第二十六条 检查人员有权要求被查单位负责人、财务负责人或其他有关人员说明情况和提供资料，上述人员不配合或阻碍检查的，由单位负责人承担责任。

第二十七条 检查过程和结果必须形成书面报告。检查结果必须向被查单位负责人和财务负责人通报，限期整改。

第二十八条 对检查中发现的违反财经纪律和财务制度的现象，按政府规章制度和股份公司有关规定，分别对企业负责人和财务负责人作出处罚。

第二十九条 检查人员要做到客观、公正、廉洁。不得向无关人员任意扩散检查目的、内容和结果。

第八章 会计交接、会计档案管理

第三十条 会计交接制度

1. 会计人员工作调动或因故离职必须将本人所管的会计工作全部移交给接替人员，没有办理交接手续者不予办理调动手续。
2. 会计人员在办理移交手续前必须及时办理完毕未了的会计事项，包括对已经受理的经济业务尚未填制会计凭证的，应当填制完毕；尚未登记的账目，应当登记完毕并在最后一笔余额后加盖经办人员印章；整理应该移交的各项资料，对未了事项写出书面证明等。同时编制移交清册，列明应当移交的会计凭证、会计账簿、会计报表、现金、有价证券，印章及其他会计用品等。

会计机构负责人、会计主管人员移交时还应将全部财务会计工作、重大财务收支问题和会计人员的情况等向接替人员介绍清楚；需要移交的一切问题应当写出书面材料。

3. 交接双方要按照移交清册逐项移交。其中，现金要根据会计账簿记录余额清点，不得短缺；有价证券的数量要与会计账簿记录一致，面值不一致的数量（张数）要点交清楚；银行存款余额要与对账单核对，各种财产物资和债权、债务的明细账余额要与总账有关账户余额核对。

实行会计电算化的企业要将财务电子数据及操作情况移交清楚。交接双方和监交人员要在移交清册上签名或盖章。同时，移交清册由交接双方及单位各执一份，以供备查。

4. 出纳人员工作调动时更换保险箱密码。
5. 在办理会计工作交接手续时要有专人负责监交，以保证交接工作的顺利进行。
6. 移交人对自己移交的会计资料的合法性、真实性要承担相应责任。

第三十一条 会计档案管理

1. 会计档案是指会计凭证、会计账簿、会计报表。

2. 每年形成的会计档案，都应由财务会计部门按照档案管理的要求，负责整理立卷装订成册。当年会计档案，在会计年度终了后，可暂由财务部门保管一年后再送交公司档案部门保管。

3. 对会计档案做到妥善保管、存放有序、查找方便。同时，严格执行安全和保密制度。不得随意堆放，严防毁损、散失和泄密。

4. 会计档案不得出借，如有特殊需要，需经领导批准，不得拆散原卷并应及时归还。本单位非财务人员不得调阅会计档案。

5. 各种会计档案的保管期限，根据财政部门要求规定如下。

(1) 原始凭证、记账凭证 15 年。

(2) 银行存款余额调节表 5 年。

(3) 现金、银行存款日记账 25 年。

(4) 明细账 15 年。

(5) 总账 15 年。

(6) 涉外账簿永久。

(7) 月、季报表 5 年。

(8) 年度会计报表永久。

(9) 银行对账单 5 年。

(10) 会计移交清册 15 年。

(11) 会计档案保管清册永久。

(12) 会计档案销毁清册永久。

6. 会计档案保管期满需要销毁时，档案部门提出销毁意见，财务部门鉴定，严格审查编造会计档案销毁清册。经主管财政部门批准后才能销毁。

7. 销毁会计档案时，应由主管财税部门、公司档案部门和财务部门共同监销。

第九章　附　　则

第三十二条　本制度未尽事宜，按国家有关法律、法规和公司章程的规定执行。

第三十三条　本制度制定、解释、修改权归公司董事会所有。

第三十四条　本制度经公司董事会审议通过之日起生效并实施。

第七章

企业经营职能性文案

一、企业调查报告

(一) 企业调查报告简介

企业调查报告是企业对某一客观事项进行实地调查研究后写成的书面报告,是反映调查研究成果的一种文书。调查报告可以供公开发表之用,也可以供企业内部工作之用。

企业调查报告最主要的特点是凭借事实阐明道理,从叙述的事实中引出道理,从剖析的事理中引出某种客观、科学的结论。调查报告有的概括出贯彻执行方针政策的成功经验;有的得出解决矛盾的有效办法;有的从解剖典型中,探索出事物发展的规律,结合面上的材料,推断出事物发展的趋向,有利于更好地贯彻执行各项方针政策。

调查报告的类型常见的有以下几种:社会情况的调查报告;新生事物的调查报告;典型经验的调查报告;揭露问题的调查报告等。

(二) 企业调查报告的基本结构

调查报告由于种类、内容、目的不同,结构和写法上也各有差异,但一般情况是按照以下各组成部分来撰写的。

1. 标题

标题的写法通常有以下两种。一种是只有正标题的形式。这种形式可以直接写明关于什么问题的调查报告,也可以直接写明调查报告的中心思想,还可以直接写明调查报告的问题。另一种是正副标题的形式。这种形式用正标题写明调查报告的主要观点,用副标题注明调查的内容、单位等。调查报告的标题必须醒目,观点鲜明,使读者见题明义。

2. 正文

调查报告的正文一般分为以下 3 个部分。

(1) 开头,或者称前言、导语、概说。这部分一般有两种写法。一种写法是简要说明调查时间、地点、对象、范围、方式和调查的经过情况，让阅读者先了解调查报告产生的概况。这种开头有对调查工作本身汇报的性质，多见于组织内部工作的调查报告。另一种写法类似新闻导语，概括介绍对理解全文有关的一些问题，如形势、背景、调查目的、要解决的问题、意义等，先给人一个总的印象，为理解全文起引导作用。这种开头多见于供报刊发表的调查报告。

具体写法可根据内容需要，灵活多样。介绍新生事物的调查报告，开头一般点出要介绍的新生事物的特点即可；总结典型经验并进行一定的理论剖析的调查报告，开头一般是概括说明调查对象的状况，形成典型的时间及内容；研究问题性质调查报告，开头一般是扼要地提出问题，指明研究这一问题的现实意义；揭露问题的调查报告，开头一般是直截了当地把要揭露的问题摆出来。

（2）主体内容。主体内容即指调查报告的主要内容。一般来说，如果是工作调查报告，需要详细叙述工作的情况、经验、体会、做法或问题；如果是事件调查，需要历述事件的具体状况，如事件的发生、发展经过、原因结果等；如果是揭露性质的调查，主要是把事件或问题的真相、内幕、原委、危害写得一清二楚。总之，要反映实情，找出规律，揭示本质，上升到理论。

由于调查的目的、范围、方式不同，调查报告主体的结构方式也不一样，主要有以下4种。

① 纵式结构。即根据事件发展过程的先后次序或按调查的顺序安排结构层次。有些反映新生事物的调查报告采用此种结构。有些揭露问题的调查报告，有时也要按调查的经过或事件本身演变的顺序反映情况。

② 横式结构。即把调查得来的情况、经验、问题等分成几个部分，采用并列结构，分别冠以小标题或序号，从不同的方面围绕全文中心叙述说明。这种结构多适应于反映情况、介绍经验或研究问题的调查报告。

③ 逻辑结构。即按各部分内容之间内在的逻辑联系来安排结构。这种结构多适用于总结典型经验，并进行一定理论剖析的调查报告。

④ 逐点结构。即按调查的几个点或几个方面，分成几个相对独立的部分来安排结构。

关于主体部分总的要求是：内容上要充实、具体，由实入虚；形式上要层次、条理清楚；写法上则应根据调查内容和表达的需要灵活掌握，不必千篇一律。

3. 结语

结语是指调查报告的结束语。这部分是分析问题、得出结论、解决问题的必然结果。有的调查报告没有专门的结束语，就以主体部分的末段自然结束，意尽言止。

有专门结束语部分的，一般包括以下内容：总结全文、深化主题，以提高阅读者的认识；提出新问题，指出努力方向，启发人们更进一步地去探索；补充交代在正文里没有涉及而又值得重视的情况和问题，提出有益建议，供领导参考。

结尾要根据写作目的、内容的需要，采取适当的结尾方式，话多则长，话少则短，无话则止，切莫画蛇添足，损害全文。

4. 落款

单位署名可署于标题的正下方。个人署名可署于文尾右下方，也可署于标题的右下方。年月日一般写在正文末尾的右下方。

（三）企业调查报告参考范例

 范例

苹果公司关于富士康工厂调查报告

［20××年×月×日，苹果公司网站刊登了关于富士康工厂劳工调查报告的全文（英文），以下为中文翻译。］

与许多人士一样，我们非常关注几周前有关 iPod 中国装配厂工作条件恶劣的指控。我们的供应商行为准则《Supplier Code of Conduct》要求所有苹果产品供应商遵守其中条款，以期达到保护人权及环境、保障工人健康及安全的目的。

作为回应，我们很快派出一个由人力资源部、法律及运营部门组成的调查小组，亲赴富士康龙华厂展开调查，范围涉及劳动标准、工作及生活环境、薪酬、加班及劳工待遇等方面。调查小组随机访问了100多名工人，其中包括83%的一线工人、9%的工长、5%的管理人员及3%的后勤人员（包括保安及门卫）。调查小组还现场调查了厂房、宿舍、食堂及休闲区等，查阅了数千份文件，包括个人档案、工资条、打卡记录及安全日志等。总体而言，调查小组的工作时间超过1 200个人力小时（person-hour），现场查看区域超过100万平方英尺。

为了保证调查结果的准确性，调查组综合参考了员工、管理层等各种来源的信息。例如，工作时间及加班数据综合参考了值班报告、工资记录等各方面信息，以证实工人获得了适当报酬。

调查组认为，在大部分调查项目中，该供应商遵守了苹果公司规定，但调查组的确发现了违反《行为准则》的行为及需要改善之处，调查组正与该供应商着手解决。以下是调查结果及对该结果的反馈。

劳动标准：

调查组查阅了个人文档并监督了招聘过程，未发现任何雇佣童工或强制劳动的行为，调查方式包括检查是否存在伪造的身份文件等。

工作及生活环境：

该制造厂拥有超过20万名员工（其中涉及苹果产品制造的不足15%），相当于一个中型城市。厂区内有工厂、员工宿舍、银行、一家邮局、一家医院、超市以及足球场、游泳池、电视机房及网吧等众多休闲设施。整个厂区遍布多家员工自助餐厅，食物品种丰富，包括新鲜蔬菜、牛肉、海鲜、米饭、猪肉、面条等。此外，厂区还有13家各具特色的餐厅供员工选择。员工对食物的种类和质量均感到满意。

该供应商自建宿舍或在外租用宿舍免费提供给员工居住，并要求员工负责公共区域的清洁。尽管该供应商未强制要求，但大部分工人都住在宿舍。调查小组随机检查了大量宿舍（包括厂区内宿舍及在外租用宿舍），涉及员工超过3.2万人。宿舍按男女划分，女员工宿舍有单独卫生间，男员工宿舍一般为公用卫生间。宿舍内配有电视房、私人柜子、免费洗衣服务及公用电话。许多宿舍楼还配有乒乓球室、台球室、阅览室等。厂区内的宿舍全部安装了空调。来访者可进入宿舍，但出于安全考虑，他们在签字后方可进入。

调查组在厂区内宿舍未发现违反《行为准则》的情况，但调查组对访问的3家厂外宿舍的居住环境感到不满。这些房屋是供应商在员工人数激增的情况下作为临时宿舍租用的。在其中两间原本是工厂的宿舍内，调查组看到一个开放区域内放置了大量床位和柜子，从调查组角度看，这种环境过于缺乏隐私。第三间宿舍放置了三层床位，并不适合居住。

为了解决临时宿舍问题，该供应商已购买了新土地并正在建设新宿舍楼，此项计划在调查之前就已制定完毕，在未来4个月内，新宿舍楼可将厂区的居住面积提高46%。

薪酬：

调查组证实，所有工人的工资均达到当地最低工资标准，调查组查阅的工资记录显示，超过一半工人的收入超过最低标准。除了工资，员工还有机会获得奖金。此外，该供应商还提供一年一次的免费体检等综合医疗福利。

但是，调查组发现，该供应商的工资结构过于复杂。员工工资包括基本工资、技能奖金、考勤奖金、食宿补贴、加班费等，计算方式较难与员工解释并沟通。这种工资结构明显违反了《行为准则》有关向员工明确传达工资计算方式的要求。不过，该供应商已按照《行为准则》要求，采取了更为简单的工资计算方式。

调查组还发现，加班时间主要通过人工方式按月计算，虽然这种做法未违反《行为准则》，但可能出现人为失误，出现争议时也缺乏文字记录证明。为解决此问题，该供应商将把工资系统与电子打卡系统联网，自动计算加班时间及加班费。这项系统升级工作将于10月1日完成。

加班：

调查组未发现强制加班情况，受访员工也证实，他们即使拒绝加班也不会受到处罚。但调查组发现，员工加班时间超过了《行为准则》有关最高每周工作60小时、至少休息一天的规定。调查组检查了多个产品生产线工人7个月的加班情况，发现35%的人每周工作时间超过《行为准则》上限，25%的人一周连续工作6天。尽管《行为准则》允许在特定情况下出现加班超时情况，但调查组认为，保持工作与生活的平衡至关重要。

该供应商已颁布了新规定，以执行《行为准则》对每周加班上限的规定，该规定已向工长及工人传达。该供应商将实施一项管理制度，监督对《行为准则》的执行情况。特殊情况下，工长必须经过上一级管理层的批准才能采取有违规定的措施。

员工待遇：

员工工作的工厂，总体来说，明亮、干净、现代化，装配线区域配有空调，并提供了保护用具。工厂设有员工投诉程序，包括热线电话、负责接收投诉的CEO邮箱和员工建议箱。

调查组对员工的采访发现既有满意的地方又有不尽如人意之处。大多数受访员工对工作环境感到满意，特别是晋升的机会、范围较广的年终奖金、供应商在业界的声誉等方面。此外，员工经常提到他们在工作地点和宿舍都会感到很安全。

员工对于工作地点的某些方面表达了不满。抱怨最多的是在工厂淡季加班不足，大约占受访工人的20%，抱怨第二多的是对住在厂外的员工的交通安排，员工们感到下班后车次安排不足，有此抱怨的大约占受访工人的不到10%。采访结果已与管理层沟通，将在适当情况下解决。例如，班车时刻正在进行检查调整。

在采访员工时，调查组明确地问过方方面面的工人，他们是否受到过或看到过令人不快的纪律惩罚。两名员工表示他们曾被要求立正站立。虽然调查组并未发现这种情况很普遍，但苹果公司实施的是零容忍政策，任何粗暴对待工人的事例都不能容忍。该供应商已经启动了积极的经理和员工训练计划，以确保此类行为不再发生。

未来：

鉴于对工作地方某些方面的检查（如健康和安全）超出了我们目前的能力，我们已邀请Verité提供服务，Verité是国际公认的工作标准方面的领袖，该机构专注于确保世界各地的人们能够在安全、公平和合法的条件下工作。我们承诺确保符合我们的行动守则，将在20××年完成所有Mac和iPod最终装配供应商的检查。

我们认识到监督供应商遵守守则是一个持续的过程，需要持续的审查。如果发现该供应商违反守则，我们将要求该供应商拿出整改行动计划，我们注重预防和系统性的解决方案。我们还将确保行动计划的实施，如果该供应商在这方面的行动没有达到我们的预期，供应合同将终止。

目前为止，该供应商针对审查所采取的行动令我们感到鼓舞。然而，我们认识到审查是否遵守守则只是促成变化的一步，我们已加入电子工业行动守则（EICC）实施集团，该集团已建立业界标准并提供评估供应商的有价值的资源。EICC是一个我们行动守则制定的重要标尺，作为业界领袖，苹果公司将对这一集团作出重要贡献。

苹果公司承诺在所做的每件事上都承担最高标准的社会责任，并将始终采取必要的相应行动。我们致力于确保所有生产苹果产品的地方工作条件安全，员工得到尊重和尊严的对待。

二、招 聘 广 告

（一）招聘广告简介

招聘广告是用人单位为了招聘员工，通过报纸、网络等媒体，并消耗一定的费用，公开而广泛地向公众传递招聘信息的广告。一个好的招聘广告，可以在较短的时间内，吸引更多的符合本企业要求的求职者来应聘，达到满意的招聘效果。

因此，写好招聘广告是整个招聘工作中的一项重要工作。

（二）招聘广告的内容及写作要求

1. 标题

招聘广告首先吸引人的是标题，好的标题能在浩如烟海的广告中脱颖而出，令人耳目一新。

一般来说，招聘广告的标题有以下几种格式。

（1）招聘单位名称+招聘（启事）。

（2）招聘单位名称+招聘+××人才（启事）。

（3）（诚）聘+××人才（启事）。

（4）用反问句来抓住读者的视线。例如，"你想成为国际项目工程师吗?""××公司是施展您才华的天地！"等。

2. 正文

招聘广告的内容要真实、合法、简练，主要应包括以下内容。

（1）企业简况：包括企业名称、性质、规模、所在地等。

（2）招聘职位与人数：包括职位名称、工作岗位（工种）、招聘人数等。

（3）招聘条件：包括应具备的专业、学历、学位、实际工作经验、性别、年龄等。

（4）工资、福利待遇。

（5）应聘方式：包括应提供的资料、证明、招聘地址、联系人、电话等。

（三）招聘广告的写作原则

撰写招聘广告应遵循西方国家常常采用的"AIDA"4条原则，即：

（1）A（attention）——能引起求职者的注意；

（2）I（interest）——能激发求职者的兴趣；

（3）D（desire）——能激起求职者的愿望；

（4）A（action）——能调动求职者的行动。

总之，要使招聘广告词达到过目不忘的效果，用语要具有鼓动性、刺激性，能吸引广大求职者踊跃应聘。

（四）招聘广告参考范例

范例

诚　　聘

××网络科技有限公司是国内优秀的 INTERNET 软件开发商，主要从事网络安全软件产品开发及跨平台分布式异构网络环境下的软件开发。经××市高新区人才交流服务中心批准,特诚招精英人士加盟。

1. 职位

测试工程师 4 名;工作地点为北京。

2. 任职资格

(1) 计算机及相关专业本科以上学历。

(2) 全面的软件技术知识。

(3) 有较丰富的数据库及网络知识与经验。

(4) 参加过大型软件系统的开发。

(5) 两年以上软件开发/测试/支持/维护经验。

3. 工作职责

(1) 编写测试计划及测试用例。

(2) 进行集成测试和全面测试。

(3) 为公司提供项目测试报告。

4. 人事政策

(1) 资助攻读在职博士。

(2) 由公司提供住房信贷担保。

(3) 签订自由期限劳动合同。

(4) 员工持股计划。

(5) 提供优厚的福利保障。

有意者请将个人简介、学历证明复印件及其他能证明工作能力的资料送至(或 E-mail)公司人力资源部(E-mail:)。有效期截止于 20××年 8 月 15 日。

总部地址: 电话: 传真:

邮政编码: WEB:

三、市场营销策划书

(一)市场营销策划书简介

营销策划是营销管理活动的核心,是将营销活动的每一个环节通过引入全新的构思与创新,事先进行整体规划,以之为执行准绳,并作为追踪、纠正、评定营销行动绩效依据的过程。

营销策划书是一种说服性材料,它通过使人信服的材料为提案者和接受方在营销策划的实施中提供了通用的语言。要出色地完成一个营销项目,书写一份策划书是十分必要的,其理由如下。

首先,营销本身的复杂性和重要性,一方面要求营销管理者对整个项目的来龙去脉作一个清晰的交代,同时充分陈述项目的意义、作用和效果;另一方面要求管理者事先要对各个环节做一番研究，做到心中有数、统筹规划。在以往的实践中，经常由于企业缺乏事前规划，而被意料之外的突发事件弄得措手不及。

其次，策划方案中的信息和分析将为高层领导的决策提供必要的依据。高层领导不一定对营销有很多认识，加上其本身事务的繁忙，不可能也没有必要亲自去收集有关材料，因此，高层领导的决策需要一份好的策划书。

最后，营销策划要获得成功，需要各方面的配合，策划书为实施方提供了行动方案，也为管理者监督实施效果提供了依据。

（二）市场营销策划书构成要件及其内容

1. 封面

封面一般包括呈报对象、文件种类、营销策划名称、副标题、策划者姓名、所属部门、密级、呈报日期、编号及总页数等。

2. 目录

目录一般包括一级标题、二级标题，附件或相关资料，以及相应的页码。除非策划书的页数很少，否则千万不要省略目录页的内容。因为，通过目录可以让阅读者对策划书有个概括的了解。

3. 前言

前言的具体内容包括策划的目的、意义，策划书所展现的内容，希望达到的效果，致谢及相关内容等。

4. 策划摘要

策划摘要一般要阐明一份营销策划书内容的重点，最好控制在二三页左右。其具体构成有动机、目标及策划的必要性，情景分析，所需资源，主要结论，相关的辅助信息，预期收益，风险评估，实施中的计划管理等。策划摘要除让阅读者对整个策划书有一个概括了解之外，对于没有足够时间看完几十甚至上百页策划案的管理者来说也十分必要。

5. 策划的背景、动机

策划的背景、动机内容应该根据策划书的特点，在以下项目中选取所需的内容进行重点阐述。这些项目有企业基本情况简介、主要股东及持股比例、经营状况、主要产品厂房设备与性能、主要产品销售方式、销售点及其分布、销售渠道及主要客户、财务状况及最近3年财务分析、研发能力实绩、研发部门组织状况、研发团队的专长说明、重要的研究设备、研发成果、获奖及专利情况、管理能力、营销能力、企业组织结构、各部门主管的学历和经历，以及相关的目的与动机等。

6. 策划目标

策划目标是策划所要实现的目标或改善的重点问题，一般应满足重要性、可度量性、可实现性、相关性和时效性的要求。策划目标应通过数字和专有名词尽可能明确化。

7. 情境分析

情境分析即SWOT分析，用于分析组织内部的优势与劣势，以及外部环境的机会与威胁。优势和劣势是针对公司及其产品而言的，而机会和威胁则来自于公司无法控制的外部环境。在外部环境方面，应作好 STEP 分析，亦即社会文化因素（society）、技术进步（technology）、经济状况（economy）、政治法规因素（politics）等方面的分析。

8. 方案说明

方案说明是提出解决问题的营销战略与策略，并对方案的可行性、成本收益情况等进行详细的分析与评估。在营销策划书中，解决问题和实现目标的策略应该一目了然。同时，对方案的可行性、成本收益情况须进行详尽的评估，而且采用的评估步骤、方法既要科学合理，又要简单易懂。

9. 所需资源、预期收益及风险评估

对方案执行过程中所需的人力、物力、财力，以及可能产生的有形、无形成本负担进行评估。同时，对方案何时产生收益、产生多少收益等进行评估，并对环境变化可能造成的损失等加以预测、说明。

10. 实施的步骤说明及计划书

实施的步骤说明及计划书主要包括项目实施的时间表，以及人员配备，相应的权责划分等。对策划方案的各工作项目，按照实施时间的先后顺序排列、标示实施的时间表。这样，有利于策划方案实施中的检核。另外，人员的组织配备、相应的权责也应在这部分中加以明确。执行中的应变程序也应该在这部分通盘考虑。

（三）撰写市场营销策划书的注意事项

撰写市场营销策划书，应该重点注意以下事项。

（1）策划书要有创意。从策划过程的环节来看，策划书就是对创意后形成的概要方案加以充实、编辑，并用文字和图表简要表达出来所形成的文件。因此，优秀的创意是营销策划成功的关键之一，也是策划区别于计划之处。

（2）策划书要容易理解。一方面，策划书的内容应做到容易使人理解，刻意将策划书写得很复杂、很有深度，忙于建构复杂的逻辑、套用高深的模型，大多过高估计了阅读者的理解和分析能力。另一方面，从形式上，策划书的全貌应让人容易了解。要做到这一点，可以有效利用目录、摘要、流程图等形式工具。

（3）策划方案要有清晰的进度。为了保证策划方案的可操作性，便于有效执行并取得应有的效果，策划书必须有清晰的进度。制作进度表常用的方法有甘特图（Gantt chart）和计划评审技术（PERT）。在制作进度表时，一方面要注意弹性掌握，过于刚性的进度计划不利于适应执行中的不确定性；另一方面要注意优先顺序，策划方案所需各项工作的轻重缓急应一目了然。

（4）策划方案要有效果和结果的预测。在拟写策划书时，应依据足以信赖的资料对营销策划的预期效果进行预测。同时，成本收益状况或对公司内外有形、无形的影响等也要说清楚。一方面，对策划中可能出现的问题不应回避，要在报告中一一列明，并写出自己的想法；另一方面，策划书是以实施为前提而编制的，策划实施中有许多要特别注意的事项，对这些事项要制成备忘录，并且很简洁地把它们整理出来附在策划书上。

（5）突出重点，不必面面俱到。如果策划书中观点和想法太多，就容易造成分不清策划的焦点和主体。因此,一个优秀的策划人员一定不会贪心,他们会把构想浓缩,即使有很好的方案,只要与主题无关,就要舍得删除。

(6)策划书要表现出与众不同的个性。优秀的策划一般都具有"策划者的个性"。所谓策划人员的个性,就是对策划的自我主张,也可以是指策划人员的信念、哲学或人生观。因此,优秀的策划人员所作的策划,会强烈地表现出他的个性,或者把个性深深地蕴含在策划之中。这种个性的光辉正是策划的魅力所在,这种魅力能够吸引别人,能够引起别人的共鸣而获得别人的支持。

(7)策划书的结构安排要合理。营销策划的效果取决于优秀的创意和实现的可能性。因此,策划书的重点是策划方案和具体的方案说明,而非情景分析。并不是情景分析不重要,而是将大量二手资料堆砌而成的 SWOT 分析作为重点大写特写,甚至占了策划书的大半,显然是本末倒置了。

(四)市场营销策划书参考范例

范例

格力空调山东地区市场营销策划书

作为中国空调界的领军品牌,格力空调在"鲁派空调"的根据地——山东地区的拓展一直呈强势上升势头。通过3年多的精细化营销运作,市场占有率、品牌美誉度、渠道建设都取得了突飞猛进的发展。自20××年9月成立山东公司以来,从原来不足3亿元的销售额迅速拉升到20××年的4.6亿元、20××年的6.2亿元。如何继续巩固和扩大格力空调在山东市场的领先优势、引领空调消费观念、提升品牌形象是摆在山东公司市场部面前的重大课题。

经过详细的市场分析,从营销的推、拉力来看,由于格力空调独特的营销模式使得山东公司具有强大的市场推力(渠道),但也有多年的陈疾——拉力(营销推广)不足。如何在20××年加强我们的拉力,是除渠道、价格外影响全年经营目标达成的关键因素之一。

一、市场调研与分析

随着科技的进步和消费者需求的变化,近几年的空调研发趋势基本是根据其核心功能又添加、开发出一些附加功能,如静音技术、换气功能、多角度送风方式等。市场对这么多的概念技术认可吗?

1. 摸准消费者的脉——消费者愿意买的是什么样的空调

经过15天的周密调研和分析(有些信息数据是通过全省的情报系统提供),结果出来了,根据全省600余份调查问卷的数据反馈,影响消费者决策空调购买的因素基本有5项:质量、服务、价格、品牌和性能。其中,"质量"因素占首位,有85%的被调查者选择了这一项,居第二位的是"服务",第三位的是"价格",第四位和第五位的分别是"品牌"和"性能"。

由此可见,空调作为耐用品仍然是家庭里的大件,在购买过程中仍属于谨慎购买类型。影响其购买决策的关键因素首推"质量"因素。在山东地区消费者花钱买的是"品质过硬"+

"服务到位"的空调产品。

2. 格力空调的优势在哪里

通过大量走访和数据分析，我们发现格力空调的最大资源是庞大的口碑人群！全省近百万的用户基数造就了"格力空调品质好"的传播平台，好多用户使用格力空调的年限超过了10年！经过多年累积，"好空调，格力造"这句广告语，经过千家万户"十多年的零距离检验"，成了妇孺皆知的"名言"。

3. 确立目标，精确定位

通过市场调研，我们发现影响消费者决策的第一要素是"品质"，而格力空调在消费者心目中的价值沉淀恰好就是高品质，那么格力空调和消费者之间就可以建立一个互动的沟通平台，只要找到激发品牌推广的"启爆点"，就会与格力的目标人群形成强烈的心理共鸣！品牌就会在与消费者共鸣的过程中得以渗透、保留，从而占据消费者的心智！

二、营销方案设计

调研让企划人员了解了市场，那格力空调营销的"启爆点"在哪里？

1. 确立推广方案的"启爆点"

查数据、翻资料、开头脑风暴会，营销人员发现社会上出现了一些"有意思"的现象，如保健品行业里出现的"拿着食品当药卖"、彩电行业里出现的"数字电视与信号源的不匹配问题"，以及空调市场上的"概念满天飞"现象等，让广大的消费者不知所措，无所适从，甚至出现了愚弄、损害消费者利益的严重事件。在消费者心中，众厂家和商家的产品品质和信誉遭到了质疑，出现了信任危机。在这种情况下，如何让格力空调从中脱颖而出并且获得广大消费者的认可？请——人证！

通过"人证"的现身说法能起到其他推广形式无法做到的功效。保健品行业用此手法的比较多，但是在家电行业还是前所未有的。俗话说得好——耳听为虚，眼见为实。这是中国老百姓至今也奉为至理的一句古训。

由于缺乏国家标准的规范，今年空调市场并未因众多空调厂家追随"健康空调"的热炒呈现出生机勃发的良性趋势，反而陷入了更为混乱和无序的竞争之中。格力空调的董事长朱江洪先生有句掷地有声的话——"不拿消费者当试验品。"从这句话中可以看出，格力集团对待产品研发的理性思考和对消费者负责任的态度。"王婆卖瓜"式的推广叫卖已经不适应今天的空调市场了，成熟的空调市场需要有真正打动消费者心弦的创新推广方式出现。而"人证"是看得见、听得着，是真实存在的用户，他们的使用体验对其他准用户来说是极具参考价值的，甚至他们的一句话都有可能改变准用户的购买决策！（从这种意义上，他们就是一群推销力强大的超级导购员！）经过多方论证和交流，公司通过了这个推广思路。经过策略性的推敲和包装，"格力品质见证大使"精彩出场！

而整个推广方案的总主题则敲定为——返璞归真，品质是本！其目的是差异化营销，最大限度地凸显格力空调在消费者心智中的品牌优势——格力是高品质的代表！

格力集团认为，品质是一切产品的生命基石！品质是产品存在的根本理由！品质是对消费者最好的利益回报！追求高品质是永不过时的时尚！

2. 活动框架设计

活动框架分成四大环节。

第一环节是寻找格力空调"品质见证大使",阐明活动立意,借事造势,进行前期预热。

第二环节是举办评选"见证大使"活动的颁奖典礼,挑选出 8 名使用格力空调 10 年以上的"品质见证大使"予以奖励。然后借题发挥,邀请新闻媒体予以报道,达到广泛传播本次活动讯息的目的,扩大影响。

第三环节是邀请"品质见证大使"飞赴珠海格力集团总部,深入格力空调生产一线,参观格力制造空调的每一个工艺环节,让他们亲眼看见格力集团强大的研发技术和严谨的工艺流程。通过媒介组合和传播策略,用"品质见证大使"的嘴把十多年来的亲身使用体验(即我们想要传播的品牌核心诉求——高品质)向格力空调的目标人群进行强力传播,达到影响其购买决策、促进销售的目的。

第四环节是根据"整合传播原则"结合本次大力度的品牌推广活动,把"格力——高品质的代表!"的品牌诉求贯穿在所有的营销环节中,包括平面广告、电视广告、终端促销和终端陈列,达到在山东地区内一种形象、一个声音、一种动作的目的。

在每个环节,都有奇思妙想糅合其中。例如,举办"格力品质见证展",把使用了十多年的老空调搬到现场展示,把"品质见证大使"请到现场进行现场说法;拍摄《品质见证录像》,放到卖场进行演播;提炼"品质见证大使"在使用过程中发生的小插曲,编成一个个小故事,进行传播;制作终端促销手册,让"品质见证大使"为准用户提供购买参考等。

三、推广方案

1. 推广目的

以寻找"品质见证大使"为引子,带出活动,通过用户现身说法,强力诉求格力品牌的核心价值——高品质,扩大品牌优势;通过一系列的推广传播活动,提升品牌曝光频次,清晰品牌核心价值,扩大品牌影响力。

2. 推广主题

返璞归真——品质是本

3. 推广时间

第一阶段:2 月 18 日—3 月 12 日

第二阶段:3 月 13 日—4 月 15 日

第三阶段:4 月 19 日—4 月 23 日

第四阶段:5 月 1 日—5 月 30 日

4. 推广步骤

(1) 前期寻找"见证大使"造势预热阶段(2 月 18 日—3 月 12 日)

第一,寻找推广的启爆点,确定活动的内在意义(详见《活动立意》)。

第二,制订广告计划,进行前期的预热、造势,面向全省征寻格力空调老用户。

第三,甄选"用户领袖",确定"见证大使"名单,公布获奖结果。

(2) 前期活动信息传播阶段(3 月 13 日—4 月 15 日)

"3·15"前期组织举办"见证大使"颁奖典礼,企业、产品(新品与旧机)消费者、行业人士与媒体互动沟通,利用大众媒体把本次活动信息广泛传播,造大声势。

(3) 中期深入见证阶段(4 月 19 日—4 月 23 日)

4 月 19 日组织"见证大使"飞赴珠海进行"浪漫之城 3 日游",同时参观格力电器四期工程及空调生产线、筛选厂、国家实验室、产品展示厅等,让"见证大使"近距离了解格力集团。

(4) 后期整合传播阶段(5月1日—5月30日)

以"见证大使"为载体,以媒体为传播平台,以格力电器的品牌形象、企业文化、技术、历史、服务理念为诉求点,以差异化营销策略打造格力空调的"高品质"专家形象,通过媒体传播影响消费者购买倾向,获取竞争优势。

(5) 后期活动延伸阶段

考虑品牌推广对市场销售的实际推动,结合本次通过拍摄《见证格力》的专题录像片,整理、提炼本次推广活动的精华和闪光点,在全省各大卖场进行循环播放。

组织举办"格力产品历史展",通过对仍在正常工作的10年前的老空调+5年前的老空调+去年的主流机型+20××年新品+未来"概念机"的展示,突出格力空调的高品质和强大的技术研发能力,塑造一个高科技感的空调专家形象。

5. 推广策略

(1) 推广总则

按照整合传播的原则,多视角、多手段挖掘推广的诉求点,把格力空调的地位、技术、产品、理念、文化等颗颗亮点以高品质为主线,串成华贵、精美的项链,通过电视、报纸、软文广告、终端海报、宣传单页、卖场条幅和巨幅等方式向目标人群传播,达成"格力空调——高品质"的核心诉求。

(2) 操作关键点

找准"见证大使"——他们是"用户领袖",是品质见证人(高质量)、时间见证人(可靠性)、服务体验见证人(使用过程和服务体验)、用户象征(谁在使用),他们对其背后所代表的消费群体具有强大的辐射作用。

摸准消费者心理——确定目标消费群体的心理及生活特征和状态。

把握好消费者的购买心理。

挖掘广告诉求点——围绕"品质见证大使"如何做文章?可以引申出什么话题?什么炒作点?如何表达它?消费者的兴趣点在哪里?关注程度有多高?日常生活中的不满是什么?现阶段行业的走势、产品的情况、竞争对手的策略等。

选好用户刺激点:抽奖(一、二、三等奖)、免费换新机(以旧换新)、"珠海3日游"、服务金卡等。

6. 广告传播计划

(1) 广告主题:返璞归真,品质是本。

(2) 电视TVC(二维)创意、制作文案(略)。

(3) 报纸、海报平面广告创意、文案(略)。

(4) 软文标题设计及内容撰写(略)。

(5) 媒体组合(略)。

7. 消费者驱动

(1) 奖项设置

见证一等奖:即"见证大使",人数8名;奖励同机型新空调一台+"珠海3日游"+快速反应服务金卡一张+《行棋无悔》光盘一套。(总价值约5 000元)

见证二等奖：人数15名；奖励格力小金豆（23单冷）一台+快速反应服务金卡一张+《行棋无悔》光盘一套。（总价值约1 400元）

见证三等奖：人数100名；奖励高级亚麻凉席一床+快速反应服务金卡一张+《行棋无悔》光盘一套。（总价值约500元）

感谢奖：人数500名；奖励《行棋无悔》光盘一套。（价值80元）

（2）"珠海3日游"实施方案（略）

8. 甄选意见领袖

（1）"见证大使"：专家型；学者型；主妇型；明星型等。

（2）省消协官员：（略）。

（3）行业专家——山东省制冷协会领导（略）。

（4）经销商代表（略）。

（5）省公证部门（略）。

（6）新闻媒体：山东卫视、齐鲁电视台、山东有线生活台、济南电视台；《齐鲁晚报》《生活日报》《山东商报》《济南时报》《经济导报》等。

9. 后期延续

（1）格力品质见证巡展。

（2）《见证格力》电视专题片拍摄与传播。

（3）户外广告。

10. 费用预算（略）

四、市场营销计划书

（一）市场营销计划书简介

市场营销计划书是一定时期内运用企业营销资源，以达成营销目标的战略、策略，以及包括具体步骤、措施在内的执行性书面文案。

（二）市场营销计划书构成要件与写作要求

1. 概要

在计划书的开头部分，要对本计划的主要营销目标和措施进行简要概括。因此，概要部分应简明扼要地列出计划的关键内容，如计划依据的基本假设、计划的目标、实现目标的主要措施、执行计划的重要安排等，便于企业领导者和执行者很快掌握整个计划的核心内容。

2. 营销现状

营销现状部分的内容提供与企业及市场有关的背景材料，收集与市场、产品、竞争、分销和资源分配等方面相关的数据资料，还包括对企业及营销活动产生影响与冲击的较小行动者和较大社会力量的描述等。

3. 机会与问题分析

根据上述营销现状的资料，计划人员要找出企业或某一产品的优势与劣势，以及面临的主要机会与威胁，作为下一步采取措施的依据。

4. 营销目标

营销目标是营销计划的核心部分，计划目标分为两类：财务目标和市场营销目标。财务目标必须转换成营销目标，如销售额、市场占有率、分销网覆盖面、单价水平、利润等。

5. 营销战略与策略

每一营销目标都可以通过多种途径去实现，营销管理者必须作出决策，然后在计划书中简明扼要地交代其营销战略与策略，内容包括目标市场战略和营销组合策略。

6. 具体的行动方案

具体的行动方案是营销计划的主体内容之一。如何具体着手做？何时开始？何时完成？由谁做？费用多少？要按时间顺序列成一个详细方案。

7. 损益预算

根据行动方案还要编制相应的预算方案，表现为一个盈亏报表。根据盈亏报表对损益情况进行预测。

8. 营销控制

营销控制的基本做法是将计划规定的目标和预算按季度、月份或更小的时间单位进行分解，并进行监测与控制。

（三）撰写市场营销计划书的注意事项

撰写市场营销计划书，应该注意以下事项。

（1）计划书中一定要明确企业面临的重要营销机会或主要威胁，并清楚地列出企业自身的优势和劣势。

（2）目标的设置一方面要具体，尽可能量化；另一方面要符合实际，以企业现有的资源可以完成。

（3）战略、策略和行动方案之间要具有一致性，战略指导策略，行动方案是策略的具体化。

（4）行动方案要明确具体，规定好截止日期和责任人。

（5）营销计划控制部分最好包括处理意外问题的应急方案。

（四）市场营销计划书参考范例

××出版社市场中心新品图书营销计划书

一、计划概要

《小学语文漫画读本》丛书系20××年新推出的中国第一套小学语文学习型日式风格卡

通读物。该产品计划年内实现销售 30 000 套，销售收入目标为 162 万元，利润目标为 60 万元。营销宣传重点是读者对象为小学生及小学教师的教育性媒体投放广告和重点书城的终端 POP 广告。

二、企业简介及市场背景（略）

三、产品优势、劣势、机会、威胁分析

1. 优势

（1）产品内容质量高，产品形式新。

（2）寓教于乐、特色鲜明。该产品兼具学习知识，益智游戏，道德熏陶的功能。

（3）关联性强。该套丛书紧扣《小学语文新课程标准》，覆盖小学阶段语文 70%～80% 的知识点，从图书内容到形式选择都与语文课本具有紧密关联性。

（4）定位明确。目标市场明确，为 6～14 岁的在校小学生，是中国第一套小学语文学习型漫画丛书。

2. 劣势

（1）公司发行经验不足渠道不畅，推广速度相对于其他产品较慢，宣传推广成本高。

（2）同一细分市场价格竞争激烈，而该套丛书相对一般同类图书单位投入成本较高，商业批发折扣缺乏优势。

3. 机会

（1）该套图书是中国第一套小学语文学习型漫画丛书，由中日团队精心打造，宣传推广较为有利。

（2）图书推出市场后，即为国际"六一"儿童节，适逢儿童购书高潮，有利于大力促销活动。

4. 威胁

（1）中日政治关系不稳定，国人反日情绪时常高涨，在销售期间，如果遇到敏感时期，会有来自消费者和中间商的压力。

（2）少年儿童读物品种、形式繁多，推广不力，就会被其他同类读物淹没，难有市场理想反应。

四、营销组合策略

1. 产品策略

《小学语文漫画读本》系"中日卡通文化交流项目"之结果产品。是国内第一套专门针对小学生语文学习，选取中国传统文化内容，由日本名古屋造型艺术学校采用中小学生最喜欢的卡通形式加工而成的独创性特色产品。

1) 产品名称

《小学语文漫画读本》（共六册）：① 小白兔和小灰兔（1 年级）；② 酸的和甜的（2 年级）；③ 在金色的海滩上（3 年级）；④ 幸福是什么（4 年级）；⑤ 月光奏鸣曲（5 年级）；⑥ 花木兰和卖火柴的小女孩（6 年级）。

2) 编绘依据

（1）国家教育部《小学语文新课标标准》。

（2）小学阶段语文知识技能掌握基本要求。

(3) 小学生的语文学习能力程度。

(4) 小学生视觉审美特点。

3) 创编、绘画、翻译者

(1) 文字部分由中国具有丰富（小学）语文教学经验教师、艺术教育工作者编写。

(2) 绘画部分由日本名古屋艺术造型学校集体创作。

(3) 文字翻译由大学专业外语教师执笔。

4) 产品形式

(1) 成品尺寸：147 mm×210 mm（880×1 230 纸张，32 开）。

(2) 封面形式：200 克铜版彩色印刷，覆亚光膜，UV 工艺。

(3) 印刷材质（内文）：双色印刷，70 克轻型胶版纸。

(4) 形式：分装与套装（精装）两种形式。共六册，每册内附一片精美书签，精装配有高档磨砂塑料盒。

5) 产品内容

(1) 每册单元内容设置。基本上分为 6 个单元：A. 成语故事；B. 名人/作者趣闻故事；C. 课文故事；D. 看漫画讲故事/练写作；E. 中外名著故事（节选）；F. 小学生必背古诗词赏析（含传统蒙学名篇）。

(2) 知识点内容。（小学语文阶段要求 1 188 个知识点，略）

6) 产品顾客利益价值

(1) 学生：满足于漫画欣赏—曲折动人的故事—与语文课堂的联系性—补充知识—语文知识趣味性。

(2) 语文教师：语文教学的好帮手。

(3) 学生家长：是为孩子补充知识、提高语文学习成绩的良师益友。

(4) 作为礼品购买，更是雅致高品位的文化礼品。

7) 产品特色

(1) 国内首套学习型语文漫画丛书，中日双方合力精心创作。

(2) 经典教育内容与流行表现形式相结合。

(3) 产品形式与内容充分考虑小学生、小学语文教师和小学生家长的心理需求。

2. 定价与折扣策略

(1) 针对不同消费能力群体，采取不同定价策略。平装每册估价为 9.80 元（约 4.5 印张）；精装（套装）每套估价 72 元/套，定价均属低位定价。

(2) 发行折扣策略。采用随行就市原则，与同类书中折扣持平，以促进销售。

3. 分销策略

(1) 主渠道：新华书店系统，由出版社发行部门正常发行，铺货面广，使消费者在全国中等以上城市都能买到该丛书。

(2) 二渠道：民营或混合制发行商，建立各省市代理制度，保证代理商的利润和利益。

(3) 教育系统：小学校，征订部分数量。

4. 促销组合策略

(1) 广告宣传：（参见行动计划部分）。

(2)公共关系：(参见行动计划部分)。
(3)促销活动：(参见行动计划部分)。
(4)人员推销：在京津等城市地区，针对小学进行人员推销或寻求专业直销公司合作推销。

五、行动计划及相关预算

年月日	行动	负责人/部门	费用
20××.4.15	杂志四格漫画广告样稿送交《校园文学》《语文教学通讯》等月刊杂志在5月份刊登		
4.30	图书宣传海报及POP制品定稿，输出胶片，选择典型、创作水准高的部分故事漫画提供给部分小学生杂志连载刊登		
5.8	选择典型、创作水准高的部分故事漫画提供给部分小学生杂志连载刊登		
5.15	与经销商联系发货事宜及落实地区推广计划		
5.16	准备好报纸广告样稿，第二周刊登在《语文报（小学版）》《小学生优秀作文》《小学生英语报》等报纸媒体；一些主要教育网站刊发消息和图片		
5.18	送发6月份期刊广告样稿		
5.20	面向全国一、二级经销商及新华书店铺货；向经销商按比例提供店内易拉宝宣传架、海报和赠品		
5.22	召开图书出版首发式		
5.25	向已邮购顾客邮送购书及优惠券		
5.28—6.2	与各地主要经销商联合开展"六一"现场经销活动（折扣优惠等）；市场部人员参与北京部分书城现场促销活动		
6.2—6.30	招募兼职大中专学生在京城八区分组开展现场促销活动		
7.5	各区域发行经理到其负责区域检查渠道销售情况，指导经销商加强销售力度，收集市场反馈信息（历时约一个月）		
7.25	调整产品广告和促销重点及方式		
8.5	如市场反应良好，推出精装礼品系列；在图书专业媒体，推动宣传进展，扩大产品知名度		
9.10	经媒体中介，向部分小学语文教师赠送图书		
10.1—10.7	国庆黄金周，开展大规模现场促销活动		

六、营销控制（略）

五、市场调查问卷

(一)市场调查问卷简介

市场调查问卷作为一手资料搜集中最普遍的工具，广泛应用于企业市场调查中。市场调查问卷是调研者根据调研目的,以及搜集数据需求,所设计的一系列问题并经过有序的排列组合而形成的一种表格。

(二)市场调查问卷的主要类型

根据问卷发放的方式不同,市场调查问卷可分为电话访问式问卷、网上访问式问卷、拦截式访问问卷、邮寄式问卷、报刊式问卷、送发式问卷等6种。

1. 电话访问式问卷

电话访问式问卷是调研者通过电话对被调研者进行访问调查的问卷形式,这种调研方式成本较低,使用方便,能较容易地接触到被访问对象,但可能引起被调研者的反感。因此,在问卷设计中应注意:问题不宜过多过长,且应容易理解;问题便于选择;还应考虑到听觉的局限性而尽可能简单明了。

2. 网上访问式问卷

网上访问式问卷是借助于互联网请被访问者填写问卷的方式,具体操作可通过发放邮件或窗口弹出方式吸引被访问者的注意,相比电话访问式问卷而言,这种方式需要解决的问题是如何引起被访问者的注意并求得其配合。

3. 拦截式访问问卷

拦截式访问问卷是配合街头拦截式访问方法所设计的问卷,这种方法能够很好地接触到需要调研的对象,在问卷设计中应注意问题不宜过长,尽量使用封闭式的问题。

以上3种问卷均为通过访问方式进行调研时所使用的问卷。

4. 邮寄式问卷

邮寄式问卷是通过邮寄的方式将问卷送达至被访问者手中的调研方式所使用的问卷。因调研者未与被调研者亲自见面,故问卷中问题的设计必须不存疑义或歧义,容易理解,为了能及时回收问卷,应在邮寄问卷的同时附上贴好邮票的回执信封。

5. 报刊式问卷

报刊式问卷是随报刊发放的问卷,这种问卷最大的好处是能根据报刊受众选择被访问者,其设计特点与邮寄式问卷类似。

6. 送发式问卷

送发式问卷是由调研者将问卷送达至特定的被调研者手中,这种方式可以确保被调研者能收到问卷。

(三)市场调查问卷的构成要素与写作要求

市场调查问卷的基本结构包括以下几个方面。

1. 开场白

开场白是一个问卷的开始部分,包括问候语、填表说明、问卷编号等。其内容包括对调研人员身份的介绍、调查目的与意义、解释如何选择调研对象、向被调研对象致谢等。问候语的目的是激发被调查者的兴趣,求得其合作,因此在语气的表达上要诚恳。

填表说明是为了帮助被调查者按照要求顺利回答问题而设计的，主要内容包括填写调查表应该注意的事项、交回问卷的方式及时间要求等。

问卷编号用于识别问卷、调查者，以及被调查者的姓名和地址等，以便于校对检查、更正错误。

2. 甄别部分

甄别部分是问卷中十分重要的一个组成部分，即通过一些问题的设置筛选掉非调研目标对象，只对特定目标被调查者进行调查。通过对这些问题的回答筛选出与被调查事项有直接关系的人，如从事与要调查问题相关工作的人、在新闻媒介机构工作的人或从事市场调查活动的专业人士等。

3. 问题调查

问题调查是问卷的主体部分，这部分内容是调查所要收集的主要信息，由一系列问题和答案项组成。

4. 背景资料

背景资料是有关被调查者的一些个人资料，为了避免一开始回答就引起被调研者的反感和戒备，该部分通常置于问卷的最后，这部分内容可作为对被调查者进行分类比较的依据。

（四）市场调查问卷的写作注意事项

拟写市场调查问卷，应该重点注意以下几个方面。

首先，要选择合适的问题回答形式，即考虑提问是使用开放式还是封闭式的问题。

开放式问题是指对所设计的问题没有提供具体的备选答案，被调查者在没有任何提示的情况下可以完全自主地回答自己的想法。例如，"您对每天洗头发有什么看法？""您为什么要购买海尔冰箱？"等。封闭式问题是指在设计调查问题的同时，提供给被调查者各种可能的答案，让被调查者从中加以选择。

其次，问卷中问题表述的用词要注意以下一些问题。

（1）问题要具体明确。例如，"您对某品牌商品的印象如何"的问题就过于笼统，被调查者很难回答。如果具体问"您认为某品牌商品功能、质量、价格、包装、售后服务等某一方面如何"，就比较容易作出判断。

（2）用词要通俗易懂。被调查者有可能是各种不同年龄、不同职业、不同学历，甚至处在不同的文化背景下的人群，如果对问题的理解不一致将会导致回答的偏差。因此，问卷中的用词必须易于所有被调查者接受和理解，应该尽量少用专业词汇和字母缩写，如"您认为本店的营业推广活动如何？"一般消费者根本就不知道营业推广的意思，也就无从回答。因此，不如直接询问消费者对该店的买赠、积分返利、抽奖等活动的看法。

（3）文句应该尽量简短。问卷中应避免过长、表达不够直接或较为复杂的句子。这样的句子较难理解，给人故弄玄虚之感，容易招致被调查者的反感。

（4）一个提问应该只包括一个内容。例如，"您认为这款手机的外观和性能如何？"这个问题就包括了外观和性能两个主题，如果被调查者觉得这款手机的外观好而性能较差，或者性能好而外观一般,他将不知该如何回答,因此应该分开提问。

(5)避免使用否定句或反义疑问句。例如,"您是否觉得洗发水的价格不是您选择的一个很重要的因素?"或"您不觉得洗发水的价格是您选择的一个很重要的因素吗?"这种提问方式容易导致被调查者采取肯定的方式回答,与人们正常的习惯不相符。因此应改为肯定式的提问"洗发水的价格是您选择它的一个很重要的因素吗?"。

(6)避免诱导式提问。有的问题在提问中暗示调查者的某种倾向和观点或包括带有情绪色彩的字词,会对被调查者产生某种误导。例如,"许多人都喜欢看湖南卫视的娱乐节目,您呢?"这样的提问方式暗示了如果被调查者与大多数人一样,也应该选择回答是,这样就违背了市场调查必须遵循的"客观性原则"。

(7)提及敏感性问题时应注意提问方式。有些问题对于被调查者而言属于敏感类型的问题,或者涉及个人隐私而难以回答,还有一些问题的回答可能会对其个人形象有影响,这些问题应尽量避免提问,如果不得不问,也应放到问卷的最后,或者注意提问的艺术性。例如,"您不买洗衣机的原因是?"或许"住房拥挤""买不起"可能是影响买冰箱的最主要原因,但这样的选项容易让对方觉得难堪。因此可以改用"住房不方便""价格不合适""用途不大"等措辞。

此外,还要注意问题的次序安排。

甄别问题部分应该放在最前面。在被调查者合乎要求后,以一个能引起应答者兴趣的问题开始。一般情况下,首先问一般性问题,需要思考的问题放在问卷中间,过滤性问题放在最后。

最后,问卷的版面设计中要注意几个问题:版式看上去应整齐、美观;要给开放式问题留足回答问题的空间。同时,问卷中的说明应当尽量用醒目的字体以引起被调查者的注意。

(五)市场调查问卷参考范例

啤酒消费市场调查问卷

尊敬的女士、先生:

您好!我是××调查中心的调查员,我们正在做关于啤酒的市场调研,希望您能给予支持!谢谢!

问卷编号:　　　调查员姓名:　　　调查时间:　　　地点:

产品调查(请在题号上打"√")

1. 您最近一周内有无购买啤酒?
   ① 有　　　② 无(无购买直接答第3题)

2. 您最近一次购买啤酒的用途?(单选)
   ① 请客　　② 节假日团聚　　③ 和朋友聚会　　④ 日常习惯饮用

⑤ 做菜　　　　⑥ 送礼　　　　　⑦ 生日宴会　　　　⑧ 其他
3. 您购买啤酒时考虑的因素有：（限选 3 个）
① 品牌　　　　② 价格　　　　③ 包装是否吸引人　　　④ 口味
⑤ 广告影响　　⑥ 售货员介绍　⑦ 朋友推荐　　　　　⑧ 购买方便
⑨ 生产日期　　⑩ 是否流行
4. 您日常饮用啤酒的频率是：
① 天天喝　　　　　　② 一周喝 3～4 次　　　③ 一周喝 1 次左右
④ 1 个月喝 2～3 次　 ⑤ 一个月喝 1 次左右　　⑥ 没喝
5. 您最近一次饮用啤酒的品牌是：_____。（填空）
6. 您一般饮用的啤酒是：
① 自己买的　　② 别人送的　　③ 单位发的
7. 您购买啤酒的地点一般在哪里？（限选 2 个）
① 商场　　　　② 零售店、便利店　　③ 酒店
④ 批发市场　　⑤ 超市　　　　　　　⑥ 啤酒三轮车
8. 您认为适合您消费的啤酒价位是：（填空）
① 进口啤酒____元　　② 国产品牌啤酒____元　　③ 国产普通啤酒____元
9. 您一般喝啤酒的目的是什么？
① 个人习惯　　② 清凉解渴　　③ 解暑降温　　④ 聚会消遣
10. 你经常饮用什么包装的啤酒？
① 瓶装　　② 罐装　　③ 扎啤　　④ 混合饮用
11. 您经常饮用啤酒的品牌有哪些？
① 燕京　② 五泉　③ 青岛系列啤酒　④ 汉斯系列啤酒　⑤ 嘉士伯
⑥ 百威　⑦ 喜力　⑧ 虎牌　　　　　⑨ 黄河　　　　　⑩ 其他（请注明）：_____
12. 下列啤酒类型中您经常饮用的是哪种？
① 普通啤　　② 生啤　　　③ 冰啤　　④ 干啤　　⑤ 超干啤
⑥ 鲜啤　　　⑦ 小麦啤　　⑧ 果啤　　⑨ 黑啤　　⑩ 其他（请注明）：_____
13. 您在饮用啤酒时，注重啤酒的哪个方面？
① 口味　　② 包装　　③ 价格　　④ 品牌
14. 您一般喝啤酒的地点是哪里？
① 家中　　② 街头　　③ 酒吧　　④ 餐厅
15. 您一般喝啤酒的习惯是：
① 独自饮用　　② 朋友相聚　　③ 家人团聚
16. 您从哪里了解到某种品牌的啤酒？（限选 4 个）
① 从电视广告中获知　　　　② 听亲朋介绍
③ 从报纸广告获知　　　　　④ 从街区上发布的路牌条幅等类型的路标广告上得知
⑤ 从杂志上得知　　　　　　⑥ 从商场、超市的货架上看到
⑦ 从酒类的宣传画报上看到　⑧ 其他（请说明）：_____

17. 您喜欢啤酒的何种促销方式？（限选 3 个）
① 买酒赠酒　　　② 买酒赠礼品　　　③ 打折
④ 参与活动　　　⑤ 其他
18. 您喜欢哪种啤酒广告诉求形式？
① 感性诉求（具有人情味、豪爽）　　　② 理性诉求（说明性）
19. 您选择啤酒品牌的习惯一般是：
① 固定，不更改　　　② 比较固定，偶尔换　　　③ 基本上不固定，随机购买
20. 您喜欢哪种啤酒品牌的外包装？（填空）　　品牌名称：＿＿＿＿＿原因：＿＿＿＿＿
21. 您喜欢哪种啤酒品牌的瓶形？（填空）　　品牌名称：＿＿＿＿＿原因：＿＿＿＿＿
22. 您对广告的看法：
① 广告很讨厌，根本就不应该存在　② 我易受到广告宣传的影响
③ 有没有广告都无所谓　　　　　　④ 广告实际上很重要，酒好也怕巷子深，需要宣传
⑤ 其他，请说明

背景资料
1. 您的性别：　① 男　　② 女
2. 您的年龄：
① 19 岁以下　② 20～34 岁　③ 35～44 岁　④ 45～54 岁　⑤ 55～64 岁　⑥ 65 岁以上
3. 您的职业：
① 企业职工　　② 机关干部　　③ 科教文卫人员　　④ 军人　　⑤ 学生
⑥ 离退休人员　⑦ 个体摊贩　　⑧ 其他
4. 您的学历：
① 小学及以下　② 初中　　③ 高中/中专/技校　　④ 大学　　⑤ 研究生及以上
5. 您的月收入：
① 1 001～2 000 元　　② 2 001～3 000 元　　③ 3 001～4 000 元
④ 4 001～5 000 元　　⑤ 5 001 元以上

（资料来源：张飘予. 市场调研宝典. 北京：中国经济出版社，2006.）

六、市场调研报告

（一）市场调研报告简介

市场调研报告是以各种适用的载体反映市场状况的信息资料，以及调查研究结论和建议的一种报告形式。市场调研报告是对一次营销调研活动的总结，也是营销策划开始的基础。

(二) 市场调研报告的构成要素与写作要求

市场调研报告没有一种固定的结构，要因调研项目的不同而有所差异。一般而言，市场调研报告包括标题、目录、摘要、调查概况、调查结果、结论与建议、附录等部分。

1. 标题

标题页也可以是报告的封面，它需要体现出一种专业形象并引起读者的兴趣。一般封面的内容包括调研的题目或标题；调研机构的名称；项目负责人的姓名及所属机构；报告完稿的日期。一般封面设计的整体风格应该严肃、精致。

2. 目录

目录是报告中各项内容的完整一览表，可以方便读者有选择性地阅读其中的内容，篇幅最好不要超过一页。

3. 摘要

摘要是调研报告极其重要的一部分内容，企业决策者和用户可能首先阅读这一部分内容，在其中应对调查活动所获得的主要结果作高度的概括，篇幅一般不要超过报告内容的十分之一。

4. 调查概况

在调查概况中要交代调研者为什么做这项调研，调研人员做了什么，以及怎样得出的结果。这些问题实际上是通过3个部分交代出来的：调研背景、调研目的和调研方法。调研背景部分应简单介绍调研的背景资料和相关信息；调研目的应叙述为什么要进行该项调研；调研方法部分的内容是介绍资料来源和抽样程序。

5. 调查结果

调查结果提供调研人员收集到的所有相关事实和观点，内容应该力求客观，具体包括数据图表资料、相关文字说明、推论，以及对调研结果产生的原因分析等。

6. 结论与建议

结论与建议部分的内容是调查报告的精华所在，在这一部分研究人员要说明调查得到了哪些重要结论；根据调查结论，企业决策者应该采取什么措施。这部分内容有时也可以与调查结果合并到一起。

7. 附录

附录的内容一般是与调研直接相关的资料，如问卷、信息来源、统计方法等。

(三) 市场调研报告的写作注意事项

拟写市场调研报告，应特别注意以下几点。

（1）报告篇幅并非越长越好。在调查报告的撰写中，常常为了显示工作量而在报告中包含了调研中论证的过程、结论。事实上调研报告的价值不是用长度来衡量的，而是以质量与有效来衡量的。

(2) 不要偏离目标或脱离现实。有些调研报告提出的调研结果没有达到调研目标，或者提出了不现实的调研结论，这样的调研报告即使阐释得再充分也是无意义的报告。

(3) 避免虚假的准确性。在提出调研结论时，常常有大量的统计数字，有时调研者为了体现数据的准确性，会将引用的统计数字保留到两位小数以上。实际上在一个相对小的样本中，这样过度的精确反而会造成虚假的感觉。

(4) 不要忽略对数据的解释。调研报告是对已有调查结论的剖析和阐释，有些调研报告中只罗列一些图表中的数字，而不进行任何解释或解释得不够充分，这都是应该避免的。

(5) 图表不得过于花哨。图表的最终目的是更好的传达信息，将调研结果以清晰的方式呈现。因此，图表形式的选择应服务于信息的传递和沟通，不必过于追求形式的花哨。

(6) 不要过度使用定量技术。在调研报告中对定量技术的选取也应该是服务于调研目标的，定量技术并非越复杂越好。使用定量技术的前提和基础必须是调研目标和方法的合理性。

(7) 要避免调研数据单一。有时调研者会根据调查问卷中的一个问题决定对一个产品概念的取舍，实际上对产品的选取不能如此武断和简单，过度依赖数据有时会错失良机，在某些情况下会导致营销错误。

(8) 资料解释力求准确。调研报告对结论进行的解释不够准确，会对企业决策者采取的营销策略的正确性产生影响，因此一定要避免这种情况出现。

（四）市场调研报告参考范例

20××年暑期数码相机市场消费行为调查报告

一、摘要

1. 调查结果摘要

暑期购买潜力相对较大，但三成以上处于观望状态；单反机型的价格不断下滑导致三成以上的消费者希望购买，这直接导致能接受3 000元以上的用户所占比例超过整体市场的三成；七成以上的用户青睐于功能完备型的机型，超薄、低价及时尚造型的产品支持率均在9个百分点左右浮动；近六成消费者认为厂商促销方式的吸引力一般；返还现金及打折最为用户所接受，厂商促销过程的一站式服务将大受欢迎。

2. 结论与建议摘要

暑期是数码相机销售的大好时机，消费类机型仍是市场的主导，功能完备的机型最受消费者欢迎；应创新厂商促销方式，加强促销过程中的服务环节。

二、调查概况

1. 调查背景及目的

在IT界，"淡五绝六"的传统说法不无道理。"五一"黄金周之后，数码相机厂商将部分降价产品价格回调,市场开始逐渐转淡。而暑期又将至。被视为"蓝海"的学生市场再度成为厂商及经销商关注的焦点,并以求其在暑期能带动市场销售。

为了了解数码相机未来的发展方向和消费者对数码相机暑期促销的看法,消费调研中心ZDC进行了一次"暑期数码相机市场消费行为调查"。该调查主要从购买力、购买倾向和对厂商的促销态度三大方面展开,挖掘出消费者对数码相机在暑期促销的内在看法,以便为厂商或经销商在制定促销策略时提供参考依据。

2. 调查方法及样本状况

本次调查采取网上调查方式,在消费调研中心ZDC数码影像及调研中心两个频道发放问卷,整个调查遵循了从探索调查、问卷设计、问卷整理、数据录入到统计处理、报告撰写等一系列科学步骤。

本次调查从20××年×月×日开始,至×月×日结束,在×天的调查时间内,共回收有效调查问卷××份。

三、调查结果

1. 暑期市场购买力调查

在本次调查数据的基础上可见,47.6%的调查对象表示会选择在暑期促销期间购买数码相机产品。但是处于观望状态的消费者数量也较多,达到三成以上。明确表示不计划购买的用户占据16.1%。具体分布如下图所示(图略)。虽然观望的用户占据三成以上,但是在本次调查中并非主流人群。计划购买的消费者看到的是暑期厂商促销带来的实惠,因而选择购买。而对于处于观望的用户一般较为理性,一旦厂商的降价或促销程度达到其预期,就会攻破这类消费者的心理防线,扩大购买的人群数量。但是需要指出的是,这就在一定程度上加大了厂商及经销商促销的难度。总的来看,暑期市场购买潜力相当大,但是对于厂商以及经销商来说,如何刺激消费者购买才是最大的难题。

2. 消费者购买倾向调查

暑期厂商及经销商的一头热,往往成为IT市场的一个薄弱环节,毕竟消费者究竟怎样想才是最重要的,因而ZDC在本次的调查中还涉及对消费者购买产品倾向的调查。

(1)机身类型选择

消费类数码相机产品数量较多、用户基数较大,因而在本次调查中一半以上的消费者表示计划购买消费类相机。价格仍是单反相机的主要门槛,即便是低端入门单反产品,都与消费类数码相机在价格上出现较大的悬殊,且对于非专业的消费者来说,消费类产品能满足需求,因而导致市场偏于消费类机型。在本次调查中,仅有35.9%的消费者表示计划购买单反相机产品。还有一部分消费者对购买何种机型持无所谓的态度。

(2)可接受价位区间调查

价格往往是影响消费者产生购买行为的重要因素,尤其针对学生用户来说更是如此,如何利用价格杠杆提升不同价位区间产品的关注状况,首先取决于消费者对价位区间的可接受状况。据ZDC调查显示,由于三成以上用户计划购买单反相机,导致本次调查中三成以上的用户购买产品的价位区间停留在3 000元以上。

（3）不同特征产品购买倾向

对于不少对数码相机认识程度不高的网友来说，往往习惯于从外观、整体功能等多个方面来选购数码相机产品。尤其是功能方面更为消费者所关注，这使得七成以上的网友表示暑期购买数码相机要把功能放在首位。

3. 消费者对厂商促销态度调查

虽然暑期还有一段时间，但是厂商在6月份开始就制定好了各种促销手段，今年的暑期促销势必又同以往一样，各大厂商寄希望于暑期来提高出货量、抢夺市场份额、扩大品牌知名度等。但当前在数码相机市场上，厂商的促销行为往往围绕着降价打折、赠送产品，或者与其他类型产品合作进行捆绑销售等方式进行。虽然整体厂商希望采用创新的思维来扩大其在暑期市场的影响力，但是这3种方法仍然是最常采用的。本次调查主要针对消费者对促销行为的吸引力状况，以及希望厂商采用的促销方式这两个方面进行。

（1）促销吸引力调查

……

（2）消费者对促销方式的态度调查

……

四、结论建议

1. 主要结论

（1）暑期是数码相机销售的大好时机

……

（2）消费类机型仍是市场的主导

……

（3）功能完备的机型最受消费者欢迎

……

2. 建议

（1）创新厂商促销方式

……

（2）加强促销过程中的服务环节

……

五、附录（略）

七、可行性研究报告

（一）可行性研究报告简介

可行性研究是从英文 feasibility studies 翻译而来。可行性的意思是"做到或实现的可能性，可以行得通的程度或有成功可能的程度"。可行性研究就是在项目投资决策之前，对拟建项目进行全面系统的调查研究和分析计算，综合论证建设项目技术上的先进性和适用性，经济上的合理性和盈利性，以及建设的可能性和可行性，为投资决策提供可靠依据的一种科学方法。

可行性研究报告即为决策者进行投资决策或上级主管机关进行审批项目的书面报告。

（二）可行性研究的工作程序

可行性研究的一般工作程序大致分为以下 6 步。
第一步：开始阶段。主要讨论研究的范围，限定研究的界线及明确目标。
第二步：进行实地调查和技术经济研究。
第三步：选优阶段。
第四步：对选出的方案进行详细论证，确定具体的范围，估算投资费用、经营费用和收益，并作出项目的经济分析和评价。
第五步：编制可行性研究报告。
第六步：编制资金筹措计划。

（三）可行性研究的构成内容

可行性研究报告一般包括以下基本内容。

1. 总论

总论主要包括项目提出的背景和历史情况；研究工作的依据和范围；阐述投资的必要性及其意义；存在的问题和建议等。

2. 需求预测和拟建规模

需求预测和拟建规模主要包括对国内外市场供需情况的预测；国内现有工厂生产能力的估计；销售预测价格分析、产品竞争能力及进入国际市场的前景；拟建项目的规模、产品方案和发展方向的技术经济分析等。

3. 资源、原材料、燃料及公用设施情况

资源、原材料、燃料及公用设施情况主要包括原料、材料、燃料的种类、数量、来源和供应可能性的分析；所需公用设施的数量、供应方式和供应条件的研究等。

4. 建厂条件和厂址方案

建厂条件和厂址方案主要包括对建厂地区的地理位置、气象、水文、地质、地形条件，离原料产地或市场的距离，以及社会经济状况条件的分析；对厂址面积、征地范围、移民的搬迁与安置及其他建设条件选择方案的分析；论述交通、运输，以及水、电、气等供应状况和发展趋势等。

5. 设计方案

设计方案主要包括项目的构成范围、技术来源和生产方法、主要技术工艺和设备选型的比较；引进技术和设备的来源、国别，设备的国产或与外商合作制造的设想；全厂布置方案的初步选择和土建工程量的估算；公用辅助设施和厂内外交通方式的比较与初步选择。

6. 环境保护

环境保护主要包括分析拟建项目"三废"（废气、废水、废渣）的种类、成分、数量，以及对环境影响的程度；治理方案的选择和综合利用情况；对环境影响的评价。

7. 企业组织、劳动定员和人员培训

企业组织、劳动定员和人员培训主要包括对企业生产管理体制、机构设置的研究和分析，以及劳动定员的配备方案、人员培训规划和费用估算等。

8. 项目实施进度安排

项目实施进度安排主要包括对项目实施时期各个阶段的各项工作环节进行统一规划、综合平衡，作出合理而又切实可行的安排。项目实施时期又称为投资时期，是指从正式确定建设项目到项目达到正常生产这段时间。这一时期包括项目实施准备、资金筹集安排、勘察设计和设备订货、施工准备、施工和生产准备、试运转直到竣工验收和交付使用等各个工作阶段。

9. 投资、生产成本的估算和资金筹措

投资、生产成本的估算和资金筹措主要包括对项目主体工程和辅助配套工程所需投资、生产流动资金进行估算，对生产成本、销售收入、税金和利润进行分析和估算，并对资金的来源、筹措方式及贷款偿还方式进行研究分析，制订资金使用计划。

10. 企业财务和国民经济评价

企业财务和国民经济评价主要包括项目财务效益分析、国民经济效益分析，以及相应的不确定性分析和方案比较等。

11. 结论与建议

结论与建议主要是对前面研究内容的结果分析，对项目在技术上、经济上进行全面的评价，对项目建设方案进行总结，提出结论性意见和建议。

（四）编写可行性研究报告的注意事项

为了保证可行性研究的科学性、客观性和公正性，有效防止错误和遗漏，编写可行性研究报告时应注意以下事项。

（1）必须站在客观公正的立场上进行调查研究，搞好基础资料的收集。

（2）可行性研究报告的内容深度一定要达到行业规定的标准，基本内容要完整，应有尽可能多的数据资料，避免粗制滥造和走形式。

（3）应保证咨询设计单位必要的工作周期，防止搞突击，草率行事。

（五）可行性研究报告参考范例

范例

×××生活垃圾综合处理厂
BOT 投资项目可行性研究报告

1　概述

1.1　项目基本情况

（1）项目名称：×××生活垃圾综合处理厂项目

（2）项目执行单位：

（3）项目承建单位：

（4）项目建设地点：

1.2　项目背景

××市是××省的政治、经济和文化中心，总面积××平方公里，人口××万人。目前，××市市区城市生活垃圾绝大部分由××垃圾无害化处理厂进行卫生填埋处理。

据测算，目前××市人均生活垃圾产量为 0.8～1.0 公斤/日，根据××市的有关规划，××市近期将扩建××垃圾无害化处理厂，新建以资源化为主的垃圾处理场 4 座，生活垃圾分拣厂、餐饮垃圾处理厂、粪便处理厂各 1 座。这些垃圾处理设施建成后，××市区的生活垃圾总量处理能力将达到 3 500 吨/日，年处理能力将达到 127.8 万吨/年，市区生活垃圾无害化处理率将达到 100%。

本报告主要研究××市垃圾无害化处理厂的扩建项目——××市垃圾综合处理厂采取企业投资、建设和运营（BOT）的可行性。

1.3　项目承建单位基本情况

××环保产业发展有限责任公司是在××市领导及有关委办领导的直接关怀下，为了促进××市环保产业发展，探索传统产业向新兴产业的转型，按照"产权清晰、政企分开、责权明确、管理科学"的现代企业制度组建而成的具有现代经营理念、完全实行市场化运作、没有任何历史包袱的高新技术企业。

××环保产业发展有限公司于20××年注册在中关村科技园区，注册资金××××万元……

2　项目内容

本可行性研究报告中的××市垃圾综合处理厂项目拟在位于××境内的××市垃圾无害化处理厂附近扩建，处理规模为 1 500 吨/日。本项目要求垃圾达到完全无害化处理，处理后的污水排放标准达到二级。

本项目拟采取企业投资、建设和运营（BOT）的运作模式，政府负责解决征地问题，处理厂运行期为 20 年。

3 垃圾处理工艺方案选择

3.1 垃圾处理方式的比较

目前，国内外城市生活垃圾处理方式主要有卫生填埋、焚烧和堆肥等，这3种主要处理方式的适用条件和效果各有特点，详见表1（略）。

3.1.1 国外生活垃圾处理概况

由于城市垃圾成分复杂，并受经济发展水平、能源结构、自然条件及传统习惯因素的影响，很难有统一的模式。从应用技术看，国外主要有填埋、焚烧、堆肥、综合利用等方式，机械化程度较高，且形成系统及成套设备。从国外多种处理方式的情况看，具有以下趋势。

(1) 工业发达国家由于能源、土地资源日益紧张，焚烧处理比例逐渐增多。

(2) 卫生填埋作为垃圾的最终处置手段一直占有较大比例，且随着环保标准的日益严格，对填埋场的设计要求越来越高。

(3) 发展中国家垃圾无害化处理率较低，以填埋为主要方式。

(4) 其他一些新技术，如热解、熔融、填海造地、有机复混肥等技术，正不断取得进展。

世界主要工业发达国家城市垃圾处理方式比例分配见表2（略）。

3.1.2 国内生活垃圾处理状况

我国城市垃圾处理起步较晚，但进入20世纪90年代以来，垃圾无害化处理已呈加速发展趋势。据1999年统计，全国垃圾年清运量已达1.14亿吨，而垃圾无害化处理能力较低。目前，我国城市生活垃圾处理的基本技术对策是以卫生填埋为首要处理方式，在有条件的地区应积极发展焚烧处理和高温堆肥处理。

3.2 垃圾处理方式选择

3.2.1 垃圾处理工艺方案的选择原则

××市生活垃圾综合处理厂选择工艺方案的原则是：技术成熟，设备可靠，投入产出比最佳，能适应××市的垃圾特性，满足环境保护要求。

在选择过程中应着重考虑下列因素的影响。

(1) ××市的生活垃圾物理化学组成及变化趋势。

(2) ××市的经济实力和投资能力。

(3) ××市的城市建设和社会发展对环境的要求。

……

3.2.2 ××市垃圾处理现状分析

××市垃圾无害化处理厂是××市唯一的一座生活垃圾处理场所，位于××境内，距市区30公里，厂区占地552亩。预计到20××年前后，××市现有的垃圾处理厂卫生填埋区将趋于饱和，仅能保留日处理垃圾600吨的能力。

现有的填埋场采用传统填埋技术，由于地处低洼地带，渗沥液处理和导排困难。加之运行资金不足，无害化处理很难彻底，填埋场对周边环境和空气质量影响比较大，周围居民投诉较多。

……

根据以上分析，就目前情况和经济承受能力而言，仍应以填埋方式为主。待经济实力允许时逐步向焚烧方式过渡。

3.2.3 高密度卫生填埋技术和工艺

（1）采用西班牙 IMABE 打包填埋技术可将垃圾打成高密度包，其垃圾包的密度可达到 $1.0 \sim 1.25 \text{ t/m}^3$，是目前所有垃圾打包机中密度最高的。

（2）因垃圾打包后已除去垃圾中大部分水分，填埋场内产生的渗沥液大大减少，而打包过程中产生的垃圾渗沥液由于还未充分进行生化反应，处理起来较容易，因此可解决渗沥液处理不易达标和处理费用高的难题。

……

3.2.4 垃圾处理方案选择

通过上述垃圾处理方式的分析比较，结合××市的具体情况，综合考虑选取以先进的垃圾自动高密度打包填埋为核心技术的综合处理系统……

本方案突出的优点是节省填埋空间和运行成本。采用高密度打包填埋后，在保证使用寿命不降低的前提下，填埋库容可缩减至60%。

4 工艺流程及设备

4.1 总体工艺流程描述

由各个垃圾收集点运来的生活垃圾，到场后首先称重，记录垃圾重量。按两条生产线，每条线垃圾消纳量为800吨/日。将物料送至卸料间的料仓内，料仓内的板式输送链将物料送至星盘弹跳筛……

垃圾综合处理厂的主要设施包括垃圾卸料车间、分选打包车间和填埋场；辅助设施包括除尘除臭系统、垃圾渗沥液收集系统、沼气收集处理系统、电气控制系统、维修车间和办公设施等。

4.2 分选打包系统

4.2.1 系统设备

（1）电子汽车衡。DCS-K电子汽车衡主要由称重传感器、秤台、框架及拉杆限位、称重仪表和接线盒等零部件组成。

（2）板式输送链。垃圾经称重后，汽车将垃圾送至卸料间，直接倒入板式输送链上。此输送链全部由金属组成，抗冲击性好、耐腐蚀，维修工作量小、使用寿命长。

……

4.2.2 分选打包系统生产规模及工作制度

（1）生产规模：日处理原生垃圾1 500吨/日。其中，打包量占80%，为1 200吨/日，其余大部分为压滤液。

（2）工作制度：垃圾分选车间工作制度为每年工作330天，每天两班生产，每班8小时。

4.2.3 分选打包系统的劳动定员

根据分选系统的设备配置情况，分选系统（两条线）设置14个岗位（包括地磅房1人，装载机2人，设备操作工2人，大件分选工2人，塑料分选4人，装车运输3人），两班生产28人。

4.2.4 分选打包系统的投资估算

分选车间设备及安装工程投资估算、分选打包车间土建投资估算如表3、表4（略）

所示。

表3 分选车间设备及安装工程投资估算表

序号	项目	设备及安装费/万元	备注
1	称重计量系统	22	
2	输送筛分系统		
3	金属、塑料分选系统		
4	垃圾打包机		
5	垃圾打包机板式链		
	合计		

4.3 卫生填埋场
4.3.1 填埋场地与处理规模
4.3.1.1 填埋场地

本垃圾综合处理厂建设用地面积33.35万 m^2，其中填埋区占地面积约31.2万 m^2。填埋区位于原填埋库区的北侧，综合处理厂占地2.15万 m^2，建、构筑物面积为7 700 m^2，与填埋区地面高程相当。

4.3.1.2 处理规模和服务对象

根据建设单位提供的现状垃圾产生量并考虑将来垃圾量的增长，根据前面所确定的综合处理工艺，确定该填埋区的处理规模为1 200吨/日。

本填埋场除作为应急措施外，原则上不接受原生垃圾和其他类型垃圾，特别是危险废弃物。

4.3.2 填埋场容积及使用年限
4.3.2.1 填埋场容积

为保持垃圾堆体的稳定性，应在库区边缘下挖5米，其作用是形成填埋库容。

垃圾堆体在高度每隔6米处设置马道平台，马道平台宽为3米。马道平台之间的坡度为1∶3。

……

4.3.2.2 使用年限

（1）垃圾容重。根据××生活垃圾物理成分分析，生活垃圾初始含水率为43.95%……，计算得到每年需要的库容为36.5万 m^3。

（2）覆盖土量。对于卫生填埋场，填埋工艺要求填埋垃圾要及时覆盖，每日垃圾进行日覆盖，当填埋垃圾达到一定高度后由于暴露时间较长，需进行中间覆盖，垃圾填埋终场后要进行最终覆盖。

（3）使用年限。填埋场日处理垃圾1 500吨，其中80%用于填埋，年填埋量为43.8万吨，所需填埋场库容为872万 m^3。采用高密度包填埋与传统填埋运行方式的工艺和寿命比较如表5所示（略）……，采用打包填埋技术填埋场建设规模减小了20%，而使用寿命却延长至23年。

4.3.3 场地整治与分区工程

本填埋库区为平地,因此在防渗工程施工前需对场地进行整平、治理。整平治理工程主要包括清除表面杂草及积水……第二、三期库容均为260万 m^3,可继续使用23年。

4.3.4 地下水导排工程

地下水导排工程的作用是在填埋场使用过程中和终场后,将通过边坡和地下渗透进入填埋区的地下水安全排出场外,以保证填埋基底的稳定性。

……

4.3.5 场区雨水导排工程

4.3.5.1 设计说明

根据实际情况,本垃圾填埋区场外汇水面积很小,考虑在填埋区的边界外设排水沟,用来导排场外往场内径流的雨水,排水沟与场内排水系统相接。

……

4.3.5.2 防洪标准

根据《城市生活垃圾卫生填埋处理工程项目建设标准》,根据Ⅰ级Ⅱ类考虑,本填埋场防洪标准为:按50年一遇洪水设计,100年一遇洪水校核。

4.3.6 场区防渗工程

防渗工程是垃圾卫生填埋场工程的核心部分,卫生填埋场的防渗处理包括水平防渗和垂直防渗两种方式。根据场址的地质情况,本场址不具备天然防渗的条件,因此必须采取人工防渗的方式进行防渗。由于场地是非独立的水文地质单元,无法进行垂直防渗,因此本填埋场必须采用水平防渗方式。

……

4.3.7 渗沥液导排工程

由于坑边坡较陡,有利于渗沥液汇集,只在场底部铺设碎石导流层(导流层厚度为300 mm)和渗沥液收集盲沟……

4.3.8 填埋气体导排系统

填埋场内垃圾厌氧发酵产生大量气体,其主要成分为甲烷和二氧化碳……,由于本填埋库区的容积较小,另外本填埋库区所接受的不是原生垃圾,因此产生的气体量将很小,所以本填埋气体导排系统仅将气体导出排空。

4.3.8.1 垂直气井场底设置

沿着主盲沟的纵方向设置导气石笼垂直气井,其位于支盲沟和主盲沟的交点上……,整个场底共设导气石笼64座。

4.3.8.2 垂直气井导渗

垂直气井是渗沥液导排的重要渠道,在场底铺设的渗沥液主盲沟及在场底的支盲沟的作用是将垃圾所产生的渗沥液导排到集液井……

4.3.9 填埋作业主要机械设备

垃圾卫生填埋是专业性很强的作业过程,除采用通用机械完成挖土、运土、铺土、推土、碾压和夯实等一般性土方工程作业外,还需根据垃圾的组成、强度及外形等特性,以及垃圾场处理规模等因素,选用一些专用机械、机具。填埋作业的主要机械设备如表6

所示。

表6 填埋工程主要设备表

序号	设备名称	规格 型号	单位	数量	备注
1	码垛机		台	3	
2	履带式推土机	220	台	3	
3	自卸卡车		辆	5	
4	装载机	ZL40型	台	2	
5	消毒车		辆	1	

本工程主要根据《城市生活垃圾卫生填埋处理工程建设标准》进行本工程填埋作业机械的选择。

4.3.10 填埋工艺

本垃圾填埋库区工程以实行分区分单元填埋为前提,然后再考虑分层的填埋作业。根据本填埋库区实际地形情况,填埋场整平后场底面积较大,分单元填埋作业的每个填埋子单元按照一次可运行两个星期考虑填埋作业机械工作情况和性能指标。

……

4.3.11 终场覆盖

填埋作业达到设计高度后,应在其顶面进行终场覆盖,目的是便于最终利用,并减少雨水渗入量。终场覆盖层由两部分构成。

……

4.3.12 渗沥液处理

本卫生填埋场的渗沥液主要来自大气降水和垃圾自身降解,受季节影响水质水量大幅度、急剧变化是垃圾场渗沥液的主要特性。同时,还有大量细菌、病原菌和一些有毒有害物质产生。

根据征地条件,并从本工程实际出发,提出以下渗沥液解决方案。

本处理厂内不单设置渗沥液处理设施……

4.3.13 填埋场生产规模及工作制度

(1)生产规模:1 200吨/日。

(2)工作制度:垃圾填埋场工作制度为每年工作330天,每天单班生产,每班8小时。

4.3.14 填埋场的劳动定员

根据填埋场的设备配置情况,设置6个司机岗位,一班生产人员6人。因连续作业工作制,操作工定员为6×1.5=9人,管理人员1人,共10人。

4.3.15 主要工程量及投资估算

表7为填埋库区主要工程量及土建投资估算表。(略)

表8为填埋库区主要设备及安装工程投资估算表。(略)

5 总图与辅助工程

5.1 总图

5.1.1 厂址概述

××市垃圾无害化处理厂位于××××境内，距市区30公里，厂区占地500亩。交通比较便利，道路情况良好，厂外现有一条6米宽的区级道路。厂址距公路较近，便于运输。

5.1.2 总平面布置原则

在具体布置时，根据生产工艺、运输、防火、环境保护、劳动卫生、施工和生活等方面的要求……，为彻底改变人们对垃圾处理厂脏、乱、臭的不良印象，在总平面布局上，布置了一定的绿化带，绿化带采用不同的树种和花卉，把厂区建成花园式的工厂。

5.1.3 总图布置

填埋场一期工程的填埋区面积为 $158\ 700\ m^2$。总体厂区设计中，在填埋场和处理车间之间采用绿化带隔开，以削弱废气对工作厂区的空气污染，并在厂区中见缝插针的布置绿化带，使厂区有一个优美的工作环境。

5.2 运输及道路

5.2.1 运输

××市生活垃圾综合处理厂内部运输采用汽车和皮带两种运输方式。

5.2.2 道路设计

根据总体布置，××市生活垃圾综合处理厂道路与厂外西边一条区级道路相连接，分为生产性进出口和管理性进出口……，整个厂区道路长度为1 931米。

5.3 主要建（构）筑物情况

5.3.1 建筑物一览表

表9为建筑物一览表。（略）

5.3.2 建筑装修

大门采用电动提升门，其余外门窗为铝合金……

5.3.3 卫生设施

卫生间服务半径为50米，并在综合楼设有淋浴间。

5.4 给排水

5.4.1 给水

(1) 水源。××市生活垃圾综合处理厂的生产、生活、消防用水均来自地下水。

(2) 用水量的确定。本工程的总用水量根据生产、生活、消防及不可预见水量确定为：生产用水量约为160吨/日；浇洒绿地、路面用水量约为2吨/日；生活用水量约为18吨/日。

5.4.2 排水

生产污水用泵输送入填埋场的污水调节池，生活污水经化粪池消化后，进入一出水井，之后用吸污车送至污水处理厂。

5.5 电气工程

5.5.1 设计范围

(1) 生产车间。分选打包车间的动力及照明。

(2) 辅助设施。综合楼、机修车间、地磅房、汽车库、路灯等的动力及照明。

5.5.2 全厂供电电源选择

(1) 外部电源。本工程用电设备额定电压等级均为380/220 V。根据现场周围实际条件，从附近的 10 kV 线路引架空线至厂变电所，经变电所降压后再配给各车间用电设备。

（2）供配电系统。厂变电站与用电量最大的分选打包车间配电室合建，再放射式配给分选车间配电室、分选打包车间配电室和其他辅助设施。各车间配电室之间设低压联络线。

5.5.3 负荷等级

消防设备、打包系统为二级负荷，需有两路独立的外电源，以保证停电时可迅速恢复供电，需请甲方予以确认。全厂设备总装机功率为 940 kW，其中分选车间为 750 kW，地磅房、锅炉、卸料车间、机修车间照明等合计为 190 kW。

5.5.4 供配电方案及无功补偿

本工程用电设备均为低压 380/220 V，50 Hz，三相五线制，接地形式采用 TN-S 制，各车间电源电缆入户处须作重复接地。无功补偿采用在厂区变电站变压器低压侧用补偿电容器进行集中补偿，使功率因数 $\cos\varphi \geq 0.9$。

5.5.5 主要设备选型

厂内主要电气设备选型如表 10 所示。（略）

5.5.6 继电保护

380/220 V 设备设过电流保护、电流速断保护、过负荷保护和单相接地故障报警。

5.5.7 防雷与接地

分选打包车间厂房等建（构）筑物设避雷器及接地装置。烟囱单独做防雷接地，防雷保护的接地装置冲击电阻不大于 10 Ω。

5.5.8 线路铺设

厂区内 380/220 V 低压线路采用 YJV22-1 kV 和 VV-1 kV 电缆，电缆槽铺设，车间内为直埋或电缆桥架铺设，必要时须穿钢管保护，控制电缆与动力电缆分槽或上下层铺设。

5.5.9 照明部分

道路照明采用高压钠灯或高压汞灯，室内照明为荧光灯和白炽灯，室外休闲处选用庭院灯。

5.6 仪表及自控设计

5.6.1 概述

本次设计范围包括分选系统、卸料系统和公用系统。在本设计中，充分考虑了垃圾处理工艺的特点，选用质量可靠、技术先进、性能稳定的电子检测仪表和分布式集散控制系统 DCS。

5.6.2 控制方式

（1）工程设计要求。控制系统采用目前国内外垃圾处理厂广泛采用并取得良好效果的集散型控制系统 DCS……，考虑到该综合处理厂有关管理部门可能访问本系统，了解有关数据，本系统留有通信接口，具有向上通信能力。并考虑到今后生产系统的扩建，本系统留有扩展余地。

（2）控制系统的构成及功能。垃圾综合处理厂的控制系统构成如下。

第一级：就地控制（现场电气控制柜）。

第二级：过程控制（主控单元或各 PLC 分控站）。

……

（3）过程控制站。过程控制站位于分选车间控制室内，负责分选车间内设备状态量的采集、显示与联锁控制。

5.6.3　主要测控项目

（1）分选车间各过程设备的状态量。

（2）卸料车间整个垃圾卸料大厅及垃圾上料过程。

5.6.4　系统供电与电缆铺设

中央控制室电源由厂变电所直接供给不停电电源 UPS，并由 UPS 给 DCS 系统供电。PLC 子站的电源由相应的配电柜提供，也通过 UPS 得到……

5.6.5　综合处理厂自控与仪表设备选型

综合处理厂自控与仪表设备选型如表 11 所示。（略）

5.7　消防

消防给水为环状管网。厂区消防栓布置距离不大于 120 米，消防保护半径不大于 150 米。主厂房内设室内消火栓。

……

5.8　暖通

5.8.1　采暖

综合楼及各车间的冬季采暖设有采暖锅炉。

5.8.2　通风

（1）主要生产车间的通风。分选车间采用机械通风，以保证主要生产车间的正常通风换气。

（2）电气设备通风。电工测量仪表室、热工仪表维修室等辅助用室均设吊扇通风降温。

……

5.9　总图与辅助工程的投资估算

表 12 为土建投资估算表。（略）

表 13 为设备及安装工程投资估算表。（略）

5.10　其他费用的投资估算

表 14 为其他费用投资估算表。（略）

6　企业组织与劳动定员

6.1　企业生产组织系统

本垃圾综合处理厂实行厂长负责制，由综合处理车间、填埋场、生产技术科、环境监测室、检修、行政及后勤组成。

6.2　工作制度及劳动定员

6.2.1　工作制度

综合处理车间实行两班制，填埋场实行一班制，全年生产天数为 365 天。每班工作时间为 8 小时，实行国家法定休息日。

6.2.2　劳动定员

垃圾综合处理厂投入运营后，需配备工作人员 97 人，主要安排在垃圾综合处理车间、

填埋场和生活管理区，人员具体分工如表15所示。（略）

6.3 人员培训

6.3.1 人员培训要求

在垃圾综合处理厂设备安装调试及试运行阶段需要聘请技术专家咨询指导，并对有关管理人员和技术工人进行技术培训。

6.3.2 人员培训计划

垃圾综合处理厂的管理和技术人员，在试运行前到国内垃圾处理较好的城市参观、考察和学习。技术考察时间1~2周，生产工人培训学习时间1个月左右。

7 项目实施计划及进度安排

7.1 项目实施

工程实行业主负责制。由业主委托设计，筹措建设资金，组织项目的招、投标工作，执行国内合同法有关要求，并组织施工及生产。

7.2 项目招投标

项目的招标、投标应符合《中华人民共和国招标投标法》有关要求。

7.2.1 标段划分

××生活垃圾综合处理厂的设备选购、工程施工分阶段招标，其余各项任务均一次招标。

7.2.2 招标方式

建议公开招标。

7.2.3 专家库和评标委员会

（1）专家库。专家库包括中国城市环卫协会专家委员……

（2）评标委员会。评标委员会由招标单位代表和有关技术经济方面专家7人组成，其中技术经济方面专家不少于评标委员会总人数的三分之二。

7.2.4 招标信息发布及程序

按《中华人民共和国招标投标法》组织招标、投标工作及各项程序。

7.2.5 投标单位条件

投标单位（个人）应符合《中华人民共和国招标投标法》第三章有关条款的要求。

7.3 工程建设进度

本工程严格按照国家有关建设项目程序进行，可行性研究报告批复后，项目建设单位应积极进行技术交流和准备工作，及时开展工程初步设计工作，本可行性研究报告列出项目实施初步计划安排，供有关单位参阅，最终实施计划将由项目执行单位根据工程进度要求确定。工程进度计划如表16所示（略）。

8 投资估算

8.1 编制范围及依据

投资估算编制范围包括垃圾分选打包车间、填埋场、管理公用设施及相关配套设施。

参照国内同类工程技术经济指标及××市的有关费率，估算各项工程造价。其主要依据《市政工程可行性研究投资估算编制办法》。

8.2 有关说明

(1) 本项目为城市垃圾处理工程,是社会公益事业,固定资产投资方向调节税率为零……

8.3 投资估算与资金筹措

××市垃圾综合处理厂的综合处理车间设计规模为1 500吨/日,卫生填埋场的设计容积为870万 m^3,垃圾填埋量按平均1 200吨/日计算,填埋场使用年限约为20年。

全部采用自有资金时,项目总投资为××××万元,本项目也可以采取企业自有资金和银行贷款相结合的方式筹措建设资金……

8.4 投资使用计划

本项目计划于××年×月开工,填埋场分三期建设,垃圾综合处理车间、填埋场一期工程、管理公用设施及相关配套设施的建设,建设投资预计为××××万元,运行期的第八、十五年完成填埋场二、三期工程建设,建设投资预计为××万元。

运行期的更新改造投资总和按照设备购置费的50%作为费用流量,单独列项计入运行期第十年的固定资产投资项中。

表17为垃圾处理厂总投资估算表。(略)

表18为分选车间设备及安装工程投资估算表。(略)

表19为分选打包车间土建投资估算表。(略)

……

9 财务与经济分析

9.1 工程概况

××市生活垃圾综合处理厂设计处理方为1 500吨/日,年运行330日,年处理量为50万吨。填埋场使用年限约为20年。

9.2 财务评价基本数据及依据

根据国家发展计划委员会、建设部颁发的《建设项目经济评价方法与参数》(第二版),以及国家颁布的新的财税制度和市场价格体系,估算项目的成本和效益,分析项目整体财务状况和抗风险能力。

9.2.1 项目财务评价计算期

本项目财务分析计算按21年计,其中包括建设期1年,经营期20年。

9.2.2 项目总投资

项目总投资由固定资产投资、固定资产投资方向调节税、建设期借款利息和流动资金组成,共计××××万元。

9.2.3 资金来源及使用计划

本项目为BOT项目,工程建设过程中的全部资金由企业自筹。流动资金总额按同类企业的扩大指标估算,以年经营成本的1/6计列,约为××××万元。

资金来源及使用计划详见附表。(略)

9.2.4 生产经营成本

(1) 垃圾分选打包运行成本估算。(略)

(2) 填埋处理运行费用估算。(略)

9.2.5 收入估算

本工程营业收入主要来自政府补贴的垃圾处理费及废塑料、金属的销售收入……

9.2.6 税金

营业税：税率3%；城市建设维护税：税率5%……

9.2.7 贷款偿还

本项目融资方案若采用银行贷款××××万元，贷款还本付息则采用等额本金法。

9.2.8 利润预测

本项目损益计算见附表。（略）盈余公积金按利润的10%计算。运行期年平均利润总额为××××万元。

其评价指标如下。

投资利润率为8.6%，投资利税率为10.5%。

投资利润率为6.46%，投资利税率为14.6%。（方案2：银行贷款×××万元）

9.3 财务评价

财务费用效益分析基本报表详见附表。（略）

9.3.1 财务盈利能力分析

通过全部投资现金流量分析如下。

财务盈利情况	所得税后	所得税前
财务内部收益率（FIRR）	8.05%	11.9%
财务净现值（FNPV, $i=6\%$）	11.35万元	6 509.46万元
财务净现值（FNPV, $i=8\%$）	423.26万元	2 695.96万元
投资静态回收期（含建设期）	9.97年	8.48年

以上指标表明，在按66元/吨给予生活垃圾处理补贴或收取生活垃圾处理费的条件下，本项目将具有财务上的生存能力。项目的财务内部收益率均大于行业基准收益率（8%），财务净现值大于零，说明项目在财务上是可以考虑接受的。

9.3.2 项目清偿能力

本项目偿还贷款的资金来源于折旧、摊销和税后利润。本项目计算期末累计盈余资金为××××万元。可以看出，本项目具有一定的偿债能力。

9.4 不确定性分析

9.4.1 盈亏平衡分析

按垃圾处理量来进行盈亏平衡分析，可得全部投资时BEP≈57.3%；自有资金投入时BEP≈71.3%。说明日处理量达到现有设计规模的57.3%和71.3%时，企业即可保本，获得盈亏平衡。由此可见，项目有一定的抗风险能力。

9.4.2 敏感性分析

本项目对工程建设投资、经营成本、垃圾转运处理补贴标准作敏感性分析如下。

分析项目	变化率	全部投资财务内部收益率/%（所得税后）
建设投资	+10%	5.54
	−10%	10.33
经营成本	+10%	6.92
	−10%	9.04
垃圾处理补贴费	+10%	10.64
	−10%	4.26

图 1 为敏感性分析图。（略）

9.5　评价结论

本项目处理原生垃圾的总成本为 43.98 元/吨，经营成本为 22.11 元/吨。在按 66 元/吨收取垃圾处理费的情况下，本项目全部投资内部收益率为 8.05%，全部投资财务净现值为 423.26 万元，投资回收期为 9.97 年，能够满足银行的还款要求。

本项目达到行业财务基准收益率 8%，具有财务上的生存能力，能回收全部投资并保持正常运行。从财务评价的角度分析该项目可行。从敏感性分析看，本项目经济评价结论为可行，但抗风险能力较弱。

从国民经济角度看，本项目的实施，对改善××市的垃圾处理状况有明显促进作用，有利于环境质量的提高，并可由此推动社会各项事业的发展，具有巨大的环境效益和社会效益。

因此，通过对本项目的综合评价，本项目是可行的。

10　结论与建议

10.1　结论

（1）××市垃圾综合处理厂的综合处理车间设计规模为 1 500 吨/日，卫生填埋场的设计容积为 870 万 m^3，垃圾填埋量按平均 1 200 吨/日计算，填埋场使用年限约为 20 年。

（2）本项目采用垃圾分选打包综合处理加高密度打包卫生填埋技术，具有投资省、占地面积小、运行费用低、环保效益好的综合优点。

（3）本项目总投资为××××万元。该项目计划于××××年×月开工，填埋场分三期建设……

（4）自有资金内部收益率为 15.3%；垃圾处理补贴费为 56 元/吨；自有资金内部收益率为 10.57%。

……

本项目为××市垃圾无害化处理厂的扩建项目，建成后政府对其依赖性高，具有一定的自然垄断性，能够保证有足够的垃圾来源及其处理补贴，大大降低了项目风险。

10.2　问题和建议

（1）城市生活垃圾处理是社会公益事业，处理标准提高，处理成本就会增加。

（2）在其他因素不变的情况下，垃圾处理补贴费和建设投资对财务内部收益率（FIRR）是最敏感因素。运行期内政府的补贴能否足额到位，对项目能否盈利和收回投资影响非常大。

......
11 财务附表（略）

八、项目计划书

（一）项目计划书简介

项目计划是项目组织根据项目规定的目标，对项目实施进行的各项活动做出的周密安排。项目计划围绕项目目标的完成，系统地确定项目的任务，安排任务进度，编制完成任务所需的资源预算等，从而保证项目能够在合理的工期内，以尽可能低的成本和尽可能高的质量完成。

项目计划书即是项目计划的文字表述。

（二）项目计划书的内容构成

每个项目计划书的格式和内容不尽相同，但主要应包括以下方面的内容。

1. 大纲或摘要

大纲或摘要的主要内容是简要概括项目计划书的所有主要内容，帮助阅读计划的人在了解所有内容细节之前先了解主要内容和结构。该部分具体包括项目目标、项目组织、项目工作时间规划、需要资源及预算、主要风险的评估等内容。

2. 工作计划

工作计划的主要内容是说明采取什么方法组织实施项目，研究如何最佳地利用资源，用尽可能少的资源获取最佳效益。具体内容则包含项目工作细则、工作检查及相应措施等。

3. 质量与管理

质量与管理部分主要是对项目工作与服务、专门的质量措施、项目资源和活动顺序等内容进行规定。

质量工作计划的主要内容如下。

（1）实现的质量目标。

（2）应承担的工作项目、要求、责任，以及完成的时间等。

（3）在计划期内应达到的质量指标和用户质量要求。

4. 资源与设备

资源与设备的主要内容是说明项目需要的资源与设备，包括资金、人员与服务，不仅要表明资源的总需要量，还要说明各个时段的分配量。

（1）所需资源与设备名称和数量的清单。

（2）得到资源与设备需要的时间。

（3）设备必需的设计、制造和验收等时间。

（4）资源与设备进货来源。

可制定出一个包括选货、订货、运货、验收检验等过程的程序与日程安排表。

5. 组织与人事

组织与人事的主要内容是说明项目组织的结构与不同项目参与人的责任，不仅包括承包方人员的责任，还包括分包商的员工及客户组织派驻参与项目的员工的责任。其表达形式主要有框图式、职责分工说明式和混合式3种。

6. 潜在问题分析

（1）确定对项目的成功有影响的潜在问题。

（2）明确最先可能发生的潜在问题并选出需要进一步考察的问题。

（3）明确可能引起潜在问题的原因。

（4）确定能够避免或减少潜在问题发生的预防措施，并选出最有效的预防措施加以实施。

（5）确定能够最大限度减少潜在问题影响的应急措施，以及获得能够采取应急行动的信息。

（6）结合潜在问题分析结果，修改项目计划。

7. 潜在机会分析

（1）发现促使项目成功的潜在机会。

（2）明确最可能发生的潜在机会并选出需要进一步考察的机会。

（3）明确可能引起潜在机会的原因。

（4）确定能够引起潜在机会发生的促进措施，并选出最有效的促进措施加以实施。

（5）确定能够使潜在机会的影响最大化的开拓措施，以及获得采取开拓行动的信息。

（6）结合潜在机会分析结果修改项目计划。

8. 财务计划

财务计划的主要内容是说明需要何种预算细则、核算哪些成本、进行哪些对比、用何种技术方法收集和处理信息，以及如何及时检查和采取解救措施等。

财务计划的主要内容之一是成本控制计划。成本控制过程如图7-1所示。

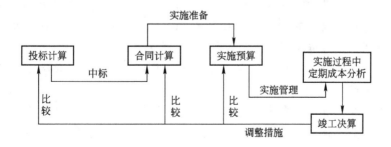

图 7-1　成本控制过程示意图

9. 应急计划

应急计划的主要内容是说明为应对项目实施过程中出现的意外，在工期和预算方面预留的空间。

10. 进度报告计划

进度报告计划包括进度计划、进度控制计划和状态报告计划。

在进度控制计划中，要确定应该监督哪些工作、何时监督、谁去监督、用什么样的方法收集和处理信息、怎样按时检查工作进展和采取何种调整措施，并把这些控制工作所需的时间和物资、技术资源等列入项目总计划中。

状态报告计划必须明确谁负责编写报告、向谁报告、报告的内容和报告所需信息涉及面的大小程度。要求简明扼要、表达清楚。

11. 支持计划

项目管理有众多的支持手段，需要有软件支持、培训支持和行政支持，还有项目考评、文件批准或签署、系统测试、安装等支持方式。

（1）软件支持计划。软件支持是使用自动化工具处理项目管理的各种资料数据，用于计划情况模拟研究及起草内容充实的报告等。

（2）培训支持计划。培训支持是把机构的项目管理方法教给有兴趣的学员。

（3）行政支持计划。行政支持是给项目主管和项目组的职能经理们配备合格的助手，目的是收集、处理及传达项目管理的有关信息。

（三）项目计划书参考范例

范例

××项目计划书

第一部分　对项目的认识与分析

一、项目背景

本项目的最终形成具有比较特别的背景。去年十月，本公司几位领导携××公司国内主板上市全套申报材料进京，慕名拜会公司总裁，希望在已被国家证监会将申报材料打回一次、拒绝接受重新申报的情况下，能通过我公司总裁的社会关系再次将材料递送上去。经过一个多月时间的多方努力，我公司认为在目前大形势下无法从非正常途径满足对方这一要求，只能将材料退回。

为表示公司对企业负责的态度，我们以商函的形式将所了解的情况给对方作了正式答复，同时依据我们对此事的理解提出了几条专业性分析意见（附件一）。（略）

二、项目特点

（略）

三、项目意义

（略）

四、项目操作

1. 从协议书内容看,公司应提供的专业服务主要有5个方面。(略)
2. 为保证项目服务效果,在项目操作过程中拟注意以下重点。(略)

第二部分　项目小组成员与分工

鉴于本项目的重要性和操作难度,拟请公司总裁亲自主抓,尤其是发挥其行业内知名专家和拥有海内外人脉资源的优势,直接指导项目的进行。

一、项目小组组成

杨×,郭×,岳×,吴×,王×(郑州财务公司代表)

二、项目小组分工

1. 杨×,项目负责人(组长)。主要工作分工如下。
(1) 整个项目内外协调与调度,项目进度和效果监控,代表公司对外表态。
(2) 选择券商的联络工作及上市操作过程中的商务环节与公关配合。
(3) 所有项目文本资料的复核、签发。
(4) 代表项目小组进行与公司配合工作的协调。
2. 岳×(略)
3. 吴×(略)
4. 郭×(略)
5. 王×(略)

说明:以上项目小组成员分工不是绝对的,在项目操作过程中可根据项目需要随时进行调整,分工不分家,以顺利完成项目内容为共同目标。

第三部分　项目实施进程安排

一、确定项目实施计划(20××/2/6)

1. 项目小组讨论、修改本项目实施工作计划,形成报审稿(20××/2/5)。
2. 将工作计划报总裁审定(20××/2/6)。
3. 向项目小组下发工作计划,批准项目小组组建(20××/2/6)。

二、项目小组前期准备与第一次进场预备工作(20××/2/10)

1. 根据项目实施计划分工,小组各成员分别拟订个人工作计划报项目负责人,汇总审核后返回(20××/2/7)。
2. 拟订第一次进场工作计划,包括总裁专题演讲之主题(20××/2/8)。
3. 拟定进场前需请企业配合准备的事项,包括行程安排、进场人数、食宿要求、资料清单、人员配合、工作条件等,正式发至企业(20××/2/8)。
4. 总裁主持召开项目启动会,全体项目经理参加,由项目负责人报告项目准备情况与项目实施计划,项目小组与公司签订《项目责任书》(20××/2/10)。

三、第一次进驻目标企业(20××/2/15)

1. 按计划开展和完成目标企业第一阶段诊断工作。
2. 在河南省证券业务主管部门范围内进行目标企业主板上市尽职调查。

四、第一次项目研讨会（20××/2/26）
1. 汇总研究诊断情况，讨论确定诊断报告框架和大纲。
2. 讨论确定下一阶段工作内容，特别是对券商的选择条件。
3. 从2月份起，每月月底向目标企业提供专项信息服务。

五、项目第一阶段报告（20××/3/15）
1. 完成目标企业诊断报告，经总裁审定后发至企业。
2. 此时间内同步进行券商选择工作，在提交初期报告的同时重新为企业确定主承销商，签订主承销协议。

六、主板上市与企业战略发展规划（20××/4/15）
1. 与主承销商共同制定企业重新申报上市的辅导进程表。
2. 与主承销商一起第二次进驻企业，调整制定目标企业以主板上市为核心任务的新的企业战略发展规划。
3. 与目标企业研究确定内训方案。

七、项目第二阶段报告（20××/5/30）
1. 召开第二次项目研讨会，研究确定第二阶段报告撰写提纲。
2. 根据目标企业对第二阶段报告的确认情况，制订下阶段工作计划。

八、项目持续服务工作（20××/12/31）
1. 根据企业战略发展规划，协助其逐项实施。
2. 在资本运作、资源配置、产品研发等方面提供具体的专业服务。
3. 协助实施目标企业内部股份制改造。
4. 配合券商工作，力促目标企业有效推进主板上市。

九、项目总结会（20××/12/31）

第四部分　预期项目成果描述

一、文本性成果
1.《河南××集团有限公司暨河南××公司股份有限公司企业诊断报告》。
2.《河南××集团有限公司暨河南××公司股份有限公司战略发展规划》。
3.《河南××集团有限公司现代企业制度重整与内部股份制改造建议案》。
4.《河南××集团有限公司暨河南××公司股份有限公司专业信息汇编》。
5. 其他关联性文本（商业计划书、可行性论证报告等）。

二、技术性成果
1. 目标企业内外战略资源重新配置与组合。
2. 目标企业现代企业制度重整。
3. 目标企业海外研发基地建立。
4. 目标企业新产品开发与经营。

三、战略性成果
1. 目标企业国内主板上市获准。
2. 目标企业其他资本运作实施。

3. 目标企业高科技项目整合。

第五部分 项目费用预算与财务计划

一、项目收入

根据项目协议书，本项目收益分两部分：① 直接顾问费用人民币80万元；② 融资佣金（上市所募资金总额的0.5%～0.8%）。此外，如果操作得当，还可能有一笔另外的内训收入，在此暂不计入。其收入分析如下。

1. 完全有把握到位的服务费为40万元，相应的服务是完成企业诊断报告和战略发展规划，与券商签订主承销协议。
2. 比较有把握到位的服务费为20万元，相应的服务是国家证监会重新接受申报材料。
3. 到位困难大的服务费为20万元，相应的服务是国家证监会正式核准上市。
4. 融资佣金与上述第三笔服务费是连为一体的，如果收到了第三笔服务费，则融资佣金的收取只是时间早晚的问题。

二、业务提成

1. 顾问费部分

(1) 前期工作（揽单）业务提成：按公司《项目管理制度》规定（下同），本项目揽单提成为 $8\% \times 80 = 6.4$ 万元。

(2) 项目小组业务提成：$18\% \times 80 = 14.4$ 万元。

2. 融资佣金部分（其中 x 为实际到位佣金总额）

(1) 前期工作（揽单）业务提成：$10\% \times x$。

(2) 项目小组业务提成：$20\% \times x$。

三、直接支出

1. 外围调研费用（信息收集、资料查询等）：0.5万元。
2. 纸张、耗材、额外通信费等：0.5万元。
3. 对外业务奖励费用（郑州财务公司）：1万元。
4. 上市公关费用（业务招待费等）：3万元。

四、税金

1. 顾问费部分：$5.5\% \times 80 = 4.4$ 万元。
2. 融资佣金部分：$5.5\% \times x$。

五、公司税后收入预计

1. 顾问费部分：$80 - 6.4 - 14.4 - 5 - 4.4 = 49.8$ 万元。
2. 融资佣金部分：$64.5\% \times x$。

第六部分 对公司配合项目实施工作的要求

1. 公司总裁对本项目予以足够重视，投入相应的精力直接指导项目小组工作，同时充分调动其人脉资源关系为项目服务，尤其是目标企业建立海外研发基地和公司其他在本项目中可以配置和组合的战略资源（项目、企业、产品等）。

2. 从项目启动开始即按公司已正式颁布的《项目管理制度》和公司与项目小组签订的

《项目责任书》落实各项业务提成。

3. 公司其他项目经理在信息资源上予以支持和配合。

4. 公司保证有效的后勤服务和良好的人文工作气氛与环境。

附件一：我公司致××财务公司的咨询意见（略）。

附件二：××财务公司并××股份公司传真意见（略）。

九、项目后评价报告

（一）项目后评价报告简介

项目后评价是指在项目已经完成并运行一段时间后，对项目的目的、执行过程、效益、作用和影响进行系统的、客观的分析与总结，其目的是确定项目预期目标是否达到，主要效益指标是否实现，查找项目成败的原因，总结经验教训，及时有效反馈信息，从而提高未来新项目的管理水平。项目后评价最终形成的确定性书面文件即为项目后评价报告。

（二）项目后评价报告的内容构成

项目后评价报告一般由报告摘要、项目概况、项目实施过程的总结与评价、项目效果和效益评价、项目环境和社会效益评价、项目目标和可持续性评价、项目后评价结论和主要经验教训、对策建议等8部分组成。

1. 报告摘要

报告摘要是对报告的概括性提炼。

2. 项目概况

（1）项目情况简述。概要介绍项目建设地点、项目业主、项目性质、特点，以及项目开工和竣工时间。

（2）项目决策要点。这主要包括项目建设的必要性、决策目标和目的等。

（3）项目主要建设内容。这主要包括生产能力设计和实际建成生产能力。

（4）项目实施进度。这主要包括项目周期各个阶段的起止时间、时间进度表、建设工期。

（5）项目总投资。这主要包括项目立项决策批复投资、初步设计批复概算及调整概算、竣工决算投资和实际完成投资情况。

（6）项目资金来源及到位情况。

（7）项目运行及效益现状。这主要包括项目运行现状、生产能力实现状况、项目财务经济效益情况等。

3. 项目实施过程的总结与评价

（1）项目前期决策总结与评价。其包括项目立项的依据、项目决策过程和程序、项目评估和可研报告批复的主要意见等。

（2）项目实施准备工作与评价。其包括项目勘察、设计、开工准备、采购招标、征地拆迁和资金筹措等情况和程序。

（3）项目建设实施总结与评价。其包括项目合同执行与管理、工程建设进度、项目设计变更、项目投资控制、工程质量控制、工程监理和竣工验收等情况。

（4）项目运营情况与评价。其包括项目运营情况、项目设计能力实现情况、项目运营成本和财务状况、产品结构与市场情况的评价。

4. 项目效果和效益评价

（1）项目技术水平评价。对项目技术水平，如设备、工艺及辅助配套水平，国产化水平，技术经济性等内容的评价。

（2）项目经济效益评价。对项目资产及债务状况、项目经济效益情况、项目经济效益指标分析和经济效益变化的因素分析。

（3）项目经营管理评价。其主要评价项目管理机构设置、领导班子、管理体制及规章制度建设、经营管理策略及项目技术人员培训等情况。

5. 项目环境和社会效益评价

（1）项目的环境效益评价。这主要是分析评价项目环保达标情况、项目环保设施及制度的建设和执行情况、环境影响和生态保护措施情况。

（2）项目的社会效益评价。这主要是评估项目的建设实施对当地（宏观经济、区域经济、行业经济）发展的影响，对当地就业和人民生活水平提高的影响，对当地政府的财政收入和税收的影响。

6. 项目目标和可持续性评价

（1）项目目标评价。主要是项目的工程目标、技术目标、经济效益目标、影响目标（社会环境和宏观目标）。

（2）项目可持续性评价。主要是根据项目现状，结合国家的政策、资源条件和市场环境对项目的可持续性进行分析，预测产品的市场竞争力，从项目内部因素和外部条件等方面评价整个项目的持续发展能力。

7. 项目后评价结论和主要经验教训

（1）评价结论和存在的问题。通过综合分析评价之后，对项目的成功与否作出结论。成功主要体现在哪些方面，哪些经验需要进一步借鉴；失败主要问题出在哪里，具体什么原因，是决策的责任、执行的责任、技术的责任还是管理的责任，要认真分析，分类说明。

（2）主要经验教训。通过评价、分析，说明值得总结的经验与教训、认识和体会等。

8. 对策建议

（1）对项目和项目执行机构的建议。

（2）对企业今后投资项目的对策建议。

（三）项目后评价报告参考范例

范例

××××公司年产 20 万吨纯碱项目后评价报告

（一）报告摘要

××××公司年产 20 万吨纯碱项目是××省新建的重点项目，其作为我国华北地区唯一一家年产 20 万吨的中型纯碱生产企业，具有较强的市场竞争能力。该项目利用本地盐矿的资源优势，这对于解决北碱南调，降低产品成本，满足本地区经济高速发展的需要是非常重要的。因此，从这一点上看当初该项目立项的决策是正确的。

该项目的主要教训是：① 未能抓紧和把握好项目的上马时机，从前期准备到试车投产，历时 11 年半；② 投资结构不合理，建设期调概和竣工决算，股东投入的自有资金未能跟着调整，而项目建设又处在国家通胀最为严重时期，融资成本高。上述两项原因造成总投资由可研报告评估时的 4.7 亿元增加到 12.9 亿元，其中利息占 5.3 亿元，比可研报告评估增加了 4.7 亿元，项目受涨价因素影响增加了 2.1 亿元，利息增加与涨价因素引起的总投资变化约占总投资增加额 7.8 亿元的 87%。同时，造成每吨纯碱投资达到 6 471 元，大大高出全国其他大中型碱厂的每吨投资水平。再加上工程设计和管理上存在的问题，项目投入试运行后迟迟不能达产，截至××××年累计亏损 4.7 亿元（按后评价小组意见调整数）。

根据对项目从××××年开始以来 12 年经营情况预测，至××××年底，债务总额从××××年底的 14.8 亿元，增加到 68.5 亿元，全部投资的财务内部收益率（FIRR）为 0.4%（已扣除通胀因素），无法偿还债务，按照目前的经营状况是不可能做到可持续发展的。

本报告对该项目提出了若干解决措施和建议，并对资产、债务重组和经营承包机制，经过测算作出了多个方案的对比分析，为政府部门和该企业提供了可选择的方案和意见，为项目尽快摆脱困境，步入良性循环，力求找到一条较为切合实际和有利于项目进一步发展的总体思路。

（二）项目后评价报告

1. 项目概况

长期以来，华南地区经济虽活跃，但没有一家大中型纯碱生产企业，这主要是缺乏硝盐矿资源，其纯碱用量大多靠北碱南调解决，费用高，供应不及时。随着经济建设的发展，该地区对纯碱的需求越来越大。直到 1982 年在广州白云区发现了硝盐矿，使在该地区开发建设纯碱企业成为可能。

据此，在省市政府的支持下，拟建年产 20 万吨纯碱项目，并于××××年 12 月通过项目审批，××××年 1 月开始建设至××××年 2 月建成试生产，××××年底竣工验收，××××年正式投入生产。

项目批准建设内容为：新建装置有矿区建井工程、采输卤工程、厂区硝盐装置、纯碱装置等 16 个单项工程；辅助装置有机电、仪修、化验室、仓库等 7 个单项工程；公用设施有办公楼、车库、宿舍等5个工程。

前期评估确定的生产目标为年产纯碱20万吨、芒硝5.6万吨。

2. 项目实施过程的总结及评价

1）项目进度

该项目于××××年立项，可研报告经过4次修改，评估报告经过第二次补充修改后，于××××年完成评估，××××年1月开工建设，××××年3月进行了第二次调概，确定年产20万吨产品规模，××××年2月竣工试生产，××××年9月第三次调概，××××年达到年产20万吨纯碱设计规模。

2）实施过程的变化

建设期由××××—××××年底调整至××××—××××年；建设规模由最初年产15万吨预留方案，改为年产20万吨一次完成；总投资由初步设计的24 400万元几经调整，上升为竣工决算审计的129 412.65万元，其中建设期利息53 103.45万元；实际建设期为××××年至××××年12月，比预计延长2年，相应达产期由××××年推至××××年。

3）变化的原因及其影响

（1）建设期变化的原因及其影响。该项目从××××年立项到××××年达产，经历了长达13年时间，其中项目前期工作从××××年到××××年，用了6年时间，项目建设期从××××年到××××年底用了近6年时间，比原计划多用2年时间。其主要原因如下。

项目前期，当地政府重点向第三产业倾斜，工业投资不足，难以兼顾多个项目建设，加上部门扯皮现象严重，协调不力，资金未能及时到位，导致建设期延误。

市场研究不足，缺乏商机风险意识。对市场的前景调研、分析不够，没有充分考虑风险，在××××年市场供给大于需求的情况下继续进行原方案建设。

××××年，我国经济超常发展，通货膨胀达20%左右，该项目投入大增。项目在进行第二次调概时总投资由原47 125万元调升为78 442万元，增幅达66.46%，更增加了资金的紧张，造成建设期延长。

项目建设期延长不利于企业抢占市场，同时造成投资的大幅度增加，建设成本大增，给项目建成后的经营带来极大的困难。

（2）总投资变化原因及影响

项目投资变化情况见表1（略），投资变化的原因与增加额见表2（略）。

其中，建设期利息46 970万元，占总投资增加额的57.1%。价格上涨为21 333万元，占25.9%；两项合计68 303万元，占83%。这几项增加的主要原因是：①资本金少，贷款多；②贷款利率达15%以上；③开工期后推3年，建设期延长近3年；④设计概算漏项修改和建设规模扩大。

总投资的大幅度增加，大大增加了项目的建设成本，给企业运营增添了极大的负担。

（3）总成本的变化原因及影响

该项目单位总成本变化情况对比见表3（略）。

从表3可见，项目实际运行成本大大超过全国氨碱法平均成本，这主要是投资大幅度增加、贷款多、利息负担过重所造成的。项目实际成本的大幅度增加，直接影响项目的收益，削弱了企业的市场竞争力。

4）工程质量和管理

该项目采用国内较为先进、成熟的氨碱法生产工艺技术，达到国外20世纪80年代先进水平，其各项工程均达合格标准，但优良工程只有34项；项目虽选用国内较成熟的成套设备，但设备优良率仅为60%，且大部分为非主要生产设备，而较差的设备多为主要设备，如纯碱关键设备共33台，无1台优级设备，良级与差级设备各占50%之多，可见项目的工程质量不甚理想。

该项目实行董事会领导下的总经理负责制，并由广州市国投独自支撑，而市国投是金融机构，不善于企业的经营管理，给企业带来许多问题。首先，若按年产15万吨规模建设，其投资较少，建设期短，又可及早占领市场，然后可在考虑自身实力的基础上逐步发展，但却决定一次进行20万吨规模建设，自有资金又极为缺乏，大部分要贷款建设，加上原材料大幅度涨价，使企业背上了沉重的包袱；其次，在工程总包方面，受地方保护政策的影响，不择优选择施工单位，致使设备的等级较差，生产中"跑、冒、滴、漏"现象严重。由此可见，该项目建设中问题多、隐患大。

3. 项目效果和效益评价

1）工程投资和资金筹措情况

投资对比见表4（略），资金筹措对比见表5（略）。

从表4、表5中可见，项目总投资比评估时上升174.6%，除设备建材价格上涨因素外，造成投资膨胀的主要原因是建设期利息太高，上升了765.9%。从资金来说，自有资金以注册资金形式全部到位，但因投资猛增，贷款数额巨大，比评估时上升193.3%，其他资金数额上升了239%，造成投入过大、负担过重。现企业不得不将建设期利息53 103.45万元挂入"在建工程"科目待后处理。

2）财务状况分析

从企业现在财务状况看非常不理想，以下重点对××××年度和××××年度情况进行分析。

××××年度，企业资产总额140 732.43万元，其中流动资金21 385.89万元，占总额的15.2%；固定资产45 532.13万元，占32.4%；在建工程69 445.74万元（含利息53 103.45万元），占49.3%，其他资产占3.1%。从短期偿债能力来看，企业的速动比率仅为18.77%，而一般财务状况良好的企业速动比率应在100%以上。可见企业基本上不具备短期偿债能力。从长期偿债能力看，企业资产负债率达95.4%，长期负债占总资产的比率为64.16%，处于举债经营状况，没有资金的偿还能力。

××××年度，企业速动比率为12.68%，与××××年度相比下降6.09%；资产负债率为128.78%，比××××年上升33.04%；长期负债占总资产的87.95%，比××××年上升23.79%，说明企业财务进一步恶化，债务压力和利息包袱越来越重，偿债能力越来越弱。

3）效益情况分析

进入生产期后，经营极为困难。截至××××年底，累计亏损47 080.77万元；与评估预测累计利润额 62 639 万元相比下降 109 719.77 万元。根据目前企业经营状况对××××年以后 12 年经营情况进行预测，其中生产成本以××××年 4 月生产成本为基础，产品价格按每吨 1 060 元左右测算，同时考虑原定全部规模按年产 25 万吨计算，则××××年开始 5 年内每年投入 1 000 万元。测算详见附表"生产成本和费用估算表""损益表""财务现金流量表"（略）。

测算表明，未来 12 年企业的债务会不断加重，偿还债务毫无希望。正如前面分析，其主要原因是投资增大、利息负担重、成本上升、市场竞争力弱。

4. 项目目标评价

对原建设目标的评价如下。

项目建设目标是：① 填补华南地区生产空白，发挥当地龙归盐矿资源优势，生产纯碱 20 万吨；② 实现销售收入 26 870 万元，利润总额 14 915 万元，税收 3 007 万元，FIRR = 25.01%；③ 固定资产投资 38 742 万元，流动资金 2 205 万元，建设期利息 6 133 万元；④ 建设期 36 个月。

实际完成情况是：可以满足当地市场需求，建成并达到年产 20 万吨纯碱设计目标，但由于建设期后推 3 年使投资和市场需求发生较大变化，未达到原预测目标，固定资产投资 63 550 万元，流动资金 6 871 万元，建设期利息 53 103 万元，销售收入 22 829 万元，利润总额 -21 437 万元，税收 1 064 万元。其差别和原因分析见附表"项目后评价逻辑框架图"（略）。

由表中分析说明：① 该项目立项本意是好的，但前期工作不利造成极坏的影响；② 项目业主未按市场需要进行建设，不注意市场变化，以致决策失误，建设规模偏大，筹措资金困难，耽误了项目及早建设，而且，在项目实施过程中出现要调概算时，不及早采取措施果断决定停建，或者减少部分工程，造成项目建成后负担过重，无法达到原定目标。

5. 项目工艺技术方案和环境影响评价

1) 工艺技术评价

项目纯碱工艺技术采用国内成熟氨碱法生产工艺。采用了国内同行业中最先进的真空蒸馏、自身返碱煅烧炉、炭化塔、螺杆压缩机、煅烧炉冷凝器等设备，确保了装置的基础水平是良好的。

2) 环境影响

（1）废水治理。废水主要是蒸氨废液和其他工业废水。其中，蒸氨废液送入废液净化装置，与二氧化碳中和降低 pH 值后，进入废液澄清桶进行分离，清废液排入珠江，废渣运至指定海域倾倒；其他废水按污染程度分别处理。从实际情况看，废液的排放量大于原预测量，废水中有机污染大，CI 超标，最大值达 695.8 mg/L，并产生淤积作用。

（2）废气处理。废气主要有锅炉烟道、碳化尾气、吸收塔尾气和中和塔尾气。锅炉烟道气经多管式除尘器和麻石水膜除尘器除尘后，由 100 米高的烟囱排放；另外的尾气经多级净化和回收后排空。实际情况是降尘和氟化物超标。

6. 项目后评价结论和主要经验教训

（1）项目决策是正确的。纯碱是国民经济的重要化工原料，20 世纪 90 年代以前，广东的纯碱工业是空白，靠国家调配和大量进口；对外开放后，广东各地及经济特区建设迅猛发展，涉及9个行业约70个部门需要纯碱；当时北方纯碱南调，运费很高，纯碱价格达到2 400元/吨，当地又没有大中型纯碱厂。因此，在发现当地龙归硝盐矿资源的基础上，适时安排建设纯碱厂是正确的。

（2）未能从速建设，丧失发展的良机。纯碱工程立项于××××年，但由于多种不利因素影响，到××××年才开工建设，项目完工历时11年多，错过了低投入高产出的好时期。

（3）投资结构不合理，债务负担过重。评估时，要求企业自有资金占总投资30%。但随着项目不断调概，总投资达到12.9亿元，但企业自有资金却没有增加，造成贷款比例过高，建设成本巨大，企业负担越来越大。

（4）管理体制不健全，影响企业发展。该项目现由市国投独自支撑，其又是金融机构，不善经营，使企业的重要发展战略和存在的主要问题得不到研究解决。同时，企业缺乏激励机制，综合管理较差。这些都势必影响企业的发展。

（5）工程设计和施工存在许多隐患。项目设计采用1家设计院总负责，分包给13家设计单位进行设计。由于协调差，出现设计上的漏项、缺项、设备设计不合理及设备间不能很好配合等问题。加上设备选择不当，造成工艺配套运作较差，开停机次数多，物耗和能耗高，项目整体运行效果不好。

7. 对策建议

通过对该项目的分析，认为企业现在的主要症结是由于投资过大造成债务负担过重，经营成本不断增大，从而使企业难以走出困境。基于此，我们建议如下。

（1）实行资产债务重组，调整股东结构，盘活存量资产，减轻债务负担。债务负担过重是制约该公司发展的主要因素，该公司若要持续发展，就必须在对公司资产进行核定的基础上，采取增资扩股，股权转让，资产重组，用调整股东结构的办法减少债务，同时争取国家贷改投及其他金融优惠政策，降低利息负担，以达到减轻债务负担，盘活存量资产，增强企业造血功能的目的。

（2）改革运行机制，建立现代企业制度。以建立"产权清晰，权责明确，管理科学"的现代企业制度为目标，采取生产经营承包形式，注意发挥和挖掘企业内部潜力，增收节支。

（3）减员增效，节能降耗，改进工艺技术，提高管理水平。组织精干和高素质的管理生产队伍，改善灰乳及精制盐水质量，降低盐中的钙镁成分，改进真空蒸馏设备的运行和操作，发挥引进装置节能降耗的特点。

（4）吸收国内同类自身外返碱蒸汽煅烧炉的结构改进经验，改造本项目设备，提高生产能力和产品质量，减少"跑、冒、滴、漏"现象，改善工作环境，真正做到装置长期、持续、稳定生产，达到节能降耗和降低成本、提高产品市场竞争力的目的。

（5）增加盐矿资源，保证持续发展。考虑到龙归盐矿资源有限，不能满足该公司长期持续生产的要求，建议由市里出面协调东莞中堂盐矿出让3亿多吨资源供该碱厂使用，以保证有充足的后备资源。

为了使政府有关部门及南碱公司在决策时有所参考，本报告对南碱公司的资产、债务重组和生产经营承包进行了测算，根据6种不同的假设条件，分别提出不同的处理方案供选择。

8. 附件（略）

附表 A　项目进度表
附表 B　项目总投资变化表
附表 C　单位总成本表
附表 D　生产成本和费用估算表
附表 E　损益表
附表 F　财务现金流量表
附表 G　建设投资借款偿还平衡表
附表 H　项目后评价逻辑框架图
附表 I　项目社会评价综合表

十、招标、投标文件

（一）招标文件概述

招标文件是各类项目招标人单方面阐述自己的招标条件和具体要求的意思表示，是招标人确定、修改和解释有关招标事项的各种书面表达形式的统称。

从合同订立过程看，招标文件在性质上属于一种要约邀请（要约引诱），其目的是唤起投标人的注意，希望投标人能按照招标人的要求向招标人发出要约。凡不满足招标文件要求的投标书，将会被招标人拒绝。

（二）项目招标文件组成

项目招标文件是由一系列有关招标方面的说明性文件资料组成的，包括各种旨在阐释招标人意志的书面文字、图表、传真、电子邮件等材料。招标文件在构成形式上主要包括正式文本、对正式文本的解释和对正式文本的修改等3个部分。

1. 招标文件的正式文本构成

一般招标文件的正式文本构成如下。

第一卷　投标者须知、合同条件和合同格式
　　第一章　投标者须知
　　第二章　合同条件
　　第三章　合同协议条款
　　第四章　合同格式
第二卷　技术规范
　　第五章　相关技术规范

第三卷　投标文件
　　第六章　投标书和投标书附录
　　第七章　项目工作量清单与报价表
　　第八章　辅助资料表
第四卷　图纸
　　第九章　项目图纸

2. 招标文件正式文本的解释或澄清

对招标文件正式文本的解释或澄清主要是书面答复、投标预备会记录等。投标人如果认为招标文件有问题需要澄清，应在收到招标文件后以文字、电传、传真或电子邮件等书面形式向招标人提出；招标人将以文字、电传、传真或电子邮件等书面形式或以投标预备会的方式给予解答。解答包括对询问的解释，但不说明询问的来源。解答意见由招标人送给所有获得招标文件的投标人。

3. 招标文件正式文本的修改

对招标文件正式文本的修改，其形式主要是补充通知、修改书等。在投标截止日前，招标人可以自己主动对招标文件进行修改，或者为解答投标人要求澄清的问题而对招标文件进行修改。修改意见由招标人以文字、电传、传真或电子邮件等书面形式发给所有获得招标文件的投标人。对招标文件的修改，也是招标文件的组成部分，对投标人起约束作用。投标人收到修改意见后应立即以书面回执通知招标人，确认已收到修改意见。为了给投标人合理的时间，使他们在编制投标文件时将修改意见考虑进去，招标人应酌情延长递交投标文件的截止日期。

（三）投标者须知

投标者须知是招标文件正式文本的重要内容，主要是对总则、招标文件说明、投标文件说明、开标说明、评标说明、授予合同阐释等诸方面内容的说明和要求。

1. 总则

投标者须知的总则通常包括以下内容。

（1）项目说明。这主要说明项目的名称、位置、合同名称等情况。

（2）资金来源。这主要说明招标项目的资金来源和支付使用的限制条件。

（3）资质要求与合格条件。这是指对投标人参加投标进而中标的资格要求，主要说明为签订和履行合同目的，投标人单独或联合投标时至少必须满足的资质条件。

（4）投标费用。投标人应承担其编制、递交投标文件所涉及的一切费用。无论投标结果如何，招标人对投标人在投标过程中发生的一切费用不负任何责任。

2. 招标文件说明

这一部分是投标者须知中对招标文件本身的组成、格式、解释、修改等问题所作的说明。在这一部分，要特别提醒投标人仔细阅读、正确理解招标文件。投标人对招标文件所作的任何推论、解释和结论，招标人概不负责。投标人因对招标文件的任何推论、理解，以及招标人对有关问题的口头解释所造成的后果，均由投标人自负。如果投标文件不能符合招标文件的要求或实质上不响应招标文件要求，责任由投标人承担。

3. 投标文件说明

投标文件说明是投标者须知中对投标文件各项要求的阐述，主要包括以下几个方面：

1）投标文件的语言

投标文件及投标人与招标人之间与投标有关的来往通知、函件和文件均应使用一种官方主导语言（如中文或英文）。

2）投标文件的组成

投标人的投标文件应由下列文件组成。

（1）投标书。

（2）投标书附录。

（3）投标保证金。

（4）法定代表人资格证明书。

（5）授权委托书。

（6）具有标价的项目任务量清单与报价表。

（7）辅助资料表。

（8）资格审查表（资格预审的不采用）。

（9）按本须知规定提交的其他资料。

投标人必须使用招标文件提供的表格格式，但表格可以按同样格式扩展，投标保证金、履约保证金的方式按投标者须知有关条款的规定可以选择。

3）投标报价须知

投标报价须知是投标者须知中对投标价格的构成、采用方式和投标货币等问题的说明。除非合同中另有规定，具有标价的项目任务量清单中所报的单价和合价，以及报价汇总表中的价格，应包括设备、劳务、材料、安装、管理、维护、保险、利润、税金、政策性文件规定及合同包含的所有风险、责任等各项应有费用。投标人不得以低于成本的报价竞标。投标人应按招标人提供的项目任务量计算项目的单价和合价；或者按招标人提供的图纸，计算项目任务量，并计算项目的单价和合价。项目任务量清单中的每一单项均需计算填写单价和合价，投标人没有填写单价和合价的项目将不予支付，并认为此项费用已包括在项目任务量清单的其他单价和合价中。

投标价格采用方式，可设置以下两种方式以供选择。

（1）价格固定（备选条款A）。投标人所填写的单价和合价在合同实施期间不因市场变化因素而变动，投标人在计算报价时可考虑一定的风险系数。

（2）价格调整（备选条款B）。投标人所填写的单价和合价在合同实施期间可因市场变化因素而变动。

如果采用价格固定，则删除价格调整；反之，采用价格调整，则删除价格固定。投标文件报价中的单价和合价全部采用项目所在国货币或混合使用一种货币或国际贸易货币表示。

4）投标有效期说明

投标文件在投标者须知规定的投标截止日期之后的一定日历日内有效。在原定投标有效期满之前如果出现特殊情况，招标人可以书面形式向投标人提出延长投标有效期的要求。投标人须以书面形式予以答复，投标人可以拒绝这种要求而不丧失投标保证金。同意延长投标有效期的投标人不允许修改他的投标文件，但需要相应地延长投标保证金的有效期，在延长期内投标者须知关于投标保证金的退还与不退还的规定仍然适用。

5）投标保证金说明

此投标保证金是投标文件的一个组成部分。根据投标人的选择，投标保证金可以是现金、支票、银行汇票，也可以是在中国注册的银行出具的银行保函。银行保函的格式，应符合招标文件的格式，银行保函的有效期应超出投标有效期 28 天。对于未能按要求提交投标保证金的投标，招标人将视为不响应投标而予以拒绝。未中标的投标人的投标保证金将尽快退还（无息），最迟不超过规定的投标有效期期满后 14 天。中标人的投标保证金，按要求提交履约保证金并签署合同协议后，予以退还（无息）。

投标人有下列情形之一的，投标保证金不予退还：① 投标人在投标效期内撤回其投标文件的；② 中标人未能在规定期限内提交履约保证金或签署合同协议的。

6）投标预备会情况说明

在这里是对投标人派代表出席投标预备会的有关情况给出的说明。投标预备会的目的是澄清、解答投标人提出问题和组织投标人踏勘现场，了解情况。投标人可能被邀请对项目现场和周围环境进行踏勘，以获取编制投标文件和签署合同所需的所有资料。踏勘现场所发生的费用由投标人自己承担。投标人提出的与投标有关的任何问题须在投标预备会召开 7 天前，以书面形式送达招标人。会议记录包括所有问题和答复的副本，并将提供给所有获得招标文件的投标人。因投标预备会而产生的对招标文件内容的修改，由招标人以补充通知等书面形式发出。

7）投标文件的份数和签署说明

这是对投标文件的份数和签署要求所作的说明。一般在这一条款规定：投标人应按投标者须知的规定，编制一份投标文件"正本"和若干份数的"副本"，并明确标明"投标文件正本"和"投标文件副本"。投标文件正本和副本如有不一致之处，以正本为准。投标文件正本与副本均应使用不能擦去的墨水打印或书写，由投标人的法定代表人亲自签署（或加盖法定代表人印鉴），并加盖法人单位公章。全套投标文件应无涂改和行间插字，除非这些删改是根据招标人的指示进行的，或者是投标人造成的必须修改的错误。修改处应由投标文件签字人签字证明并加盖印鉴。

8）投标文件的密封与标志要求

这是对投标文件的密封和标志提出的要求。一般这一条款的内容是投标人应将投标文件的正本和每份副本密封在内层包封，再密封在一个外层包封中，并在内包封上正确标明"投标文件正本"和"投标文件副本"。内层和外层包封都应写明招标人名称和地址、合同名称、项目名称、招标编号，并注明开标时间以前不得开封。在内包封上还应写明投标人的名称与地址、邮政编码，以便投标出现逾期送达时能原封退回。如果内外层包封没有按上述规定密封并加写标志，招标人将不承担投标文件错放或提前开封的责任，由此造成的提前开封的投标文件将被拒绝，并退还给投标人。

9）投标截止日说明

这是招标人提出有关投标截止日的说明。此部分的内容一般是投标人应在××××年×

月×日×点之前将投标文件递交给招标人。招标人可以按投标者须知规定的方式，酌情延长递交投标文件的截止日期。在上述情况下，招标人与投标人以前在投标截止日方面的全部权利、责任和义务，将适用于延长至新的投标截止日。招标人在投标截止日以后收到的投标文件，将原封退给投标人。

10）投标文件的修改与撤回说明

这部分内容一般是投标人可以在递交投标文件以后，在规定的投标截止时间之前，采用书面形式向招标人递交补充、修改或撤回其投标文件的通知。在投标截止日期以后，不能更改投标文件。投标人的补充、修改或撤回通知，应按投标者须知规定编制、密封、加写标志和递交，并在内层包封标明"补充""修改""撤回"字样。根据投标者须知的规定，在投标截止时间与招标文件中规定的投标有效期终止日之间的这段时间内，投标人不能撤回投标文件，否则其投标保证金将不予退还。

4. 开标说明

这是投标者须知中对开标的说明。

开标说明的一般规定是在所有投标人的法定代表人或授权代表在场的情况下，招标人将于××××年×月×日×点举行开标会议，参加开标的投标人的代表应签名报到，以证明其出席开标会议。开标会议由招标人或委托招标代理机构组织并主持。开标时，对在招标文件要求提交投标文件的截止时间前收到的所有投标文件，都当众予以拆封、宣读。但对按规定提交合格撤回通知的投标文件，不予开封。投标人的法定代表人或其授权代表未参加开标会议的，视为自动放弃投标。未按招标文件的规定标志、密封的投标文件，或者在投标截止时间以后送达的投标文件将被作为无效的投标文件对待。招标人当众宣布对所有投标文件的核查检视结果，并宣读有效投标的投标人名称、投标报价、修改内容、工期、质量、主要材料用量、投标保证金，以及招标人认为适当的其他内容。

5. 评标说明

这是投标者须知中对评标过程中的有关要求所作出的说明与阐释，一般包括内容保密、投标文件澄清、符合性鉴定、错误修正、投标文件的评价与比较等规定与说明。

评标说明的主要内容如下。

1）评标内容的保密

一般在此条款规定：公开开标后，直到宣布授予中标人合同为止，凡属于审查、澄清、评价和比较投标的有关资料，有关授予合同的信息，以及评标组织成员的名单都不得向投标人或与该过程无关的其他人泄露。招标人将采取必要的措施，保证评标在严格保密的情况下进行。在投标文件的审查、澄清、评价和比较，以及授予合同的过程中，投标人对招标人和评标组织其他成员施加影响的任何行为，都将导致取消投标资格。

2）投标文件的澄清

一般在此条款规定：为了有助于投标文件的审查、评价和比较，评标组织在保密其成员名单的情况下，可以个别要求投标人澄清其投标文件。有关澄清的要求与答复，应以书面形式进行，但不允许更改投标报价或投标的其他实质性内容。按照投标者须知规定对发现的算术错误的修改不在此列。

3）投标文件的符合性鉴定

一般在此条款规定：在详细评标之前，评标组织将首先审定每份投标文件是否在实质上响应了招标文件的要求。评标组织在对投标文件进行符合性鉴定过程中，遇到投标文件有下列情形之一的，将确认并宣布投标无效：

（1）无投标人公章和投标人法定代表人或其委托代理人的印鉴或签字的；

（2）投标文件中的投标人在名称上和法律上与通过资格审查时的不一致，且不一致明显不利于招标人或为招标文件所不允许的；

（3）投标人在一份投标文件中对同一招标项目报有两个或多个报价，且未书面声明以哪个报价为准的；

（4）未按招标文件规定的格式、要求填写，内容不全或字迹潦草、模糊，辨认不清的。

对无效的投标文件，招标人将予以拒绝。

4）错误的修正

一般在此条款规定：评标组织将对确定为实质上响应招标文件要求的投标文件进行校核，看是否有计算上或累计上的算术错误。修正错误的原则如下。

（1）如果用数字表示的数额与用文字表示的数额不一致时，以文字数额为准。

（2）当单价与项目任务量的乘积与合价之间不一致时，以标出的单价为准，除非评标组织认为有明显的小数点错位，此时应以标出的合价为准，并修改单价。

按上述修改错误的方法，调整投标书中的投标报价。经投标人确认同意后，调整后的报价对投标人起约束作用。如果投标人不接受修正后的投标报价其投标将被拒绝，其投标保证金亦将不予退还。

5）投标文件的评价与比较

一般在此条款规定：评标组织将仅对按照投标者须知确定为实质上响应招标文件要求的投标文件进行评价与比较。评标方法为综合评议法（也可以是其他评标方法，如单项评议法、两阶段评议法等）。投标价格采用固定价格，在评标时不应考虑执行合同期间价格变化和允许调整的规定。

6. 授予合同阐释

这是投标者须知中对授予合同的标准，以及其他相关问题所作出的阐释，主要有以下几点。

1）合同授予标准

一般规定是招标人将把合同授予投标文件在实质上响应招标文件要求并按投标者须知及评标办法和标准等规定评选出的投标人。

2）中标通知书

一般规定是确定出中标人后，在投标有效期截止日前，招标人将以书面形式通知中标人其投标被接受。中标通知书将成为合同的组成部分。在中标人按投标者须知的规定提供了履约担保后，招标人将及时将未中标的结果通知其他投标人。

3）合同的签署

一般规定是中标人应按中标通知书中规定的时间和地点，由法定代表人或其授权代表前往与招标人代表进行合同谈判并签订合同。

4）履约担保

此条款内容的一般规定是中标人应按规定向招标人提交履约担保。履约担保可由在中国注册的银行出具银行保函，银行保函为合同价格的 5%；也可以由具有独立法人资格的经济实体出具履约担保书，履约担保书为合同价格的 10%（以上两种投标人可任选其一）。投标人应使用招标文件附件中提供的履约担保格式。如果中标人不按投标者须知的规定执行，招标人将有充分的理由废除授标，并不退还其投标保证金。

（四）合同条件和合同协议条款

招标文件中的合同条件和合同协议条款，是招标人单方面提出的关于招标人、投标人等各方权利与义务关系的设想和意愿，是对合同签订、履行过程中遇到的项目进度、质量、检查检验、支付、索赔、争议、仲裁等问题的示范性、定式性阐释。

合同条件（通用条件）和合同协议条款（专用条款）是招标文件的重要组成部分。招标人在招标文件中应说明本招标项目采用的合同条件和对合同条件的修改、补充或不予采用的意见。投标人对招标文件中的说明是否同意，对合同条件的修改、补充或不予采用的意见，也要在投标文件中一一列明。中标后，双方同意的合同条件和协商一致的合同条款，是双方统一意愿的体现，成为合同文件的组成部分。

1. 通用合同条款

通用合同条款也称通用条件或称标准条款，一般是指建设项目的合同条件，是运用于各类项目的具有普遍适应性的标准化条件，其中凡双方未明确提出，或者声明修改、补充或取消的条款，就是双方都要遵行的。

2. 专用条件

专用条件也称协议条款或专用合同条款，是针对某一特定项目对通用条件的修改、补充或取消。

3. 项目合同常用条款

在建设工程领域，我国目前普遍推行国家住房城乡建设部和国家工商行政管理总局制定的《建设工程施工合同（示范文本）》（GF—2017—0201）等。其他项目合同可以参照此合同示范文本。

《建设工程施工合同（示范文本）》（GF—2017—0201）由合同协议书、通用合同条款和专用合同条款三部分组成。

（1）合同协议书。

《示范文本》合同协议书共计 13 条，主要包括：工程概况、合同工期、质量标准、签约合同价和合同价格形式、项目经理、合同文件构成、承诺以及合同生效条件等重要内容，集中约定了合同当事人基本的合同权利义务。

（2）通用合同条款。

通用合同条款是合同当事人根据《中华人民共和国建筑法》《中华人民共和国合同法》等法律法规的规定，就工程建设的实施及相关事项，对合同当事人的权利义务作出的原则性约定。

通用合同条款共计 20 条，具体条款分别为：一般约定、发包人、承包人、监理人、工程质量、安全文明施工与环境保护、工期和进度、材料与设备、试验与检验、变更、价格调整、合同价格、计量与支付、验收和工程试车、竣工结算、缺陷责任与保修、违约、不可抗力、保险、索赔和争议解决。前述条款安排既考虑了现行法律法规对工程建设的有关要求，也考虑了建设工程施工管理的特殊需要。

（3）专用合同条款。

专用合同条款是对通用合同条款原则性约定的细化、完善、补充、修改或另行约定的条款。合同当事人可以根据不同建设工程的特点及具体情况，通过双方的谈判、协商对相应的专用合同条款进行修改补充。在使用专用合同条款时，应注意以下事项：

① 专用合同条款的编号应与相应的通用合同条款的编号一致；

② 合同当事人可以通过对专用合同条款的修改，满足具体建设工程的特殊要求，避免直接修改通用合同条款；

③ 在专用合同条款中有横道线的地方，合同当事人可针对相应的通用合同条款进行细化、完善、补充、修改或另行约定；如无细化、完善、补充、修改或另行约定，则填写"无"或划"/"。

4. 合同格式

合同格式是招标人在招标文件中拟定好的具体格式，在定标后由招标人与中标人达成一致协议后签署。投标人投标时不再填写。

招标文件中的合同格式，主要有合同协议书格式、银行履约保函格式、履约担保书格式、预付款银行保函格式等。

（五）投标文件的概念

招标人在招标文件中要对投标文件提出明确的要求，并拟定一套投标文件的参考格式，供投标人投标时填写。投标文件的参考格式主要有投标书及投标书附录、项目任务量清单与报价表、辅助资料表等。

投标文件是投标人单方面阐述自己响应招标文件要求，旨在向招标人提出愿意订立合同的意思表示，是投标人确定、修改和解释有关投标事项的各种书面表达形式的统称。

投标人在投标文件中必须明确向招标人表示愿以招标文件的内容订立合同的意思；必须对招标文件提出的实质性要求和条件作出响应，不得以低于成本的报价竞标；必须由有资格的投标人编制；必须按照规定的时间、地点递交给招标人。

（六）投标文件的内容组成

（1）投标函。

（2）投标函附录。

（3）投标保证金。

（4）法定代表人资格证明书。

(5) 授权委托书。
(6) 具有标价的项目任务量清单与报价表。
(7) 辅助资料表。
(8) 资格审查表（资格预审的不采用）。
(9) 对招标文件中的合同协议条款内容的确认和响应。
(10) 施工组织设计。
(11) 招标文件规定提交的其他资料。

投标人必须使用招标文件提供的投标文件表格格式，但表格可以按同样格式扩展。招标文件中拟定的供投标人投标时填写的一套投标文件格式，主要有投标函及其附录、项目任务量清单与报价表、辅助资料表等。

（七）编制工程投标文件的步骤

(1) 熟悉招标文件、图纸、资料，对图纸、资料有不清楚和不理解的地方，可以用书面或口头方式向招标人询问、澄清。
(2) 参加招标人关于项目实施现场情况的介绍和答疑会。
(3) 调查当地材料设备供应和价格情况。
(4) 了解交通运输条件和有关事项。
(5) 编制项目实施方案，复查、计算图纸的项目工作任务量。
(6) 编制投标单价。
(7) 计算取费标准或确定采用取费标准。
(8) 计算投标报价。
(9) 核对调整投标造价。
(10) 确定投标报价。

（八）编制工程投标文件的注意事项

(1) 投标人编制投标文件时必须使用招标文件提供的投标文件表格格式，但表格可以按同样格式扩展。投标保证金、履约保证金的方式按招标文件有关条款的规定可以选择。投标人根据招标文件的要求和条件填写投标文件的空格时，凡要求填写的空格都必须填写，不得空着不填；否则，即被视为放弃意见。实质性的项目或数字，如工期、质量等级、价格等未填写，将被作为无效或作废的投标文件处理。须将投标文件按规定的日期送交招标人，等待开标、决标。
(2) 应当编制的投标文件"正本"仅一份，"副本"则按招标文件所述的份数提供，同时要明确标明"投标文件正本"和"投标文件副本"字样。
(3) 投标文件正本与副本均应使用不能擦去的墨水打印或书写，各种投标文件的填写都要字迹清晰、端正。
(4) 所有投标文件均由投标人的法定代表人签署、加盖印鉴，并加盖法人单位公章。

(5) 填报投标文件应反复校核，保证分项和汇总计算均无错误。全套投标文件均应无涂改和行间插字，除非这些删改是根据招标人的要求进行的，或者是投标人造成的必须修改的错误。修改处应由投标文件签字人签字证明并加盖印鉴。

(6) 如招标文件规定投标保证金为合同总价的某百分比时，开投标保函不要太早，以防泄露己方报价。

(7) 投标人应将投标文件的正本和每份副本分别密封在内层包封，再密封在一个外层包封中，并在内包封上正确标明"投标文件正本"和"投标文件副本"。内层和外层包封都应写明招标人名称和地址、合同名称、工程名称、招标编号，并注明开标时间以前不得开封。

(8) 投标人在编制投标文件时还应特别注意，以免被判为无效标而前功尽弃。投标文件有下列情形之一的，在开标时将被作为无效或作废的投标文件，不能参加评标：

第一，投标文件未按规定标志、密封的；

第二，未经法定代表人签署或未加盖投标人公章或未加盖法定代表人印鉴的；

第三，未按规定的格式填写，内容不全或字迹模糊辨认不清的；

第四，投标截止时间以后送达的投标文件。

（九）招标、投标文件参考范例

范例一

××大学附属中学教学实验楼投标者须知

发包日期：20××年3月13日　　　　　　　投标编号：ZJJC20××-0310

1　工程概述

1.1　工程名称：××大学附属中学教学实验楼

1.2　工程地点：××大学附属中学院内

1.3　工程规模：总建筑面积为9 247.65平方米

1.4　建筑高度：31.8米

1.5　结构形式：框架结构，地下一层，地上八层

1.6　招标单位：××大学附属中学

1.7　设计单位：北京建筑设计有限公司

1.8　监理单位：北京监理有限公司

1.9　招标代理机构：中建工程造价评估有限公司

1.10　图纸设计情况：设计单位提供的20××年3月版方案图

2　投资来源

2.1　投资人及投资构成比例：全额由教育部拨款。

3　资格条件

3.1　投标人应具备的资格条件。

3.1.1　执有经建设部核发的建筑工程施工总承包一级企业资质证书。

3.1.2　拟委派的项目经理必须有经建设部认证的一级项目经理资质,并在近 3 年内主持过 2 万平方米规模以上的建筑项目施工组织工作,项目经理在投标书中确认后一般不得变更,特殊情况下经业主同意后可以作出调整。投入本工程的主要管理人员必须拥有相应的岗位资格,以及与本工程相适应的资历与经验。

3.1.3　投标人在近 3 年内有过建筑面积 10 万平方米以上规模的建筑施工总承包经历。

3.1.4　投标人在近 3 年的工程项目施工中,曾获得鲁班奖或北京市优质工程奖。

3.1.5　投标人有优秀的企业工程信誉,企业财务资信状况良好,并能以充足的资金、雄厚的技术实力、优良的管理来保证全面履行合同。

4　招标方式

4.1　本工程采用国内公开招标方式。

5　招标范围及承包方式

5.1　本次招标并发布的范围是教学实验楼项目的土建工程(含装饰工程)、给排水工程、电气工程、暖通工程、通信工程及其他图纸设计范围内的全部工程,电梯工程由业主另行指定发包,指定分包工程造价不列入此次工程报价,但总包方可计取总包管理费。

5.2　本工程招标采用包工包料的承包方式,即投标总价(除本招标文件价款调整以外)应视为包工包料及主材料消耗量。包工期、包质量,并包括所有其他费用。投标者一旦中标,业主将不会对其投标书报价作出其他补偿。

5.3　本招标工程内外墙面砖、地面砖、卫生洁具、塑钢窗及建筑五金等特殊材料由发包方指定供应商或价格,投标方与材料供应商签订材料供应合同。其余的要求在发包方认可的合格供应商中采购。

5.4　中标单位必须按照《中华人民共和国招标投标法》规定承担总包责任,不得转包。

5.5　投标人在投标文件中需注明分包单位。主分包商的选择必须是成建制单位,并有在北京地区承接过 2 万平方米规模以上项目分包的经验,并获得过北京市优良工程,拥有完整的配套管理人员和工种齐全的作业队伍,经业主考核后采用。专业分包的选用必须满足国家和北京市政府对专业施工许可证的要求。

6　合同形式

6.1　本次招标合同形式采用费率报价合同形式。投标人应按招标文件的要求,就工程造价作出自己的承诺,投标人中标后,此承诺将纳入合同并作为确定合同总价的主要依据。

7　工程质量标准

7.1　本招标工程适用的具体标准、规模和技术说明等由招标人在相关设计图纸完成后逐步向中标人提供。

7.2　本招标工程质量标准必须符合中华人民共和国国家标准(以下简称"国家标准")。

7.3　工程质量等级:优良。如未达到质量标准,发包方将按中标者合同要求,对中标者进行惩罚。

7.4　投标人承诺施工现场将遵照北京市文明施工的管理要求执行。

8　工期及费用

8.1　计划开工日期:20××年 3 月 22 日

8.2 计划竣工日期：20××年9月30日

8.3 如中标人延误了工期，其延期罚金为结算总价的5%，延期超过7天，每延期一天再加罚金1%，最高罚金不超过8%。

8.4 投标人为了按期或提前竣工所增加赶工措施费应在风险报价包干费中独立报出。

9 招标文件的内容

9.1 为招标目的而发售的本招标工程的招标文件包括下列文件及所有按本须知发出的任何答疑会议纪要和修改书。

第一部分，投标须知；第二部分，评标办法；第三部分，《北京市建设工程施工合同》（××××年版）；第四部分，图纸；第五部分，附件。

本次招标是在本招标工程方案设计阶段进行的，工期紧迫，专业和结构有一定复杂性。以前款所列招标文件中的第五部分"图纸"应理解为投标人编制投标文件的依据，而本招标工程的初步设计图纸，以及施工图将由招标人根据图纸完成情况陆续向中标人提供。预计施工图出图时间为20××年3月25日以前。

9.2 招标人应认真审阅招标文件中的各个组成部分，如果投标人的投标文件不能满足须知的要求，后果由投标人自负。根据本须知规定，不符合招标要求的投标文件将被视为废标。

10 招标文件的澄清

10.1 如果投标人对招标文件任何部分有疑问，投标人应于收到招标文件后24小时内以书面方式（传真或送到）通知招标人。招标人将在24小时内同样以书面形式答复所有投标人。

11 招标文件的修改

11.1 招标人在投标截止日期前的任何时候，可因任何原因，对招标文件进行修改。招标人对招标文件的修改，以向投标人发出招标文件的补充文件的方式做出。投标人收到招标文件补充文件后，应立即以书面的方式通知招标人，确定已经收到招标文件的补充文件。

12 现场考察

12.1 投标人应对工程现场及其周围环境进行现场考察，以获取那些需自己负责的有关投标准备和签署合同所需的所有资料与信息。投标人考察现场需经招标人允许后方可进入现场，费用由投标人自己承担。

13 水文及地表以下资料

13.1 招标人声明招标文件中的现场地质勘察资料及现场的市政管线资料均是以诚实可信的态度提供的。但是，除非招标文件中另有规定，招标人并不对上述资料中标示的地下水位标高及管线位置的准确性负责。投标人有义务通过自己的努力来核查这些资料的准确性。

14 投标文件的组成

14.1 投标人准备的投标文件应包括下列各项文件。

①投标综合说明书及其标函摘要表；②授权书；③施工组织设计（含投标人降造让利措施）；④报价分析书（含测算、计算书明细等）；⑤证明合格条件和资格的资料（含投标人营业执照和资质证书复印件、近3年获奖证书、拟派项目经理简历和获奖证书、拟派项目主要管理人员的简历、企业资信证明等）；⑥须知规定提交的其他所有资料。

14.2 投标人准备的投标文件必须使用招标文件所提供的投标书格式及相关文件格式（表格可以按同样格式扩展）。

15 施工组织设计

15.1 鉴于目前设计图纸为方案设计阶段，招标文件并未给出初步设计图纸，以及工程规范和技术说明，但投标人应当依据招标人提供的一切图纸，国家现行规范与标准，招标文件各个组成部分对工程的描述，以及对工程现场的考察结果，编制本招标工程的施工组织设计。

15.2 施工组织设计中至少应包括但不限于以下方面的内容。

15.2.1 施工总体进度计划及保障措施。必须确保在本须知要求的开、竣工时间内如期完工。

15.2.2 质量保证体系。严格依照 ISO 9000 质量标准体系，必须保证本招标工程达到本须知所描述的工程质量标准。

15.2.3 基础施工方案和技术措施。

15.2.4 分项工程施工方案和技术措施。

15.2.5 施工现场平面图、现场文明施工方案。投标人应充分考虑施工现场区域的合理布置，并做到施工区域与校园隔离，在施工流量上保证校园的安静与正常教学工作的进行。

15.2.6 其他主要技术方案：如风雨季施工方案、现场安全措施等。

15.2.7 现场组织机构。现场组织机构构成、项目经理及主要岗位、人员职责等。

15.2.8 分包计划：拟分包的项目与拟用分包商名单、资质、业绩、实力等。

15.2.9 投标人降低造价措施方案。

15.2.10 本工程拟采用的科学可行的新技术、新材料，计算机辅助管理等措施。

16 工程报价原则

16.1 本招标工程将按本招标文件提供的图纸为报价依据，执行北京市颁发的 2016 年《北京市建设工程计价依据——概算定额》，按照北京市建设工程造价管理处颁布的造价管理政策确定工程造价，并履行投标人作出的承诺，以及合同中的一切相关规定。

16.2 招标人在本工程中采用包工包料的总承包方式，并实行费率招标。投标人需详细审阅招标文件、招标图纸，报出本工程施工总承包范围内的一切费用。

16.3 中标人（获得合同的投标人）在收到全部施工图后 10 天内，根据自身投标文件编制工程预算书报招标人审核。

17 工程报价内容

17.1 除非合同另有规定，本工程报价以工程费率形式组成。其中：

建筑工程造价＝定额内直接费×费率

安装工程造价＝定额内安装费×费率＋主材费

工程总价＝建筑工程造价＋安装工程造价＋总包管理费＋风险报价

17.1.1 建筑工程报价费率包括了施工中除按定额计算的定额内直接费外的预算差价及市场差价调整，其他直接费、间接费、管理费、设施费，以及利润、税金及商品差价等全部应有费用的比例。

17.1.2 安装工程报价费率包括了除定额计算的定额内安装费（人工费＋辅材费＋机械

费）外的人工、机械费差价调整及其他直接费、间接费、管理费，以及利润、税金等全部应有费用的比例。

17.1.3 总包配合费包括经济补偿费和总包服务费，在本工程中由业主一次性给定为5万元。

17.1.4 投标人对本工程报价将被视为充分考虑了设计因素、现场施工场地因素、周围作业环境因素、政治因素、社会因素等不确定因素对本工程造成的风险估计和风险费用，以及对保证实现预定工期目标造成赶工等措施费用作出估计并在风险报价中独立报出。作为投标人对招标文件的全面响应，业主不再支付和承担因投标人估计不足而发生的索赔，同时业主保留对风险费用审核的权利。

17.2 投标人报价将被视为已包含按照定额文件和本招标文件计算涵盖的工程直接费以外的全部费用，投标人在中标后的合同履行期间不得再以其他任何名义计取其他费用。

17.3 投标人应当根据自身情况，对工程造价以费率报价形式作出控制与确定承诺，投标人的承诺对招标人的有利程度将成为招标人在经济方面对其投标文件进行评价与比较的主要依据。

17.3.1 投标人在投标书中应对计取的技术措施费或不可预见费用进行解释。

17.3.2 投标人对确定工程造价的任何承诺都不得导致这些承诺而确定的价格低于工程成本。

18 合同条款

18.1 《北京市建设工程施工合同》被招标人列为招标文件的第三部分，此举仅意味着招标人将与中标人使用该合同文本签约，而不应被理解为该文本中的通用条款即为本招标工程的合同条款。

18.2 招标人可能在开标后向投标人提出对于合同的特别条款，投标人应当在收到后24小时内以书面形式对其作出实质性响应，否则投标人的投标文件会被招标人予以拒绝。投标人响应该合同特别条款的文件，构成其投标文件的组成部分。

18.3 关于价款调整

18.3.1 任何变更指标应有设计单位、发包方代表及监理方签字才能生效，投标方因没有遵守此条款，引起的任何返工，其损失或工期延误都应由中标方负责。

18.3.2 投标方应承诺除下述项目可以作价款调整（但不进行工期调整），其余任何项目不作调整（含工期调整）：对于单项2 000元（含2 000元）以下的设计变更，只作技术洽商，不作价格调整；单项费用在2 000元以上的设计变更，才能作价款调整。

18.3.3 工程签证必须有发包方代表及监理工程师同时签字并符合合同要求及18.3.1条的调整原则才能作价款调整。

18.4 工程款支付

18.4.1 发包方与中标单位签订正式施工合同后7天内支付工程备料款人民币200万元；施工进度达到70%时，开始按月以预付备料款抵扣进度款。

18.4.2 工程进度款支付时间。合同签订后中标人向发包方上报工程进度计划两份，并每月10日按实际完成工程量，编制《工程价款结算账单》和《工程实际进度月报表》送监理方，经审理后7日内，发包人可将中期付款支付予分包方。工程款拨付到90%时，停止拨款。

18.4.3　工程款支付方式。根据监理工程师审核月度完成的实物工作量，并按照投标人中标工程费率和相应条款计算工程月度结算额，扣减保留金及按合同条款所规定的发包方指定分包方款及其他应扣款、罚款后，余款支付给中标人。

18.4.4　总包管理费在工程预付款中一次性支付给中标人。

18.4.5　中标人的经济变更、索赔经发包方及监理方工程师确认后，作为结算的凭证，在竣工结算中一次性支付给中标人。

18.5　工程安全文明施工

18.5.1　投标人承诺在施工过程中，建立安全生产保证体系，配置专职安全管理人员。投标人承诺在施工过程中必须遵守北京市有关施工作业时间、安全文明施工、环境管理、消防、计划生育、交通安全、社会治安等的规定，凡因违反政府有关规定的所有责任，均由投标者承担。

18.5.2　投标者应承诺保证施工现场绝不发生重大伤亡责任事故。因施工原因造成人员伤亡或其他重大事故，投标者承担全部责任，并且发包方还将对投标者处以中标价1%以内的罚款。

18.5.3　由于该工程位于校园内，为确保校园内的宁静环境，该工程施工必须与校园完全隔离，所有施工人员不得无故进入校园内，施工过程中教育施工人员尽量将由于施工而产生的噪声降低到最小。

18.6　工程结算

18.6.1　中标人工程综合直接费部分结算将按照定额文件和北京市工程造价管理处规定执行，在此基础上按照中标人工程费率报价计算。

18.6.2　中标人按时完成以上约定的所有工程内容，经质量监督部门验收，工程达到合同约定的质量标准；发包方在办理完结算后10天内，扣完中标方保修金及其他应扣款后付清剩余尾款。

18.7　工程保修

建设工程质量保修的最低期限执行《建设工程质量管理条例》的规定，保修合同的其他条款执行《北京市建设工程保修合同》的有关规定。工程结算后支付结算款之前，双方签订工程保修合同，预留结算价的5%作为保修金，待防水工程保修期满一年后14天内返还全部保修金的70%，满2年后返还剩余的30%。保修期间投标单位不能及时履行保修合同时，发包方有权自行实施，其费用从相应期间的保修款内扣除，若维修费超过保修款时由投标单位承担，且保修服务期满后，并不免除其自身施工质量责任。

18.8　招标方案规定提供的施工用地仍然满足不了临时设施及材料加工用地需要时，由投标单位自行解决，费用自理。工程竣工后，如无后续工程，投标方应在一个月内撤除临时设施和处理剩余材料，否则招标方将对滞后撤出所占用地每平方米收取2元/天的占地费。

19　投标文件的有效期

19.1　投标截止日期起，投标文件有效期为28日历天。

19.2　在招标文件规定的投标文件有效期期满之前，如果出现特殊情况，招标人可以向投标人提出延长其投标文件有效期的要求。

20 招标资料抵押金

20.1 投标人在领取招标书同时需提交人民币2 000元的招标资料抵押金，投标人在投标结束后将招标文件、设计文件、勘察报告归还招标人之日获得返还。

21 投标文件的形式和签署

21.1 投标人应按本须知规定，准备1份投标文件正本和2份副本，并明确标明"投标文件正本"和"投标文件副本"。正本和副本如有不一致之处，以正本为准。

21.2 投标文件的正本和副本均应打印或使用不褪色的墨水书写，并由投标人正式授权人签字盖章。授权书应以书面委托的方式出具。投标文件的任何增加或修正，都应由被授权的投标文件签字人签署。

21.3 全套投标文件应无涂改、行间差字或删除，除非这些删改是根据已发出的招标文件补充文件的指示进行的，或者是投标人造成的必须修改的错误。在后一种情况下，修改处应由被授权的投标文件签署人签字。

22 投标文件的密封与标志

22.1 投标文件各部分应按以下3个部分汇总密封。

A. 经济标部分：投标书、投标书附件、对工程造价的承诺等。

B. 施工组织设计、证明合格条件和资格的资料、投标文件中的"授权书"不应随其他投标文件密封，应当由投标人委派来参加开标的投标人代表随身携带。

22.2 投标人应将投标文件的各个组成部分按照本须知第22.1款的规定制作正本和副本，每一份密封在一个信封中，并在每份投标书上正确标明"正本"或"副本"。

22.3 在外信封上应写明投标文件递交场所的名称和地址。

具有下列识别标志：在信封封口处应加盖投标人公章，注明投标人的名称与地址，以便迟到的投标文件能被原封退回。

22.4 如果外信封上没有按上述规定密封并加写标志，招标人将不承担投标文件错放或提前开封的责任，由此造成的过失开封的投标文件，招标人将予以拒绝，并退还给投标人。

23 投标截止时间

23.1 本招标工程投标截止时间为20××年3月17日上午9:00。

23.2 投标人应按前款规定的时间到以下地点递交投标文件：××大学附属中学实验楼接待室。

24 迟到的投标文件

24.1 招标人在第23条规定的投标截止时间以后收到的任何投标文件，将原封退还给投标人。

25 投标文件的修改与撤回

25.1 投标人可以在递交投标文件以后，修改或撤回其投标文件。但这种修改与撤回的通知必须在第23条规定的投标截止时间前送达招标人，并得到招标人的书面形式的确认。

25.2 投标人的修改或撤回通知应按本须知第22条关于投标文件的规定备制、密封、标志和递交，另外还应在外信封上标明"修改"或"撤回"字样。

26 开标

26.1 本招标工程将在以下地点开标：××大学附中实验楼首层远程教室。

26.2 在由投标人委派来参加开标的投标人代表在场的情况下，招标人将于前款中规定的时间和地点开标，参加开标的投标人代表应随身携带投标人的授权书及本人身份证明（身份证或工作证）并签名报到以证明其出席。

26.3 除了对按照本须知第25条的规定提交了合格的撤回通知书的投标文件将不予开封之外，招标人将检查投标文件，以便确定它们的密封、标志是否符合本须知的规定，以及投标文件的组成是否完整，是否按要求提供了投标保函，是否正确地签署了文件，以及是否按顺序编制。

26.4 投标人的名称、报价书、投标撤回通知书，以及招标人认为适当的其他细节均将在开标时宣布。

26.5 招标人将准备开标记录，包括前款规定的公开宣布的内容。

27 过程保密

27.1 开标后，直到宣布授予中标人合同为止，凡属于审查、澄清、评价和比较投标文件的有关资料且与授予合同有关的信息，都不应向投标人或与该过程无关的其他人员泄露。

27.2 招标人在投标文件的审查、澄清、评价和比较，以及授予合同决定的过程中，对招标人施加影响的任何企图和行为，都可以导致其被取消竞标资格并强制退出投标。

28 投标文件的澄清

28.1 为了有助于投标文件的审查、评比和比较，招标人可以个别地要求投标人澄清其投标文件的某些细节。有关澄清的要求与答复，应以书面的方式进行，或者以答辩会议的形式进行，并制作答辩会议纪要。但这些要求、答复、答辩不应寻求、提出或允许更改投标文件中的实质性内容。

29 投标文件合格性的确定

29.1 在详细评标前，招标人将首先审定每份投标文件是否在实质上响应招标文件的要求。

29.2 就本条款而言，实质上响应招标文件要求的投标文件，应该与招标文件中包括的全部条款、条件和规范相符，无重大差异或保留。所谓重大差异或保留，是指对工程的范围、质量、实施产生重大影响，或者对招标文件中的招标人的权利及投标人的义务方面造成重大影响，或者对招标文件中约定的招标人的权利及投标人的义务方面造成重大的限制。

30 投标文件的评价与比较

30.1 招标人将按规定组成评标工作小组，代表招标人按照评标办法进行评标。

30.2 招标人将仅对按照本须知第29条被确定为实质上响应招标文件要求的投标文件进行评价与比较。

31 合同授予标准

31.1 招标人将把合同授予符合能够最大限度地满足招标文件中规定的各项综合评价标准的投标人。

31.2 本招标工程的评标办法参见招标文件第二部分。

32 招标人的权利

32.1 招标人在签约前任何时候均有权根据评标工作小组的评审意见接受或拒绝任何投标，宣布投标程序无效，或者拒绝所有投标。

33 中标通知书

33.1 在投标文件有效期内,招标人将使用招标文件第四部分中提出的格式发出中标通知书。

33.2 中标通知书将成为合同的组成部分。

33.3 招标人将在发出中标通知书的同时,将评标结果按公正、公平、公开的原则通知所有未中标的投标人。

34 合同的签署

34.1 中标通知书发出后,招标人与中标人在该通知书中规定的时间内,将使用招标文件第三部分中提供的合同文本签订合同。需要特别说明的是,招标人在开标后向投标人提供的合同部分其他条款,以及投标人在其投标文件中对工程造价的承诺等必须纳入双方订立的合同中。

34.2 合同协议书经招标人、中标人双方法定代表人或其委托代理人签字及加盖公司印章后立即生效,但在合同协议书中约定合同生效时间或条件的除外。

范例二

建设工程施工合同(示范文本)

第一部分　合同协议书

发包人(全称):＿＿＿＿＿＿＿＿＿＿＿＿＿＿＿＿＿＿＿＿＿＿＿＿＿＿

承包人(全称):＿＿＿＿＿＿＿＿＿＿＿＿＿＿＿＿＿＿＿＿＿＿＿＿＿＿

根据《中华人民共和国合同法》《中华人民共和国建筑法》及有关法律规定,遵循平等、自愿、公平和诚实信用的原则,双方就＿＿＿＿＿＿＿＿＿＿＿＿＿＿工程施工及有关事项协商一致,共同达成如下协议:

一、工程概况

1. 工程名称:＿＿＿＿＿＿＿＿＿＿＿＿＿＿＿＿＿＿＿＿＿＿＿＿＿＿。

2. 工程地点:＿＿＿＿＿＿＿＿＿＿＿＿＿＿＿＿＿＿＿＿＿＿＿＿＿＿。

3. 工程立项批准文号:＿＿＿＿＿＿＿＿＿＿＿＿＿＿＿＿＿＿＿＿＿＿。

4. 资金来源:＿＿＿＿＿＿＿＿＿＿＿＿＿＿＿＿＿＿＿＿＿＿＿＿＿＿。

5. 工程内容:＿＿＿＿＿＿＿＿＿＿＿＿＿＿＿＿＿＿＿＿＿＿＿＿＿＿。

群体工程应附《承包人承揽工程项目一览表》(附件1)。

6. 工程承包范围:

＿＿＿＿＿＿＿＿＿＿＿＿＿＿＿＿＿＿＿＿＿＿＿＿＿＿＿＿＿＿＿＿＿＿
＿＿＿＿＿＿＿＿＿＿＿＿＿＿＿＿＿＿＿＿＿＿＿＿＿＿＿＿＿＿＿＿＿。

二、合同工期

计划开工日期:＿＿＿＿＿年＿＿＿＿＿月＿＿＿＿＿日。

计划竣工日期:＿＿＿＿＿年＿＿＿＿＿月＿＿＿＿＿日。

工期总日历天数：_____天。工期总日历天数与根据前述计划开竣工日期计算的工期天数不一致的，以工期总日历天数为准。

三、质量标准

工程质量符合_____标准。

四、签约合同价与合同价格形式

1. 签约合同价为：

人民币（大写）_____（￥_____元）；

其中：

（1）安全文明施工费：

人民币（大写）_____（￥_____元）；

（2）材料和工程设备暂估价金额：

人民币（大写）_____（￥_____元）；

（3）专业工程暂估价金额：

人民币（大写）_____（￥_____元）；

（4）暂列金额：

人民币（大写）_____（￥_____元）。

2. 合同价格形式：_____。

五、项目经理

承包人项目经理：_____。

六、合同文件构成

本协议书与下列文件一起构成合同文件：

（1）中标通知书（如果有）；

（2）投标函及其附录（如果有）；

（3）专用合同条款及其附件；

（4）通用合同条款；

（5）技术标准和要求；

（6）图纸；

（7）已标价工程量清单或预算书；

（8）其他合同文件。

在合同订立及履行过程中形成的与合同有关的文件均构成合同文件组成部分。

上述各项合同文件包括合同当事人就该项合同文件所作出的补充和修改，属于同一类内容的文件，应以最新签署的为准。专用合同条款及其附件须经合同当事人签字或盖章。

七、承诺

1. 发包人承诺按照法律规定履行项目审批手续、筹集工程建设资金并按照合同约定的期限和方式支付合同价款。

2. 承包人承诺按照法律规定及合同约定组织完成工程施工，确保工程质量和安全，不进行转包及违法分包，并在缺陷责任期及保修期内承担相应的工程维修责任。

3. 发包人和承包人通过招投标形式签订合同的，双方理解并承诺不再就同一工程另行签订与合同实质性内容相背离的协议。

八、词语含义

本协议书中词语含义与第二部分通用合同条款中赋予的含义相同。

九、签订时间

本合同于_____年_____月_____日签订。

十、签订地点

本合同在_____签订。

十一、补充协议

合同未尽事宜，合同当事人另行签订补充协议，补充协议是合同的组成部分。

十二、合同生效

本合同自_____生效。

十三、合同份数

本合同一式_____份，均具有同等法律效力，发包人执_____份，承包人执_____份。

发包人： （公章）　　　　　　承包人： （公章）

法定代表人或其委托代理人：　　法定代表人或其委托代理人：
（签字）　　　　　　　　　　　（签字）

组织机构代码：_____　　　组织机构代码：_____
地　　址：_____　　　　　地　　址：_____
邮政编码：_____　　　　　邮政编码：_____
法定代表人：_____　　　　法定代表人：_____
委托代理人：_____　　　　委托代理人：_____
电　　话：_____　　　　　电　　话：_____
传　　真：_____　　　　　传　　真：_____
电子信箱：_____　　　　　电子信箱：_____
开户银行：_____　　　　　开户银行：_____
账　　号：_____　　　　　账　　号：_____

第二部分　通用合同条款

1. 一般约定

1.1 词语定义与解释

合同协议书、通用合同条款、专用合同条款中的下列词语具有本款所赋予的含义：

1.1.1 合同

1.1.1.1 合同：是指根据法律规定和合同当事人约定具有约束力的文件，构成合同的文件包括合同协议书、中标通知书（如果有）、投标函及其附录（如果有）、专用合同条款及其附件、通用合同条款、技术标准和要求、图纸、已标价工程量清单或预算书以及其他合同文件。

1.1.1.2 合同协议书：是指构成合同的由发包人和承包人共同签署的称为"合同协议书"的书面文件。

1.1.1.3 中标通知书：是指构成合同的由发包人通知承包人中标的书面文件。

1.1.1.4 投标函：是指构成合同的由承包人填写并签署的用于投标的称为"投标函"的文件。

1.1.1.5 投标函附录：是指构成合同的附在投标函后的称为"投标函附录"的文件。

1.1.1.6 技术标准和要求：是指构成合同的施工应当遵守的或指导施工的国家、行业或地方的技术标准和要求，以及合同约定的技术标准和要求。

1.1.1.7 图纸：是指构成合同的图纸，包括由发包人按照合同约定提供或经发包人批准的设计文件、施工图、鸟瞰图及模型等，以及在合同履行过程中形成的图纸文件。图纸应当按照法律规定审查合格。

1.1.1.8 已标价工程量清单：是指构成合同的由承包人按照规定的格式和要求填写并标明价格的工程量清单，包括说明和表格。

1.1.1.9 预算书：是指构成合同的由承包人按照发包人规定的格式和要求编制的工程预算文件。

1.1.1.10 其他合同文件：是指经合同当事人约定的与工程施工有关的具有合同约束力的文件或书面协议。合同当事人可以在专用合同条款中进行约定。

1.1.2 合同当事人及其他相关方

1.1.2.1 合同当事人：是指发包人和（或）承包人。

1.1.2.2 发包人：是指与承包人签订合同协议书的当事人及取得该当事人资格的合法继承人。

1.1.2.3 承包人：是指与发包人签订合同协议书的，具有相应工程施工承包资质的当事人及取得该当事人资格的合法继承人。

1.1.2.4 监理人：是指在专用合同条款中指明的，受发包人委托按照法律规定进行工程监督管理的法人或其他组织。

1.1.2.5 设计人：是指在专用合同条款中指明的，受发包人委托负责工程设计并具备相应工程设计资质的法人或其他组织。

1.1.2.6 分包人：是指按照法律规定和合同约定，分包部分工程或工作，并与承包人签订分包合同的具有相应资质的法人。

1.1.2.7 发包人代表：是指由发包人任命并派驻施工现场在发包人授权范围内行使发包人权利的人。

1.1.2.8 项目经理：是指由承包人任命并派驻施工现场，在承包人授权范围内负责合同履行，且按照法律规定具有相应资格的项目负责人。

1.1.2.9 总监理工程师：是指由监理人任命并派驻施工现场进行工程监理的总负责人。

1.1.3 工程和设备

1.1.3.1 工程：是指与合同协议书中工程承包范围对应的永久工程和（或）临时

工程。

1.1.3.2 永久工程：是指按合同约定建造并移交给发包人的工程，包括工程设备。

1.1.3.3 临时工程：是指为完成合同约定的永久工程所修建的各类临时性工程，不包括施工设备。

1.1.3.4 单位工程：是指在合同协议书中指明的，具备独立施工条件并能形成独立使用功能的永久工程。

1.1.3.5 工程设备：是指构成永久工程的机电设备、金属结构设备、仪器及其他类似的设备和装置。

1.1.3.6 施工设备：是指为完成合同约定的各项工作所需的设备、器具和其他物品，但不包括工程设备、临时工程和材料。

1.1.3.7 施工现场：是指用于工程施工的场所，以及在专用合同条款中指明作为施工场所组成部分的其他场所，包括永久占地和临时占地。

1.1.3.8 临时设施：是指为完成合同约定的各项工作所服务的临时性生产和生活设施。

1.1.3.9 永久占地：是指专用合同条款中指明为实施工程需永久占用的土地。

1.1.3.10 临时占地：是指专用合同条款中指明为实施工程需要临时占用的土地。

1.1.4 日期和期限

1.1.4.1 开工日期：包括计划开工日期和实际开工日期。计划开工日期是指合同协议书约定的开工日期；实际开工日期是指监理人按照第7.3.2项〔开工通知〕约定发出的符合法律规定的开工通知中载明的开工日期。

1.1.4.2 竣工日期：包括计划竣工日期和实际竣工日期。计划竣工日期是指合同协议书约定的竣工日期；实际竣工日期按照第13.2.3项〔竣工日期〕的约定确定。

1.1.4.3 工期：是指在合同协议书约定的承包人完成工程所需的期限，包括按照合同约定所作的期限变更。

1.1.4.4 缺陷责任期：是指承包人按照合同约定承担缺陷修复义务，且发包人预留质量保证金（已缴纳履约保证金的除外）的期限，自工程实际竣工日期起计算。

1.1.4.5 保修期：是指承包人按照合同约定对工程承担保修责任的期限，从工程竣工验收合格之日起计算。

1.1.4.6 基准日期：招标发包的工程以投标截止日前28天的日期为基准日期，直接发包的工程以合同签订日前28天的日期为基准日期。

1.1.4.7 天：除特别指明外，均指日历天。合同中按天计算时间的，开始当天不计入，从次日开始计算，期限最后一天的截止时间为当天24：00时。

1.1.5 合同价格和费用

1.1.5.1 签约合同价：是指发包人和承包人在合同协议书中确定的总金额，包括安全文明施工费、暂估价及暂列金额等。

1.1.5.2 合同价格：是指发包人用于支付承包人按照合同约定完成承包范围内全部工作的金额，包括合同履行过程中按合同约定发生的价格变化。

1.1.5.3 费用：是指为履行合同所发生的或将要发生的所有必需的开支，包括管理费和应分摊的其他费用，但不包括利润。

1.1.5.4 暂估价：是指发包人在工程量清单或预算书中提供的用于支付必然发生但暂时不能确定价格的材料、工程设备的单价、专业工程以及服务工作的金额。

1.1.5.5 暂列金额：是指发包人在工程量清单或预算书中暂定并包括在合同价格中的一笔款项，用于工程合同签订时尚未确定或者不可预见的所需材料、工程设备、服务的采购，施工中可能发生的工程变更、合同约定调整因素出现时的合同价格调整以及发生的索赔、现场签证确认等的费用。

1.1.5.6 计日工：是指合同履行过程中，承包人完成发包人提出的零星工作或需要采用计日工计价的变更工作时，按合同中约定的单价计价的一种方式。

1.1.5.7 质量保证金：是指按照第15.3款〔质量保证金〕约定承包人用于保证其在缺陷责任期内履行缺陷修补义务的担保。

1.1.5.8 总价项目：是指在现行国家、行业以及地方的计量规则中无工程量计算规则，在已标价工程量清单或预算书中以总价或以费率形式计算的项目。

1.1.6 其他

1.1.6.1 书面形式：是指合同文件、信函、电报、传真等可以有形地表现所载内容的形式。

1.2 语言文字

合同以中国的汉语简体文字编写、解释和说明。合同当事人在专用合同条款中约定使用两种以上语言时，汉语为优先解释和说明合同的语言。

1.3 法律

合同所称法律是指中华人民共和国法律、行政法规、部门规章，以及工程所在地的地方性法规、自治条例、单行条例和地方政府规章等。

合同当事人可以在专用合同条款中约定合同适用的其他规范性文件。

1.4 标准和规范

1.4.1 适用于工程的国家标准、行业标准、工程所在地的地方性标准，以及相应的规范、规程等，合同当事人有特别要求的，应在专用合同条款中约定。

1.4.2 发包人要求使用国外标准、规范的，发包人负责提供原文版本和中文译本，并在专用合同条款中约定提供标准规范的名称、份数和时间。

1.4.3 发包人对工程的技术标准、功能要求高于或严于现行国家、行业或地方标准的，应当在专用合同条款中予以明确。除专用合同条款另有约定外，应视为承包人在签订合同前已充分预见前述技术标准和功能要求的复杂程度，签约合同价中已包含由此产生的费用。

1.5 合同文件的优先顺序（略）

1.6 图纸和承包人文件（略）

1.7 联络（略）

1.8 严禁贿赂（略）

1.9 化石、文物（略）

1.10 交通运输（略）

1.11 知识产权（略）

1.12 保密（略）

1.13 工程量清单错误的修正（略）

2. 发包人

2.1 许可或批准

发包人应遵守法律，并办理法律规定由其办理的许可、批准或备案，包括但不限于建设用地规划许可证、建设工程规划许可证、建设工程施工许可证、施工所需临时用水、临时用电、中断道路交通、临时占用土地等许可和批准。发包人应协助承包人办理法律规定的有关施工证件和批件。

因发包人原因未能及时办理完毕前述许可、批准或备案，由发包人承担由此增加的费用和（或）延误的工期，并支付承包人合理的利润。

2.2 发包人代表

发包人应在专用合同条款中明确其派驻施工现场的发包人代表的姓名、职务、联系方式及授权范围等事项。发包人代表在发包人的授权范围内，负责处理合同履行过程中与发包人有关的具体事宜。发包人代表在授权范围内的行为由发包人承担法律责任。发包人更换发包人代表的，应提前7天书面通知承包人。

发包人代表不能按照合同约定履行其职责及义务，并导致合同无法继续正常履行的，承包人可以要求发包人撤换发包人代表。

不属于法定必须监理的工程，监理人的职权可以由发包人代表或发包人指定的其他人员行使。

2.3 发包人人员

发包人应要求在施工现场的发包人人员遵守法律及有关安全、质量、环境保护、文明施工等规定，并保障承包人免于承受因发包人人员未遵守上述要求给承包人造成的损失和责任。

发包人人员包括发包人代表及其他由发包人派驻施工现场的人员。

2.4 施工现场、施工条件和基础资料的提供

2.4.1 提供施工现场

除专用合同条款另有约定外，发包人应最迟于开工日期7天前向承包人移交施工现场。

2.4.2 提供施工条件

除专用合同条款另有约定外，发包人应负责提供施工所需要的条件，包括：

（1）将施工用水、电力、通讯线路等施工所必需的条件接至施工现场内；

（2）保证向承包人提供正常施工所需要的进入施工现场的交通条件；

（3）协调处理施工现场周围地下管线和邻近建筑物、构筑物、古树名木的保护工作，并承担相关费用；

（4）按照专用合同条款约定应提供的其他设施和条件。

2.4.3 提供基础资料

发包人应当在移交施工现场前向承包人提供施工现场及工程施工所必需的毗邻区域内供水、排水、供电、供气、供热、通信、广播电视等地下管线资料，气象和水文观测资料，地质勘察资料，相邻建筑物、构筑物和地下工程等有关基础资料，并对所提供资料的真实性、准确性和完整性负责。

按照法律规定确需在开工后方能提供的基础资料，发包人应尽其努力及时地在相应工程施工前的合理期限内提供，合理期限应以不影响承包人的正常施工为限。

2.4.4 逾期提供的责任

因发包人原因未能按合同约定及时向承包人提供施工现场、施工条件、基础资料的，由发包人承担由此增加的费用和（或）延误的工期。

2.5 资金来源证明及支付担保

除专用合同条款另有约定外，发包人应在收到承包人要求提供资金来源证明的书面通知后 28 天内，向承包人提供能够按照合同约定支付合同价款的相应资金来源证明。

除专用合同条款另有约定外，发包人要求承包人提供履约担保的，发包人应当向承包人提供支付担保。支付担保可以采用银行保函或担保公司担保等形式，具体由合同当事人在专用合同条款中约定。

2.6 支付合同价款

发包人应按合同约定向承包人及时支付合同价款。

2.7 组织竣工验收

发包人应按合同约定及时组织竣工验收。

2.8 现场统一管理协议

发包人应与承包人、由发包人直接发包的专业工程的承包人签订施工现场统一管理协议，明确各方的权利义务。施工现场统一管理协议作为专用合同条款的附件。

3. 承包人

3.1 承包人的一般义务（略）

3.2 项目经理（略）

3.3 承包人人员（略）

3.4 承包人现场查勘（略）

3.5 分包（略）

3.6 工程照管与成品、半成品保护（略）

3.7 履约担保（略）

3.8 联合体（略）

4. 监理人

4.1 监理人的一般规定（略）

4.2 监理人员（略）

4.3 监理人的指示（略）

4.4 商定或确定（略）

5. 工程质量

5.1 质量要求（略）

5.2 质量保证措施（略）

5.3 隐蔽工程检查（略）

5.4 不合格工程的处理（略）

5.5 质量争议检测（略）

6. 安全文明施工与环境保护

6.1　安全文明施工（略）

6.2　职业健康（略）

6.3　环境保护（略）

7. 工期和进度

7.1　施工组织设计（略）

7.2　施工进度计划（略）

7.3　开工（略）

7.4　测量放线（略）

7.5　工期延误（略）

7.6　不利物质条件（略）

7.7　异常恶劣的气候条件（略）

7.8　暂停施工（略）

7.9　提前竣工（略）

8. 材料与设备

8.1　发包人供应材料与工程设备（略）

8.2　承包人采购材料与工程设备（略）

8.3　材料与工程设备的接收与拒收（略）

8.4　材料与工程设备的保管与使用（略）

8.5　禁止使用不合格的材料和工程设备（略）

8.6　样品（略）

8.7　材料与工程设备的替代（略）

8.8　施工设备和临时设施（略）

8.9　材料与设备专用要求（略）

9. 试验与检验（略）

10. 变更（略）

11. 价格调整（略）

12. 合同价格、计量与支付（略）

13. 验收和工程试车（略）

14. 竣工结算（略）

15. 缺陷责任与保修（略）

16. 违约（略）

17. 不可抗力（略）

18. 保险（略）

19. 索赔（略）

20. 争议解决（略）

第三部分　专用合同条款

1. 一般约定
1.1　词语定义
1.1.1　合同
1.1.1.10　其他合同文件包括：_____
_____
_____。

1.1.2　合同当事人及其他相关方
1.1.2.4　监理人：
名　　称：_____；
资质类别和等级：_____；
联系电话：_____；
电子信箱：_____；
通信地址：_____。
1.1.2.5　设计人：
名　　称：_____；
资质类别和等级：_____；
联系电话：_____；
电子信箱：_____；
通信地址：_____。

1.1.3　工程和设备
1.1.3.7　作为施工现场组成部分的其他场所包括：_____
_____。
1.1.3.9　永久占地包括：_____。
1.1.3.10　临时占地包括：_____。

1.3　法律
适用于合同的其他规范性文件：_____
_____。

1.4　标准和规范
1.4.1　适用于工程的标准规范包括：_____
_____。
1.4.2　发包人提供国外标准、规范的名称：_____
_____；
发包人提供国外标准、规范的份数：_____；
发包人提供国外标准、规范的名称：_____。
1.4.3　发包人对工程的技术标准和功能要求的特殊要求：
_____。

1.5　合同文件的优先顺序
合同文件组成及优先顺序为：_____。
1.6　图纸和承包人文件
1.6.1　图纸的提供
发包人向承包人提供图纸的期限：_____；
发包人向承包人提供图纸的数量：_____；
发包人向承包人提供图纸的内容：_____。
1.6.4　承包人文件
需要由承包人提供的文件，包括：_____
_____；
承包人提供的文件的期限为：_____；
承包人提供的文件的数量为：_____；
承包人提供的文件的形式为：_____；
发包人审批承包人文件的期限：_____。
1.6.5　现场图纸准备
关于现场图纸准备的约定：_____。
1.7　联络
1.7.1　发包人和承包人应当在_____天内将与合同有关的通知、批准、证明、证书、指示、指令、要求、请求、同意、意见、确定和决定等书面函件送达对方当事人。
1.7.2　发包人接收文件的地点：_____；
发包人指定的接收人为：_____。
承包人接收文件的地点：_____；
承包人指定的接收人为：_____。
监理人接收文件的地点：_____；
监理人指定的接收人为：_____。
1.10　交通运输
1.10.1　出入现场的权利
关于出入现场的权利的约定：_____
_____。
1.10.3　场内交通
关于场外交通和场内交通的边界的约定：_____。
关于发包人向承包人免费提供满足工程施工需要的场内道路和交通设施的约定：____
_____。
1.10.4　超大件和超重件的运输
运输超大件或超重件所需的道路和桥梁临时加固改造费用和其他有关费用由_____承担。
1.11　知识产权
1.11.1　关于发包人提供给承包人的图纸、发包人为实施工程自行编制或委托编制的技

术规范以及反映发包人关于合同要求或其他类似性质的文件的著作权的归属：_____
_____。

关于发包人提供的上述文件的使用限制的要求：_____
_____。

1.11.2 关于承包人为实施工程所编制文件的著作权的归属：_____
_____。

关于承包人提供的上述文件的使用限制的要求：_____
_____。

1.11.4 承包人在施工过程中所采用的专利、专有技术、技术秘密的使用费的承担方式：_____
_____。

1.13 工程量清单错误的修正
出现工程量清单错误时，是否调整合同价格：_____。
允许调整合同价格的工程量偏差范围：_____
_____。

2. 发包人
2.2 发包人代表
发包人代表：
姓　　名：_____；
身份证号：_____；
职　　务：_____；
联系电话：_____；
电子信箱：_____；
通信地址：_____。
发包人对发包人代表的授权范围如下：_____
_____。

2.4 施工现场、施工条件和基础资料的提供
2.4.1 提供施工现场
关于发包人移交施工现场的期限要求：_____。
2.4.2 提供施工条件
关于发包人应负责提供施工所需要的条件，包括：_____。
2.5 资金来源证明及支付担保
发包人提供资金来源证明的期限要求：_____。
发包人是否提供支付担保：_____。
发包人提供支付担保的形式：_____。

3. 承包人
3.1 承包人的一般义务
(9) 承包人提交的竣工资料的内容：_____

承包人需要提交的竣工资料套数：_____。
承包人提交的竣工资料的费用承担：_____。
承包人提交的竣工资料移交时间：_____。
承包人提交的竣工资料形式要求：_____。
(10) 承包人应履行的其他义务：_____。

3.2 项目经理

3.2.1 项目经理：

姓　　名：_____；
身份证号：_____；
建造师执业资格等级：_____；
建造师注册证书号：_____；
建造师执业印章号：_____；
安全生产考核合格证书号：_____；
联系电话：_____；
电子信箱：_____；
通信地址：_____；
承包人对项目经理的授权范围如下：_____。
关于项目经理每月在施工现场的时间要求：_____。
承包人未提交劳动合同，以及没有为项目经理缴纳社会保险证明的违约责任：_____。
项目经理未经批准，擅自离开施工现场的违约责任：_____。

3.2.3 承包人擅自更换项目经理的违约责任：_____
_____。

3.2.4 承包人无正当理由拒绝更换项目经理的违约责任：_____。

3.3 承包人人员

3.3.1 承包人提交项目管理机构及施工现场管理人员安排报告的期限：_____。
3.3.3 承包人无正当理由拒绝撤换主要施工管理人员的违约责任：_____。
3.3.4 承包人主要施工管理人员离开施工现场的批准要求：_____。
3.3.5 承包人擅自更换主要施工管理人员的违约责任：_____。
承包人主要施工管理人员擅自离开施工现场的违约责任：_____。

3.5 分包

3.5.1 分包的一般约定

禁止分包的工程包括：_____。
主体结构、关键性工作的范围：_____
_____。

3.5.2 分包的确定

允许分包的专业工程包括：_____。
其他关于分包的约定：_____

3.5.4 分包合同价款
关于分包合同价款支付的约定：_____。
3.6 工程照管与成品、半成品保护
承包人负责照管工程及工程相关的材料、工程设备的起始时间：_____。
3.7 履约担保
承包人是否提供履约担保：_____。
承包人提供履约担保的形式、金额及期限的：_____
_____。

4. 监理人
4.1 监理人的一般规定
关于监理人的监理内容：_____。
关于监理人的监理权限：_____。
关于监理人在施工现场的办公场所、生活场所的提供和费用承担的约定：_____
_____。

4.2 监理人员
总监理工程师：
姓　　名：_____；
职　　务：_____；
监理工程师执业资格证书号：_____；
联系电话：_____；
电子信箱：_____；
通信地址：_____；
关于监理人的其他约定：_____。
4.4 商定或确定
在发包人和承包人不能通过协商达成一致意见时，发包人授权监理人对以下事项进行确定：
（1）_____；
（2）_____；
（3）_____。

5. 工程质量
5.1 质量要求
5.1.1 特殊质量标准和要求：_____
_____。
关于工程奖项的约定：_____
_____。

5.3 隐蔽工程检查
5.3.2 承包人提前通知监理人隐蔽工程检查的期限的约定：_____
_____。

监理人不能按时进行检查时,应提前_____小时提交书面延期要求。

关于延期最长不得超过:_____小时。

6. 安全文明施工与环境保护

6.1 安全文明施工

6.1.1 项目安全生产的达标目标及相应事项的约定:_____
_____。

6.1.4 关于治安保卫的特别约定:_____
_____。

关于编制施工场地治安管理计划的约定:_____
_____。

6.1.5 文明施工

合同当事人对文明施工的要求:_____
_____。

6.1.6 关于安全文明施工费支付比例和支付期限的约定:_____
_____。

7. 工期和进度

7.1 施工组织设计

7.1.1 合同当事人约定的施工组织设计应包括的其他内容:_____
_____。

7.1.2 施工组织设计的提交和修改

承包人提交详细施工组织设计的期限的约定:_____
_____。

发包人和监理人在收到详细的施工组织设计后确认或提出修改意见的期限:_____。

7.2 施工进度计划

7.2.2 施工进度计划的修订

发包人和监理人在收到修订的施工进度计划后确认或提出修改意见的期限:_____。

7.3 开工

7.3.1 开工准备

关于承包人提交工程开工报审表的期限:_____。

关于发包人应完成的其他开工准备工作及期限:_____
_____。

关于承包人应完成的其他开工准备工作及期限:_____
_____。

7.3.2 开工通知

因发包人原因造成监理人未能在计划开工日期之日起_____天内发出开工通知的,承包人有权提出价格调整要求,或者解除合同。

7.4 测量放线

7.4.1 发包人通过监理人向承包人提供测量基准点、基准线和水准点及其书面资料的期限：＿＿＿＿＿＿＿＿＿＿＿＿＿＿＿＿＿＿＿＿＿＿＿＿＿＿＿＿＿＿＿＿＿＿＿。

7.5 工期延误

7.5.1 因发包人原因导致工期延误

（7）因发包人原因导致工期延误的其他情形：＿＿＿＿＿＿＿＿＿＿＿＿＿＿＿
＿＿＿＿＿＿＿＿＿＿＿＿＿＿＿＿＿＿＿＿＿＿＿＿＿＿＿＿＿＿＿＿＿＿＿＿＿＿。

7.5.2 因承包人原因导致工期延误

因承包人原因造成工期延误，逾期竣工违约金的计算方法为：＿＿＿＿＿＿＿＿
＿＿＿＿＿＿＿＿＿＿＿＿＿＿＿＿＿＿＿＿＿＿＿＿＿＿＿＿＿＿＿＿＿＿＿＿＿。

因承包人原因造成工期延误，逾期竣工违约金的上限：＿＿＿＿＿＿＿＿＿＿＿
＿＿＿＿＿＿＿＿＿＿＿＿＿＿＿＿＿＿＿＿＿＿＿＿＿＿＿＿＿＿＿＿＿＿＿＿＿。

7.6 不利物质条件

不利物质条件的其他情形和有关约定：＿＿＿＿＿＿＿＿＿＿＿＿＿＿＿＿＿＿
＿＿＿＿＿＿＿＿＿＿＿＿＿＿＿＿＿＿＿＿＿＿＿＿＿＿＿＿＿＿＿＿＿＿＿＿＿。

7.7 异常恶劣的气候条件

发包人和承包人同意以下情形视为异常恶劣的气候条件：
（1）＿＿＿＿＿＿＿＿＿＿＿＿＿＿＿＿＿＿＿＿＿＿＿＿＿＿＿＿＿＿＿＿＿；
（2）＿＿＿＿＿＿＿＿＿＿＿＿＿＿＿＿＿＿＿＿＿＿＿＿＿＿＿＿＿＿＿＿＿；
（3）＿＿＿＿＿＿＿＿＿＿＿＿＿＿＿＿＿＿＿＿＿＿＿＿＿＿＿＿＿＿＿＿＿。

7.9 提前竣工的奖励

7.9.2 提前竣工的奖励有：＿＿＿＿＿＿＿＿＿＿＿＿＿＿＿＿＿＿＿＿＿＿。

8. 材料与设备

8.4 材料与工程设备的保管与使用

8.4.1 发包人供应的材料设备的保管费用的承担：＿＿＿＿＿＿＿＿＿＿＿＿
＿＿＿＿＿＿＿＿＿＿＿＿＿＿＿＿＿＿＿＿＿＿＿＿＿＿＿＿＿＿＿＿＿＿＿＿＿。

8.6 样品

8.6.1 样品的报送与封存

需要承包人报送样品的材料或工程设备，样品的种类、名称、规格、数量要求：＿＿＿
＿＿＿＿＿＿＿＿＿＿＿＿＿＿＿＿＿＿＿＿＿＿＿＿＿＿＿＿＿＿＿＿＿＿＿＿＿。

8.8 施工设备和临时设施

8.8.1 承包人提供的施工设备和临时设施

关于修建临时设施费用承担的约定：＿＿＿＿＿＿＿＿＿＿＿＿＿＿＿＿＿＿＿
＿＿＿＿＿＿＿＿＿＿＿＿＿＿＿＿＿＿＿＿＿＿＿＿＿＿＿＿＿＿＿＿＿＿＿＿＿。

9. 试验与检验

9.1 试验设备与试验人员

9.1.2 试验设备

施工现场需要配置的试验场所：＿＿＿＿＿＿＿＿＿＿＿＿＿＿＿＿＿＿＿＿＿
＿＿＿＿＿＿＿＿＿＿＿＿＿＿＿＿＿＿＿＿＿＿＿＿＿＿＿＿＿＿＿＿＿＿＿＿＿。

施工现场需要配备的试验设备：＿＿＿＿＿＿＿＿＿＿＿＿＿＿＿＿＿＿＿＿＿

施工现场需要具备的其他试验条件：_____
_____。

9.4 现场工艺试验
现场工艺试验的有关约定：_____
_____。

10. 变更
10.1 变更的范围
关于变更的范围的约定：_____
_____。

10.4 变更估价
10.4.1 变更估价原则
关于变更估价的约定：_____
_____。

10.5 承包人的合理化建议
监理人审查承包人合理化建议的期限：_____。
发包人审批承包人合理化建议的期限：_____。
承包人提出的合理化建议降低了合同价格或者提高了工程经济效益的奖励的方法和金额为：_____
_____。

10.7 暂估价
暂估价材料和工程设备的明细详见附件11：《暂估价一览表》。
10.7.1 依法必须招标的暂估价项目
对于依法必须招标的暂估价项目的确认和批准采取第_____种方式确定。
10.7.2 不属于依法必须招标的暂估价项目
对于不属于依法必须招标的暂估价项目的确认和批准采取第_____种方式确定。
第3种方式：承包人直接实施的暂估价项目
承包人直接实施的暂估价项目的约定：_____
_____。

10.8 暂列金额
合同当事人关于暂列金额使用的约定：_____
_____。

11. 价格调整（略）
12. 合同价格、计量与支付（略）
13. 验收和工程试车（略）
14. 竣工结算（略）
15. 缺陷责任期与保修（略）
16. 违约（略）

17. 不可抗力（略）
18. 保险（略）
19. 索赔（略）
20. 争议解决（略）

附件

协议书附件：
附件1：承包人承揽工程项目一览表（略）
附件2：发包人供应材料设备一览表（略）
附件3：工程质量保修书（略）
附件4：主要建设工程文件目录（略）
附件5：承包人用于本工程施工的机械设备表（略）
附件6：承包人主要施工管理人员表（略）
附件7：分包人主要施工管理人员表（略）
附件8：履约担保格式（略）
附件9：预付款担保格式（略）
附件10：支付担保格式（略）
附件11：暂估价一览表（略）

范例三

投标担保书

致：

鉴于_____（下称"投标人"）拟向_____（下称"招标人"）送交关于_____（工程名称）的投标书，根据招标文件的规定，投标人须按规定的金额由委托的银行出具一份投标保函（下称"保函"）作为履行招标文件中规定的义务的担保。

我行同意为投标人出具人民币（大写）_____万元（_____元）的保函，作为向招标人投标的担保。本保函的条件如下。

（1）如果投标人在投标文件有效期内撤回投标文件；或者_____。

（2）如果投标人不接受按投标人须知第_____条规定的对其投标价格算术错误修正；或者_____。

（3）如果投标人在接到中标通知书后_____天内：

（a）未能或拒绝签署合同协议书，或者_____；

（b）未能按照招标文件的规定提供履约担保，或者_____；

（c）不接受对投标文件中算术差错的修正。

我行将履行担保义务，保证在收到招标人的书面要求，说明其索款是由于出现了上述任何一种原因的具体情况后，即凭招标人出具的索款凭证，向招标人支付上述款项。

本保函在按投标须知第_____条规定的投标文件有效期或经延长的投标文件有效期

期满后_____天内保持有效，任何索款要求应在上述期限内交到我行。招标人延长投标文件有效期的决定，应通知我行。

银行地址：_____　　　　担保银行（全称）_____（盖章）
邮　　编：_____　　　　法定代表人或其授权的代理人_____
电　　话：_____　　　　（职务）（姓名）（签字）
传　　真：_____　　　　日期：_____年_____月_____日

范例四

工程履约保函格式
（银行履约保函）

致：_____

_____公司（甲方），注册办公地址为_____。

鉴于：

（1）甲方和乙方（承包商）就_____达成协议，并签订本"合同"，承包商同意完成合同规定的内容。

（2）合同明确规定了此条款，即由_____银行（以下简称"担保人"）及时递交给甲方该保函。_____银行不可撤销和无条件地向甲方担保以下内容。

1. 如果承包商在任一方面不能履行合同或违约，则根据甲方第一次提出的不带证据和条件的要求，担保人在收到其要求后14天内，无论承包商或任何第三方是否有异议或反对，担保人都应立即支付总额为_____元的担保金。

2. 在征得或未征得担保人同意的条件下，无论承包商和甲方间签订何种协议，或者无论承包商在合同项下的义务发生何种变化，或者无论甲方对于付款时间、履行情况，以及其他事项作出何种让步，或者无论甲方或承包商的名字组织机构发生何种改变，都不能免除担保人的担保重任。

3. 本保函持续有效，有效力将相应地保持到最终验收通知单签发日期，或者合同终止后3个月，二者以先为准。

4. 担保人同意，无论未偿还金额能否通过法律行为或仲裁方式获得，并且无论这笔偿还金额是否是由于承包商亏损、损坏、花费，以及由于甲方的某些原因造成的，担保人同样给予担保。

本保函由担保人于_____年_____月_____日签订。

担保人：_____银行
签字：_____
名字：_____
职务：_____
银行印章：_____

十一、财务分析报告

（一）财务分析报告简介

财务分析报告又称财务情况说明书，它是在分析各项财务计划完成情况的基础上概括、提炼、编写而成的具有说明性和结论性的书面材料。财务分析报告按其涉及内容的范围不同，可以分为全面分析报告、简要分析报告和典型分析报告。

（二）财务分析报告的基本结构与内容

财务分析报告一般由标题、正文和落款3部分组成。

1. 标题

标题一般由"企业名称+时间界限+分析内容"等组成。

2. 正文

对于财务分析报告正文部分没有固定的格式要求，一般主要包括以下几部分的内容。

（1）企业基本情况分析。这一部分主要是对企业基本情况的概要介绍，以使报告使用者对企业有一个基本了解。

（2）企业财务现状介绍。这一部分主要是对企业目前的财务现状进行简要介绍，主要包括企业的主营业务、经营范围，以及对资产负债表、利润表等一些重要数据的说明等。

（3）企业财务现状分析。这一部分主要是对企业资产负债表、利润表、现金流量表及其之间的关系，综合采用比较分析法、比率分析法、趋势分析法、杜邦分析法等方法进行分析。

（4）企业财务状况评价。这一部分主要是根据前面分析得到的结果对企业的财务状况进行综合评价。一般可以从企业的盈利能力、偿债能力和营运能力等方面加以评价。

（5）建议。根据对企业财务状况的分析和评价，对企业未来经营和发展从财务角度提出建议。

3. 落款

落款部分包括报告单位名称和写作日期。

（三）财务分析报告的写作注意事项

拟写财务分析报告一定要注意以下几点。

（1）财务分析报告必须以客观真实、用数据说明问题为基本原则。

（2）财务分析报告不仅要求有企业财务现状介绍，还要有企业财务现状分析和企业财务状况评价。

(3) 财务分析报告的建议部分要尽量具体、细化，避免过于抽象、空洞。

（四）财务分析报告参考范例

××公司××××年度财务分析报告

一、基本情况

1. 历史沿革
2. 经营范围及主营业务情况
3. 公司的组织结构
4. 财务部职能及各岗位职责

二、主要会计政策、税收政策

1. 主要会计政策
2. 主要税收政策

（1）主要税种、税率。

（2）享受的税收优惠政策。

三、财务管理制度与内部控制制度

（一）财务管理制度（略）

（二）内部控制制度（略）

四、资产负债表分析

1. 资产项目分析

（1）银行存款分析

银行存款期末××万元，其中保证金××万元，基本账户开户行，账号。

（2）应收账款分析

应收账款余额：年初××万元，期末××万元，余额构成：（略）。

（3）存货分析

期末构成：原材料××万元，低值易耗品××万元，在制品××万元，库存商品××万元。

年初构成：原材料××万元，低值易耗品××万元，在制品××万元，库存商品××万元。

原材料增加××万元，低值易耗品减少××万元，在制品增加××万元，库存商品减少××万元。

（4）长期股权投资分析

对××××有限公司投资，账面余额××万元。

（5）固定资产和累计折旧分析

机器设备原值××万元，运输设备原值××万元，房屋建筑物原值××万元，土地原值××万元，净值分别为××万元、××万元、××万元、××万元，本年增加固定资产（机器设备）××万元，原因为××完工，在建工程转入固定资产。

2. 负债项目分析

（1）短期借款分析

××银行：生产性流资借款××万元，以机器设备（价值为××万元）为抵押物。

××银行：生产性流资借款××万元，以应收账款（金额为××万元）为抵押物。

××银行：本期新增生产性流动资金借款××万元。

××银行：本期新增军品生产流动资金借款××万元。

（2）长期借款分析

长期借款共计××万元，主要为技术改造投资。借款依据为：××省工程咨询公司，××有限责任公司××改扩建工程可行性研究报告；省计委××计结构发（××××）×号文；××计结构发（××××）×号文；××公司资计字（××××）×号文和××公司（××××）×号文等。

（3）应付账款分析

应付账款余额：年初××万元，期末××万元。余额构成：一年以下××万元，一年以上两年以下××万元，两年以上三年以下××万元，三年以上××万元。

3. 所有者权益

（1）实收资本分析

公司注册资本为××万元，本期实收资本增加××万元，为公司整体改制增加。

（2）资本公积分析

资本公积年初数××万元，期末数××万元。当年减少××万元，为公司整体改制用于弥补亏损××万元，增加实收资本××万元。

（3）未分配利润分析

年初为××万元，期末为××万元。增加原因：公司改制以资本公积弥补以前年度亏损××万元；上年利润转入××万元。

五、损益表分析

1. 收入总体构成分析

主营业务收入××万元，同比减少××万元，主要是受市场影响销售量减少；其他业务收入××万元，同比减少××万元，主要是易货收入略有降低；营业外收入××万元。

2. 成本、费用总体构成分析

主营业务成本××万元，同比减少××万元，主要是由于销量减少；营业费用××万元，同比增加××万元，主要原因是运输费、转运费、差旅费等增加；其他业务成本××万元，同比减少××万元，主要是本期易货成本降低；管理费用××万元，同比增加××万元，主要原因是工资及福利费、折旧费、劳动保险费、售后服务费增加；财务费用××万元，同比增加××万元，主要是上年同期技改借款利息计入在建工程。

3. 主营业务收入、成本分析

本期各项业务收入：××万元，××万元，××万元，××万元，其他××万元。

本期各项业务成本：××万元，××万元，××万元，××万元，其他××万元。
本期各项业务毛利：××万元，××万元，××万元，××万元，其他××万元。

4. 营业费用和管理费用

营业费用本期××万元，同比增加××万元，增幅×%，主要是运输费用增加××万元，包装费增加××万元；管理费用本期××万元，同比增加××万元，增幅×%，主要是售后服务费用增加××万元，劳动保险费增加××万元，折旧费增加××万元。

5. 财务费用分析

财务费用由利息收支及银行手续费构成。财务费用本期××万元，同比增加××万元，主要是上年同期技改借款利息计入在建工程。

6. 其他业务收入和其他业务成本分析

其他业务主要有销售材料，易货及边角余料出售等业务。材料收入××万元，同比减少××万元；易货××万元，同比减少××万元；其他××万元，同比减少××万元，其主要原因是易货收入降低。

六、现金流量分析

1. ××××年上半年经营活动现金流量。
2. 预计××××年下半年经营活动现金流量。
3. ××××年长、短期借款到期情况。

七、财务比率分析

1. 获利能力状况的指标分析

净资产收益率本期×%，同比降低×%，比前年同期降低×%；总资产报酬率本期×%，同比增长×%，比前年同期降低×%；销售利润率本期×%，同比增长×%，较前年同期增长×%。说明公司自有资本收益能力有所降低，资产利用效益较差，成本费用控制工作需要加强。

2. 资产运营状况的指标分析

总资产周转率本期×%，同比降低×%，比前年同期降低×%；存货周转率本期×%，同比降低×%，比前年同期降低×%；应收账款周转率本期×%，同比减少×%，比前年同期减少×%。说明公司全部资产使用效率差，原因为流动资金占用较大，尤其存货储存过大；应收账款周转天数同比增加，清理应收账款任务艰巨。

3. 偿债能力状况的指标分析

资产负债率本期×%，同比增加×%，比前年同期增加×%；已获利息倍数本期×%，同比减少×%，比前年同期减少×%；流动比率本期×%，同比增加×%，比前年同期增加×%。说明公司债务负担比较重，但短期偿债能力较稳定。

4. 发展能力状况的指标分析

销售增长率本期×%，同比降低×%，比前年同期降低×%；资本积累率本期×%，同比减少×%，比前年同期减少×%；总资产增长率本期×%，同比减少×%，比前年同期减少×%。主要由于市场有所萎缩，公司发展空间受限，企业发展速度缓慢。

5. 现金流量状况的比率分析

现金流量与销售比率×%，同比增长×%，比前年同期增加×%；经营指数×%，同比增加×%，比前年同期增加×%；现金流动负债比率×%，同比增加×%，比前年同期增加×%。

八、资产质量分析（略）

九、重点项目分析

重点项目说明：系列××本期收入××万元，成本××万元，分摊费用××万元，利润总额××万元；系列离合器××万元，成本××万元，分摊费用××万元，利润总额××万元。

十、经营计划和预算完成情况及分析

上半年完成工业总产值××万元，同比减少××万元，降幅×%，完成年度计划××亿元的×%；实现产品销售收入××万元，同比减少××万元，减幅×%，完成年度计划××亿元的×%；上半年货款回收××万元，同比减少××万元，减幅×%，完成年度计划××万元、×%；实现利润总额××万元，同比减少××万元。

十一、对财务状况及经营情况总体分析与评价

在资金使用上坚持统筹安排、保障重点、适度从紧、压缩开支的原则，确保资金的合理、有效使用。降本增效是我公司××××年度的重点工作之一，各有关部门在降本增效方面做了大量工作，采取了很多措施，抢抓机遇、艰苦奋斗、外拓市场、内抓管理、增产节支、降本增效，争取完成年度主要生产经营指标。

十二、问题与建议

（一）抓好销售工作：销售商品出库要严格履行手续，准确、快捷地满足客户的需要，财务要更好地配合销售工作，加大应收账款回收，减少不合理的流资占用。

（二）加强成本费用核算和控制，降低管理费用、财务费用、销售费用支出，使产品成本及期间费用控制在一个合理的范围内。

（三）加强质量成本的控制，努力减少废品、次品带来的损失及不良影响。

（四）加强物资管理，清理积压物资，确保资产安全，以降低经营风险。

××公司财务部
××××年×月×日

十二、商业计划书

（一）商业计划书简介

商业计划书是一份为商业项目编制的运作计划。从广义上说，无论是为一个已经存在的企业编写的市场营销计划，还是包括即将创建公司战略内容在内的市场营销计划，都属于商业计划书范畴。

对于一个已经存在的公司对准备运作的业务项目所编制的商业计划书，要分为新的业务或已经运作的业务，这两种商业计划书的内容有一些差异。对于已经运作的项目，主要在计

划书中对改进部分进行计划，没有机构计划或财务预算等方面的设计，仅在计划书中考虑项目运作时对财务会产生影响部分的内容。对于未开始运作的项目，商业计划书相对完整。商业计划书是企业管理所需要的行动纲领，对于管理者而言，商业计划书可以使其有计划地开展商业活动，增加成功的概率；对于创业者来说，商业计划书是提供给投资者评判项目利润前景的依据，将在很大程度上决定创业者能否得到投资。

（二）商业计划书的类型

从广义的角度，商业计划书包括以下 3 种类型。

（1）一个已经存在的企业对新的投资项目、新的产品和业务发展编写计划。

（2）企业在已经提出的营销战略计划下，由负责某项具体业务调整的经理人员按照计划要求，制定落实某项具体计划而编制的计划书。

（3）某些人员就某项科技发明和商业机会，准备创建公司来进行市场运作所编制的创业计划书。

（三）商业计划书的构成要素与写作要求

尽管不同商业计划书涉及的计划运作内容各不相同，但商业计划书在格式上所要求的内容大体是一致的。商业计划书的主要格式内容由以下部分组成。

1. 执行摘要

执行摘要是对计划书的主要内容进行概述。

2. 公司简介或机构计划

公司简介是对公司的主要业务、实体性质、公司目标和战略等进行简要的介绍；机构计划是指为了运作一项商业项目对人员、薪酬及机构设置所提出的要求。如果商业计划书作为公司内部使用，可不编写这部分内容，但需要对本公司与本商业计划有关的机构进行调整的除外。如果商业计划书是递交给投资人的，则一定要编写机构计划。

3. 项目背景分析

项目背景分析即基于什么样的机会和技术条件的考虑，要进行该项目或业务的计划。如果商业计划书是本公司内部的营销计划，则这部分中要主要对与商业计划有关的营销状况进行分析。

4. SWOT 分析或问题分析

在这部分内容中要对计划的商业项目所面临的机会、威胁、项目发起者所既有的优势、劣势进行分析。

5. 目标与建立目标的可行性分析

目标与建立目标的可行性分析即计划涉及的商业项目所要达到或预期能够达到的目标，以及目标实现的可行性。目标具体包括市场营销目标与财务目标，财务目标中还包括融资目标，即为保证项目实施，需要新增投资多少。

6. 营销计划

营销计划主要说明商业项目的市场营销目标,包括总体的营销目标和各项具体的营销策略目标,以及实现目标的具体营销措施等。

7. 财务计划与财务分析

财务计划与财务分析即运作的商业项目所需要的财务数据与财务分析,包括资产平衡表、现金流量表、损益计算表等;若需要通过融资方式获得所需资金,还需要编制融资或贷款计划。

8. 其他必要材料

商业计划书还需要一些必要的证明文件,如公司当前的财务状况、信用记录、资产来源证明、技术研究或分析文件、负责人个人资料证明等。

(四)商业计划书写作的注意事项

(1)通俗易懂。商业计划书要避免不专业的表达。由于其可能面对的是非技术背景但对计划有兴趣的人,因此,一份好的商业计划书应该写得通俗易懂,避免使用过多的专业词汇,又要具有一定的专业水准。

(2)简明扼要。商业计划书的篇幅要适中,太短则不能充分阐释项目的可行性;太长则重点不突出,表达不清楚。适合的篇幅一般为20~40页为宜。

(3)观点客观。不必形容市场多么巨大,应用事实和数据说话,客观呈现市场前景,因此需用专业的市场调查方法对市场容量进行估计和测量。

(4)严谨周密。列出的数据和事实要前后一致,没有矛盾或冲突,同时不要做模棱两可的、模糊不清的或未经证实的陈述或论断,在描述市场规模、增长速度等时一定要精确。

(五)商业计划书参考范例

 范例

××××项目商业计划书

执 行 摘 要

1. 公司概况

××××有限责任公司是一家俱乐部形式宠物狗综合服务企业,经营宠物狗的代理销售、宠物医疗、美容护理及宠物用品等,主要针对会员定期开展俱乐部活动……

2. 市场分析概况

21世纪以来,全球发展最快的3个宠物市场分别是亚洲、欧洲和南美洲。从20××年到20××年世界宠物用品市场在金额上累计增长22%,数量上增14%。据统计,我国宠物狗的数量超过6 000万只……

3. 目标消费者分析概况

经过市场细分,公司定位在北京的名贵宠物狗市场,销售纯种狗,并将主要目标消费者定为"中高层收入的家庭,家里的孩子在学龄前至小学"这一消费群,企业的经营理念是针对这一类客户群……

4. 公司产品与服务

公司主要经营名贵宠物狗销售、宠物消费品销售、宠物美容、医疗及部分与宠物狗有关的服务项目……

5. 公司组织设计与规划概况

公司管理机制共设立了七大部门,包括会员部、行政人事部、网络部、财务部、宠物店面、采购部和营销策划部……

6. 营销计划概况

为了使公司很快进入市场,尽早盈利,公司制定了一系列营销策略组合,从而达到与目标人群沟通的目的……

7. 财务预测概况

本公司在进入行业初期规模较小,但经营项目在此行业中有较大的发展空间,是一个很有发展前景的投资项目。按照计划,公司在第一年将战略重点放在打入市场,所以,运营前两年,财务方面重点支出在广告宣传方面,以及购进基本的器材设施方面,主营业务收入由销售宠物消费品及收取会员费取得……

第一章 公司简介

1. 公司及名称简介

××××有限责任公司是一家俱乐部形式宠物狗综合服务企业,主营宠物狗的代理销售、宠物医疗、美容护理及宠物用品等,还会定期开展一系列俱乐部活动……

2. 主要项目与产品服务简介

公司起步初期,建立了一店、一网、一基地的服务结构,店面和网站都为会员提供自助服务及活动项目,一基地即会员休闲服务区,是供孩子们与宠物狗玩耍,供孩子们学习的地方,并为会员提供了各式各样的活动,通过孩子在对宠物狗饲养中的点点滴滴、孩子与孩子的玩耍与交流中来提高孩子们的能力……

3. 企业产品定位

公司的产品定位在名贵宠物狗市场。这个市场的目标客户需要优质的产品与全面的服务。公司主要为消费者提供各类服务,专业的宠物评估师为消费者挑选最好的、消费者指定条件的宠物狗……

4. 经营理念与宗旨

公司的经营理念:父母与孩子一起行动,孩子与宠物共同成长。

公司宗旨……

5. 经营模式与盈利模式

本企业采取的是以销售服务为主,用品、医疗等服务为辅的经营模式。在销售服务中,首先本公司把各大狗舍、养殖场、宠物市场作为企业走向市场的途径……

6. 公司管理及部门职能

公司管理机制共设立了七大部门，包括会员部、行政人事部、网络部、财务部、宠物店面、采购部和营销策划部……

7. 企业发展战略规划

7.1 企业战略目标

企业的最终目标是建立一个完整的俱乐部体系，使公司的业务遍布国内经济发达的大中城市……

7.2 企业战略规划与步骤

……

第二章 产品与服务

公司起步初期，建立了一店、一网、一基地的服务结构。店面和网址都为会员提供自助服务及张贴活动项目；一基地即会员休闲服务区，是接待孩子们与宠物狗玩耍、学习的地方，并为会员提供了各式各样的活动，通过孩子与宠物、孩子与孩子的交流和玩耍来提高孩子们的各种能力。

1. 经营服务项目（含会员服务）

……

2. 经营服务流程

……

3. 企业选址与规划

……

4. 采购渠道管理

……

第三章 市场环境与商业机会分析

1. 宏观市场环境分析

……

2. 微观市场环境分析

……

3. 商业机会描述

……

第四章 竞争者分析

1. 主要竞争者分析

……

2. 企业 SWOT 分析

……

第五章　市场营销

1. 营销战略与目标
……
2. 营销策略组合
……
3. 具体行动计划
……
4. 费用估算
……
5. 营销控制与方案调整
……

第六章　融资方式与退出机制

1. 融资方式
……
2. 资本退出机制
……

第七章　风险分析

1. 市场风险
……
2. 经营管理风险
……
3. 政策风险
……

第八章　公司管理

1. 企业组织结构与部门职责
……
2. 人员配备与任职资格
……

第九章　经营预测与财务分析

1. 五年利润预测
……
2. 财务分析
……

3. 资产负债表
……
附录1：北京市宠物市场中高层消费调查问卷（略）
附录2：北京市宠物市场中高层消费调查分析报告（略）
附录3：宠物服务价目表明细（略）
附录4：管理团队主要人员简历（略）

十三、合作意向书

（一）合作意向书简介

合作意向书是双方或多方就合作项目在进入实质性谈判之前，根据初步接触所形成的表达原则性、意愿性的文书。在对对方的资信能力、技术、经营实力等未能充分了解前，合作双方先签订一个合作意向书，用以表达双方通过谈判而取得共识的一种形式。

合作意向书不具有强制性的法律效力，其作用主要是有利于双方进行下一步的实质性接触和谈判，并作为下一步实质性谈判的基本依据。

（二）合作意向书的主要类型

合作意向书的具体类别较多，但从合作双方的权利和义务角度，可以分为以下两大类。① "双方契约"和"有偿合同"性质的意向书。这种意向书使签约双方或各方既享有一定的权利，也承担一定的义务。② "单方契约"和"无偿合同"性质的意向书。这种意向书只明确其中一方单独承担的某些义务。

（三）合作意向书的格式和内容

合作意向书一般分为标题、导语/引言、正文和落款4个部分。

1. 标题

意向书常用标题有3种形式：① 文种式标题，即只写明"意向书"3个字即可，这种写法较少；② 简明式标题，由事由和文种两项组成，如"关于合作开展科研攻关的意向书"；③ 完全式标题，一般由合作双方名称、合作项目和文种3项组成，如"××公司和×××公司合作经营××度假村意向书"。

2. 导语/引言

意向书的导语通常要说明以下几层意思：① 签订意向书的单位；② 明确该意向书的指导思想、基本原则和政策依据等；③ 规定本意向书需要实现的总体目标，最好用承上启下的惯用语结束导语，导出正文。

3. 正文

正文是合作意向书所要实现的总体目标的具体化,一般都以分项条款的形式来表述。各项条款之间的界限要清楚,内容要相对完整,逻辑层次要清楚,不要过于琐碎,更不能有所疏漏。

正文结尾一般以"未尽事宜,在正式签订合同或协议书时予以补充"作结语,以便留有余地。

4. 落款

在正文后空白处各方谈判代表签字、盖章,写明签订时间等。

(四)合作意向书拟写的注意事项

(1)意向书仅仅是表明双方对某个项目合作的意愿和趋向,而不是对该项目的完全确认。因此,在拟写项目意向书时,己方对项目中的关键问题的要求一般不必写入,以便在未来谈判中取得主动权。

(2)在拟定项目意向书时必须谨慎从事,不可将不适当或本企业无法独自决策事项的承诺写入意向书。

(3)注意意向书内容的合理性与合法性,不要写入超越该项目工作范围的意向条款,更不能约定与我国现行政策和法规相抵触的内容。

(4)意向书只是一种导向性文书,需要说明合作意向与合作目标即可,不要求描述具体内容和步骤。

(五)合作意向书参考范例

 范例

关于建立战略合作伙伴关系意向书

广东×××对外贸易有限公司(甲方)与深圳××××有限公司(乙方),经双方协商决定,建立长期战略合作伙伴关系,以谋求互补优势、互惠互利,提升市场竞争优势。

一、双方合作项目与内容

1. 甲方授权乙方使用甲方商标品牌,为甲方提供贴牌加工产品,独家供应。
2. 甲方独家代理乙方自有品牌产品在北美市场的销售权。
3. 高新技术及资金等方面的引进合作。
……

二、合作方式

双方本着互惠互利,风险共担,同一项目排斥第三方的原则,根据具体项目协商采用多种合作方式,另行签订具体协议。

三、合作程序

由双方商定在适当时间，互派考察组，根据考察结果共同拟订合作项目、方式、内容、步骤等合作协议。

四、甲乙双方义务

1. 甲方负责提供海外订单，并定期通报海外市场信息资料。甲方按约定账期向乙方支付货款。

2. 乙方负责提供符合甲方要求的优质产品，保证按时按质按量供应。

3. 双方确定日常的联络工作机制，落实具体的联络部门和联络人员，进行定期的联络工作。

……

五、附则

此合作意向书一式四份，甲乙方各执两份。

甲方：	乙方：
法人代表：	法人代表：
联系人：	联系人：
电话：	电话：
传真：	传真：
联系地址：	联系地址：
邮政编码：	邮政编码：

××××年×月×日

十四、经济合同

（一）经济合同简介

《中华人民共和国合同法》第二条规定：合同是平等主体的自然人、法人、其他组织之间设立、变更、终止民事权利义务关系的协议。因此，经济合同是企业进行经济活动，使用非常频繁的重要法律文书。

经济合同具有以下基本特点。

（1）具有法律效力。合同签订后，各方当事人就必须严格履行合同的内容，否则就会受到经济制裁，甚至追究相关法律责任。

（2）合法性。经济合同的内容必须符合国家的有关法律、法规和宏观经济规划的要求。

（3）平等性。订立合同必须贯彻平等、公平、协商、等价有偿、诚实信用的原则。

（二）经济合同的类型

经济合同作为法人之间为了达到一定经济目的，明确相互权利、义务关系而订立的协议，其类型很多，依据不同的标准，可以划分不同的类型。

（1）按形式划分：有表格式合同、条款式合同、表格条款式相结合的合同。

（2）按期限划分：有长期合同、中期合同、短期合同。

（3）按合同是否立即交付标的划分：有诺成合同、实践合同。

（4）按合同的性质划分：有转移财产的合同、完成工作的合同、提供劳务的合同等。

（5）按合同的内容划分：有买卖合同、供用（水、电、气、热力）合同、赠与合同、借款合同、租赁合同、融资租赁合同、承揽合同、建设工程合同、运输合同、技术合同、保管合同、仓储合同、委托合同、行纪合同、居间合同等。

（三）经济合同的格式与内容

合同格式分为表格式和条款式两大类。在实际使用的合同中，也有两种格式综合使用的。我国有关部门颁发了几十种常用合同示范文本。合同法规定：当事人可以参照各类合同的示范文本订立合同。

合同由标题、当事人、正文、落款等构成。

1. 标题

标题位置在首行居中，通常直接使用合同名称，以表明合同的性质，如"购销合同""承揽合同"等。也有的在前面写明标的，如"供用电合同""棉花购销合同"等。还可以加上单位名称、时间或范围的限制，如"××公司20××年技术服务合同""××综合商场租赁经营合同"等。

2. 当事人

当事人在标题下空一行顶格书写。当事人（立合同者）要写明单位全称或个人真实姓名。通常各方当事人要以相同形式分行并列，并注明当事人在合同活动中的地位，如"买方"或"卖方"、"出租人"或"承租人"、"委托方"或"服务方"等。也可以用"甲方"和"乙方"分别代指双方，依照惯例，付款方称"甲方"，收款方称"乙方"。

3. 正文

正文一般包括引言、主体、结尾3个部分。

（1）引言。引言要简明写出双方订立合同的依据和目的，如"为扩建北京市××公司计算机实验室，甲、乙双方协商订立本合同"。也可以不写引言，直接写协议内容。

（2）主体。主体一般用表格或条款写明合同内容，包括标的、数量和质量、价款或酬金、履行的期限、履约的地点和方式、违约责任、解决争议的方法等，还包括经当事人商定的其他必要条款。每项都应尽可能写得具体、明确，将各方的责任和义务规定清楚。

(3) 结尾。结尾要写明合同的份数、效力。例如，"本合同一式两份，具有同等效力，双方各执一份"。有的还需要注明合同的有效期限、附件的名称与数量，如"设计图纸5份"等。

合同正文的每个部分和每项内容，在条款式合同中都要另起一段，在表格式合同中都要另占一格，复杂的合同（如进出口合同书）还要划分章目，并在前面列出目录。

4. 落款

落款位置大多在合同书的最后，除了写明当事人单位全称及代表人（或代理人）姓名并加盖印章，注明签订日期外，通常还要注明地址、电话、传真、银行账号等。合同经过鉴证的，鉴证机关可以单独开具"合同鉴证书"，也可以在合同后签署鉴证意见并注明日期，经办人和鉴证机关要署名盖章。

（四）经济合同的写作要求与注意事项

（1）合同内容必须符合国家方针政策和法律、法规要求。签订经济合同是一种严肃的法律行为，只有当其内容符合国家的法律和政策要求时，才能产生当事人双方预想的效果，受到法律的保护。否则，不但达不到双方当事人预想的目的，还可能部分或全部无效，甚至受到法律的制裁。因此，经济合同在内容、签订的形式和程序方面都要符合法律和政策的规定。

（2）贯彻平等互利、协商一致、等价有偿原则。经济合同的当事人在签订经济合同时，具有平等的法律地位，任何一方都不能把自己的意志强加给对方。

（3）格式要规范。关于经济合同的格式，凡国家法律、法规有规定的，要按法定的形式行文；如已颁布了合同示范文本的，可参照示范文本行文；没有相关规定的，可由当事人商定合同的内容与表现形式，但要对照《中华人民共和国合同法》的有关规定，防止出现无效合同或合同要素的缺失。

（4）合同内容要具体、完备；合同语言应精确、严谨。拟写合同应严肃、认真，拟写内容要具体、条款要完备、不得疏漏。语言表述要求精确、严谨，避免文字上的歧义和混乱。书写要求工整、清晰，正式的合同文书不能有任何涂改之处。

（五）经济合同参考范例

常见经济合同种类较多，具体内容与格式请参见相关政府部门网站颁布的合同示范文本。

第八章

员工职业生涯常用文书

一、求　职　信

（一）求职信简介

求职信是求职者主动向用人单位或单位主管领导介绍自己的个人资历和实际才能，表达自己就业愿望的一种书信式文体。

（二）求职信的构成与写法

求职信主要由称谓、正文、结语、附件、落款等几部分构成。

1. 称谓

称谓即对受信者的称呼，要顶格写在第一行，可以是受信者单位名称或个人姓名。单位名称后可加"负责同志""主管领导"等；个人姓名后可加"先生""女士""同志"等称呼。

求职信不同于一般私人书信，受信人未曾见过面，所以称谓要恰当而正式。

2. 正文

正文要另起一行，空两格开始写求职信的内容。如果正文内容较多，就要分段写，主要包括以下几方面的内容。

（1）首先简要介绍自己的自然情况，如姓名、年龄、性别、民族、毕业院校、专业特长等。

（2）应该简要说明求职的原因和愿望。首先可以直截了当地说明从何渠道得到有关招聘信息，然后对应招聘条件简要说明自己求职的动机和原因，明确应聘职位或职务。行文郑重而简明，重点突出，文字应具吸引力，切勿流于套话或现抄袭之嫌。

（3）写出对所谋求职位的基本认识，以及对自己的能力与学识作出客观公允的评价，这也是求职信的关键内容。要着重介绍自己应聘的有利条件，要特别突出自己的优势和"闪光点"，以使对方信服。这段内容的语言要中肯，恰到好处；既要态度谦虚诚恳，又要表现出充分的自信；要给受信者留下深刻印象。总之，这段文字要有目标、有重点，极具说服力。

（4）明确提出自己的希望和要求。向受信者提出希望和要求要明确清晰，不要苛求对方。

3. 结语

结语要另起一行，空两格，写表示敬祝的话，如"此致""敬礼"，或"祝工作顺利""祝事业发达"等较正式、通用的祝颂词语。这两行均不点标点符号，不必过多寒暄，以免"画蛇添足"。

4. 附件

有说服力的附件是对求职者应聘资格鉴定的凭证。所以求职信的附件是重要的却经常被忽视的部分。但如无恰当附件材料也不必勉强凑集。附件可在信的结尾处注明，如"附件1.××××××；附件2.××××××；附件3.××××××……"最后将附件的复印件按顺序单独装订在一起随信寄出。附件不需太多，但必须有分量，应足以证明你的经验和专业能力。

5. 落款

落款是将写信人的姓名和成文日期写在信的右下方。姓名写在上面，成文日期写在姓名下面。姓名前面不必加任何谦称的限定语。成文日期要年月日齐全、规范。

（三）求职信的写作注意事项

求职信的写作应该注意以下问题。

（1）行文篇幅一定要简短，内容精练，切忌拖沓冗长，套话连篇。

（2）表达语气自然，遣词用句通俗易懂，既要体现郑重严肃的态度，又要照顾书信的口语表达特点，语气正式但不能僵硬。切忌在信中使用生僻词语、专业术语等。

（3）言简意赅，重点突出。求职信力求重点突出、内容完整，尽可能简明扼要，不必面面俱到。尽量使用实例、数字等来说明问题。

（四）求职信参考范例

求 职 信

尊敬的××先生：

　　您好！

　　我是北京××大学计算机系××届的应届本科毕业生×××，22岁，专业方向为××××××，北京生源。近日在贵公司的网站上看到了有关招聘数字处理研发研究人员的信息，我自检个人大学4年的学术背景和专业水平，完全能够胜任贵公司对该工作职位的要求，因此，特向贵公司投递简历，申请数字处理研发研究员一职。

　　除在北京××大学的4年计算机专业学习专业知识外，我积极参与各种科研项目、实践活动和课外活动，取得了理想成果，同时锻炼了我各方面的能力。这些都为我应聘贵公司的研发研究员做好了充分的准备。

　　我相信我的努力，将给贵公司这个正在不断发展壮大的 IT 团队带来我应有的贡献。理由如下：

××公司研发研究员所要求的素质	我所具备的素质
——重点院校大学本科以上学历	——北京××大学计算机系本科毕业，具有较好的学术背景和学历
——具有相关研究工作经验者优先考虑	——曾在包括 IBM 在内的多家 IT 行业公司实习，熟知软件开发的整体流程，同时具备独立项目研发能力
——对软件开发工程有深刻的理解良好的专业技术水平	——优秀的专业知识水平，在本科阶段已参加导师课题组的研究，相关的优秀毕业设计
——流利的英语听说能力	——在多家跨国 IT 企业实习中，锻炼了自己的英语听说能力；英语四、六级成绩优异
——能吃苦，责任心强，具备团队合作精神和合作能力	——熟练掌握沟通技巧，同时具有较好的团队协作精神
——能够在工作中承受一定的压力	——在高压力环境下的工作能力强

　　非常感谢您能在百忙之中阅读我的求职信。同时我也十分期待能够在您方便的时间与地点与您见面。期盼回复！

　　顺颂商祺！

北京××大学计算机学院　×××
××××年×月×日

　　联系方式：手机：86-138-××××-××××　　宅电：86-010-××××-××××
　　E-mail：×××@163.com
　　　地址：××××××××××　邮编：××××××

二、自　荐　信

（一）自荐信简介

　　自荐信是指去应聘某个职位时，应聘者采用自我推销的方式，推荐自己适合担任某项工作或从事某种活动的一种专用信件。自荐信同简历一样重要，一份好的自荐信同样能赢得一个面试机会。

一般,简历会告诉别人有关你的经历和你的技能,而自荐信则更具体、更有针对性地告诉雇佣者你能为他们做什么。

(二)自荐信的内容构成要件

常见的自荐信一般由以下几部分构成。

1. 标题

自荐信的标题很简单,即直接以"自荐信"为标题即可。

2. 称谓

自荐者一般应设法知道谁将收到你的信。如果有必要,可打电话询问公司。如果你还是不能确定具体的名字,就写"尊敬的人事经理"或"尊敬的公司领导"等称呼。

3. 正文

自荐信的正文一般包括以下3部分。

(1)自我介绍和写自荐信的理由。信的首段先简单介绍一下自己,然后说明你为何要寄简历,你对公司哪些工作有兴趣并想申请哪个空缺职位,要说得明确而具体。

(2)自我推荐。这部分主要陈述个人的求职资格和所具备的能力,一般包括以下几个部分:专业及专业水平、工作经历和职业能力。其中,专业方面主要描述自己所学的专业及特长、具体所学的课程、自己所受教育的层次及与招聘工作密切相关的教育培训内容;工作经历和能力方面主要说明工作经历,尤其是与求职目标相关的经历,一定要说出最主要和最有说服力的资历、能力、工作经历。注意在写工作经验时,一般是由近及远,先写近期的,然后按照年代的顺序依次写出。另外,在每一项工作经历中要先写工作日期,然后是供职单位和职务。

(3)致谢及进一步行动的要求。结尾部分除了对你的未来雇主花时间读你的信表示感谢外,还要表明你的下一步计划。要告诉招聘者怎样才能联络到你,要留下电话或 E-mail,同时要表明如果几天内等不到他们的电话或 E-mail,你会自己打电话确认招聘者是否已收到简历和自荐信,以及面试安排,注意语气一定要肯定但同时要有礼貌。

4. 落款

在信的结尾部分应署名,写明日期、联系地址和电话等信息。

(三)自荐信的写作要求与注意事项

自荐信的写作总体要求为层次分明、简单明了、突出重点。在写作过程中要特别注意以下几个方面的问题。

(1)要坚持实事求是的原则,正确介绍自己。既不要过高地宣扬自己,也不要过于谦虚,将自己的能力说得平平,这些都会降低用人单位的录用概率。最好是用成绩和事实来恰如其分地介绍自己。

(2)要突出重点,有针对性。自荐信切忌篇幅过长或过短,长了会使对方厌烦,而篇幅过短又说不清问题，并且可能会给人一种不严肃、不认真的感觉。

（3）文笔要顺畅，字迹要工整。自荐信是用人单位对求职人的一次非正式考核，用人单位可以通过信件了解求职者的语言修辞和文字表达能力。可以说，自荐信是用人单位对求职者取得第一印象的重要凭证。

（4）语气要慎重，不要引起对方反感。有些自荐信虽然文笔通顺、字迹工整，但语气、口吻分寸把握不好，会使对方内心有些不悦，甚至反感。

此外，还有一些常见的问题需要注意：① 切忌措辞严厉地给对方限定答复时间；② 避免给对方规定义务或主观假定，如"盼望贵单位给予人才足够的尊重"等；③ 不能有以上压下的口吻，如"某领导很关心我的求职问题，特让我写信找你们"等；④ 不能"吊起来卖"，如"现有几家公司欲聘我，所以请你们从速答复"。

（四）自荐信参考范例

 范例

自 荐 信

尊敬的××人事经理：

　　您好！

　　我是××大学××系××专业的一名应届大学毕业生。首先衷心感谢您在百忙之中阅读我的自荐信。

　　××大学是我国××××人才的重点培养基地，具有悠久的历史和优良的传统，并且素以治学严谨、育人有方而著称；××大学××系则是全国××××重点学科基地之一。在这样的学习环境中，经过4年严格的专业训练，无论是在知识能力，还是在个人素质修养方面，我个人都受益匪浅。

　　4年来，我具备了扎实的专业基础知识，系统地掌握了××××、××××方面的专业理论；熟悉涉外工作常用礼仪；具备良好的英语听、说、读、写、译能力；能熟练操作计算机办公软件。同时，我利用课余时间广泛地涉猎了文化艺术方面的书籍，文化修养得到不断提升。

　　朴素的农家教育和严格的专业教育，塑造了我朴实、稳重、创新的性格特点。大学4年，我积极地参加各种社会实践活动，把握每一个机会锻炼自己。个人参加的社会实践活动得到实习单位和学校的肯定与表彰，个人具有较强的团队合作精神和组织协调能力，具有较强的责任心，能够吃苦耐劳、诚实、自信、乐观、敬业，能够脚踏实地努力做好每一件事。

　　此外，个人还在歌唱、舞蹈和体育方面有专业特长，均达到专业水准。体育特长主要是在篮球、羽毛球和短跑方面。

　　过去并不代表未来，勤奋与努力才是未来成绩的保证。对于可能得到的未来的工作，我相信自己凭借个人的热情、努力和持之以恒的精神一定能够出色地完成。

　　我怀着一颗赤诚的心和对事业的执着追求，真诚地推荐自己。期待您的反馈！

　　此致

敬礼

×××
××××年×月×日

三、个 人 简 历

（一）个人简历简介

个人简历是用于应聘的书面交流材料，是求职者向未来的雇主表明其拥有能够满足特定工作要求的技能、态度和资质的专用文书。卓越的简历就是一件营销武器，证明你能够解决未来雇主的问题或满足其他的特定需要，能促使你成功地得到面试机会。

个人简历的类型主要有3种：时序型、功能型和混合型。

时序型的简历按时间倒序描述你的工作经历，从你最近的职位开始，然后回溯，着重强调责任和突出的成就。功能型的简历格式在简历的开始部分就强调你特殊的成就和非凡的资质，但是并不将它们与特定的雇主联系在一起。混合型格式同时借鉴和综合了功能型格式和时序型格式的优点，是一种强有力的写作格式。在简历的开始部分介绍你的价值、资信和资质（功能部分），随后的工作经历部分提供了支持性的内容（时序部分）。

时序型与功能型格式的简历各有千秋，一般作为没有工作经验的应届毕业生，比较适合采用时序型简历；而对于有工作经验的求职者，则功能型简历更为明确。

（二）个人简历的基本内容

个人简历没有固定的格式，实际上应提倡个性化简历，如果你的个人简历格式新颖，能一下子吸引招聘者的眼球，那你做的就是一份成功的简历。但无论简历格式如何，简历内容一般应包括个人信息、求职意向、教育背景和工作经历、奖励情况、职业技能、个人兴趣爱好等几部分。

1. 个人信息

个人信息应该简单、直观、清晰。姓名、地址、电话和 E-mail 是必不可少的内容（若应聘国企，最好写上政治面貌），尤其是电话和 E-mail 一定要写在醒目的地方，让看简历的人非常容易地找到你的联系方式。

2. 求职意向

求职目标要精简成一句话，写作时要把握好"度"，既要考虑自己的能力范围，也不能过于谦虚。

3. 教育背景和工作经历

应届毕业生应将教育背景写在醒目的地方，而有工作经验的求职者则应把"工作经历"

放在"教育背景"之前。要按照逆序来写教育背景,即把最近的学历放在最前面,其中可以涵盖的内容有学校、学校所在地、毕业时间、专业、成绩、排名情况等。

4. 奖励情况

写奖励情况时要强调奖励的级别,必须描述这个奖励的实质,最好用相对的数字来说明获得该奖励的难度。

5. 职业技能

交代职业技能要注意相关性,只写对申请职位最直接相关的技能。

6. 个人兴趣爱好

关于个人兴趣爱好,应写那些自己擅长的、对申请职位有帮助的、具体的爱好。

(三)个人简历撰写的注意事项

(1)遵循"关键词"原则。现在一些大公司采用计算机筛选简历的方法极大地提高了工作效率,但同时也给投递简历者提出了新的要求,因为计算机通过搜索关键词来筛选合适的人选,只有通过了这一关才有面试机会。关键词几乎成为简历赢得计算机系统青睐的撒手锏,因此,特定的关键词应该出现在你的简历里。

(2)用数字说话。有数字支持的成就故事是最好的说服工具,因为数字不是主观的判断,而是一种客观的证据,证明你的工作业绩。

(3)不要一份简历打天下,越是针对性强的简历越容易受到认可。每个求职者都必须为特定企业、特定职位"量身打造"简历。

(四)个人简历参考范例

 范例

丁××

北京××大学×号楼×室(100×××)

86-010-××××-×××× 　　86-138-××××-××××

×××@163.com

求职意向		工商银行北京分行		
教育背景				
20××-09—20××-04	北京××大学	经济管理学院	国际贸易硕士	排名:全院前20%
19××-09—20××-07	北京××大学	经济管理学院	经济学学士	排名:全院前5%
专业经历				
华夏银行北京分行　个人信贷部　实习生　北京　20××-06—20××-07				
对北京高档住宅公寓潜在客户需求进行调查,协助小组运用Excel分析包括金蟾公寓在内的北京市高档住宅公寓19××—20××年客户购买力数据,评估金蟾公寓目前已有的固定资产规模和经营业绩,以及目前所占市场份额,设定				

相关变量并构建参数模型预测金蟾公寓潜在的市场需求和预期收益率,历时 20 天完成《个人住房按揭贷款可行性调查报告》。

学习到大量有关金融投资的技术分析、风险管理和投资策略知识,分析财务报表的技巧。

与同事很好的分工合作,学会了与人沟通协作,得到了华夏银行的特别褒奖。

培养了同时处理多项任务的能力,能适应高强度压力的工作环境。

中国移动北京分公司　　市场部　　项目助理　　北京　　20××-01—20××-02

对中国移动市场竞争力进行深入调研,涉及手机增值业务及盈利方式,并进行相关业务的成本与收益分析。

进行产品的成本分析和定价工作,策划商务意向书以增强"动感地带"品牌的市场号召力。

锻炼了较强的时间管理能力,培养了工作责任心和进取心,学习树立了强烈的职业道德感。

校园活动

北京××大学经管学院经 25 班　　文娱委员　　20××-09—20××-04

策划组织了经管"东情"晚会压轴节目——44 位同学共同参与的"老歌联唱"。

沟通协调参加演出的同学,统计演出曲目,根据具体曲目内容以及观众的偏好安排曲目顺序。

获得全院师生一致肯定,增强了班级凝聚力。

北京××大学经管学院团委组织部　　部长　　20××-09—20××-09

组织 20××年度经管学院甲团答辩大会。

规划大会流程,租借场地,邀请评委老师,设定评分标准等。

大会顺利闭幕,锻炼了组织策划能力与沟通协调能力。

获奖情况

北京××大学一等奖学金(奖励前 10% 的学生)	1 次
北京××大学思科奖学金(奖励前 5% 的学生)	1 次
全国大学生英语竞赛二等奖(奖励北京地区 200 名参赛选手中前 5% 的学生)	

职业技能

英语技能:CET-6,较强的英语听说读写能力;托业考试中级认证(805/990)。

IT 技能:熟练掌握 Office Software,熟练使用 SPSS,在北京移动实习期间曾使用该软件分析相关数据。

兴趣爱好

排球,乒乓球,跑步

四、辞　职　信

(一)辞职信简介

辞职信也称辞职书或辞呈,是企业员工向原工作单位辞去现任职务时书写的一种书信。一般情况,辞职信是辞职者在辞去职务时的一个必要程序。

(二)辞职信的构成内容与写法

辞职信通常由标题、称谓、正文、结语、落款等 5 部分构成。

1. 标题

标题是在第一行正中写上辞职信的名称。一般辞职信由文种或事由与文种名共同构成，即以"辞职申请书"或"辞职信"为标题。标题要醒目，字体稍大。

2. 称谓

称谓是要求在标题下一行顶格处写出接受辞职申请的组织部门或领导人的名称或姓名称呼，并在称呼后加冒号。受文者应该是具有处理辞职事务权限的部门或领导。

3. 正文

正文是辞职信的主体部分，正文内容一般包括以下 3 部分。

首先，要明确提出辞职的请求，开门见山让人一看便知。语气要确定，不可含糊不清，以免使人误解辞职的真实性。

其次，陈述提出辞职申请的具体理由。该项内容要求将自己辞职的具体理由一一列举出来，注意理由的客观合理性和客观必要性，以便辞职申请能够及时、顺利地被批复。

最后，要申明自己提出辞职的决心，并说明个人的具体要求，以及希望领导解决的问题等。

4. 结语

结尾要求写上表示敬意的话，如"此致、敬礼"等。

5. 落款

辞职申请的落款要求写上辞职人的姓名及提出辞职申请的具体日期。署名应该使用亲笔签名，并写明具体日期。

（三）辞职信的写作注意事项

（1）辞职信应该态度恳切、措辞委婉。不要批评对方，即使自己离职有怨恨情绪，以便自己能够顺利离职。

（2）辞职信应该简短精练，明确辞职要求，申明辞职的充分理由即可。完全无必要抒情与感慨，更无必要回顾在职期间个人经历和业绩等内容。

（3）辞职理由应该客观充分。

（四）辞职信参考范例

 范例

辞 职 信

尊敬的公司主管领导：

鉴于我个人无法克服的一些客观原因，本人正式请求领导批准我辞去公司第二项目部经理职位。

我此次辞职主要原因在于我是独生子女，父母现居江苏苏州市，年事已高，而且身体多病，需要照顾，父母希望我能够在他们身边工作，而我公司在江苏苏州又无分支机构。同时，北京房价高，个人无力购买自住房屋。因此，决定辞职回苏州另觅工作。

在递交这份辞呈前，我个人经过慎重考虑，无比艰难地作出辞职决定，心情十分沉重。我个人在公司北京总部已工作8年有余，当前公司正处于快速发展的阶段，我个人也非常感激公司数年来对我的培养和提拔。对于因本人辞职对公司造成的损失和不便，我深感歉意。

衷心感谢所有我在公司工作期间给予我信任和支持的领导和同事们，并祝所有领导和同事们在今后工作中取得更大的成绩。

希望公司领导尽快批复本人辞职事项。

此致

敬礼

第二项目部经理×××

××××年×月×日

五、申　请　书

（一）申请书简介

申请书是个人或部门向上级组织、机关、企事业单位或社会团体表述愿望、提出请求时使用的一种文书。申请书是一种专用书信，使用范围广泛。在企业中，多用于个人事项和部门的非正式或非重要事项的申请批准。部门正式申请一般采用请示形式。

（二）申请书的构成写法

申请书通常由标题、称谓、正文、结语、落款等5部分构成。

1. 标题

申请书一般有两种写法：一种是直接写"申请书"；另一种是由申请事项和文种组成，如"关于调换工作申请书"等。

2. 称谓

称谓是在顶格写明接受申请书的单位、组织或有关领导。

3. 正文

正文部分是申请书的主体。首先要明确提出申请要求；其次说明申请理由，理由要写得客观、充分；申请事项内容要写得清楚、简洁。

4. 结语

结尾一般使用特定用语，如"特此申请""恳请领导帮助解决""希望领导研究批准"

等。也可用"此致""敬礼"等礼貌用语。

5. 落款

关于落款,个人申请者要写清申请者姓名,同时注明日期。

(三)申请书的写作注意事项

(1)申请书要求一事一议,内容要单纯。切忌同时申请多个事项。申请的事项要写清楚、具体,涉及的数据要准确无误。

(2)理由要充分、合理,实事求是,不能虚夸和杜撰,否则难以得到上级领导的批准。

(3)语言要准确、简洁,态度要诚恳、朴实。

(四)申请书参考范例

 范例

试用期员工×××转正申请

尊敬的主管领导:

本人于20××年5月10日成为公司的试用员工,至今天6个月试用期已满,试用期间个人表现良好,符合公司人事管理制度转正要求,现申请转为公司正式员工。

作为一个应届本科毕业生,在公司轮岗实习期间,我先后在工程部、成本核算部、市场营销部和行政部等4个部门分别实习了一段时间。这些部门的业务本人以前未接触过,与我大学所学专业知识也有较大差异,但是各部门领导和同事给予我足够理解、无私帮助和耐心指导,使我在较短的时间内迅速适应了公司的工作环境,也掌握了这些部门的基本业务流程和工作内容。

在公司实习期间,本人一直严格要求自己,认真及时地做好领导布置的每一项任务;遇到专业和非专业上的问题时虚心向同事学习请教,不断提高自己的业务技能,希望能尽早独立履职。当然,初入职场,工作上出现不少差错,幸好没有给公司造成损失。但前事之鉴,后事之师,这些经历也让我不断成长,在处理各种问题时考虑得更全面,采用工作方案更加成熟。在此,真诚感谢部门的领导和同事对我的入职指引和帮助,感谢他们对我工作中出现失误时的提醒和纠正。

作为自己的第一份工作,这半年来我受益匪浅。看到公司的迅速发展,我深深地感到庆幸和自豪,也更加迫切地希望成为公司的一名正式员工,以实现自己的职业奋斗目标,体现个人的人生价值,与公司一起成长。如能转正,我必定以更加谦逊的态度、饱满的热情和严谨的精神做好我的本职工作,为公司创造价值!

特此申请,恳盼批准。

申请人:××部×××
20××年11月10日

六、述 职 报 告

（一）述职报告简介

述职报告是指担任某项职务或担负一定职责的人员，主要是领导干部，向上级领导、主管部门和下属群众陈述任职情况，包括履行岗位职责，完成工作任务情况，取得的成绩，现存的缺点与问题，进行自我回顾、评估、鉴定的正式报告。

述职报告的类型从时间上有以下划分。

（1）任期述职报告：对任现职以来的总体工作情况进行总结报告。一般来说，时间较长，涉及面较广，要写出这一届任期的情况。

（2）年度述职报告：这是一年一度的述职报告，写本人本年度的履职情况。

（3）临时性述职报告：是指担任某一项临时性的职务，写出其任职基本情况。

此外，从表达形式上还可以将其划分为口头述职报告和书面述职报告。

（二）述职报告的构成与内容

述职报告的结构也是格式化的，包括标题、称谓、正文和落款4个部分。

1. 标题

一般的述职报告标题采用文种、时间段加文种、工作内容加文种或时间加工作内容加文种作为标题，如"述职报告""20××年度个人述职报告""关于领导开展保密自查工作的报告""关于20××—20××年工会扶困救灾工作的述职报告"等。

2. 称谓

称谓是报告者对听众的称呼。称谓要根据会议性质及听众对象而定。

3. 正文

述职报告的写法虽无严格的固定格式，但一般采用总结式写法，可以分为以下4部分。

（1）履行职责的基本情况。用简短精练的文字概括地交代主要工作事项，包括时间、地点、简要背景、事件简单过程等工作内容，以及工作取得的重要成绩、经验等。

（2）工作中出现的问题，应该汲取的教训。这部分内容要实实在在，不避重就轻，也不过分自责。

（3）今后的工作计划与建议。这主要包括目标、措施、要求3个方面。不同的述职报告要求不同，有的述职报告不要求这部分内容。即使有要求，这部分内容也应该从略处理，点到为止。

（4）报告结束时，一般习惯用语为"以上述职报告妥否，请予审议。"

4. 落款

述职报告的落款要写明自身姓名及单位名称，最后写述职当时的年、月、日。

(三) 述职报告的写作注意事项

（1）要实事求是地反映自己在任期内的工作实绩和问题，不浮夸邀功，也不谦虚过度。应注意处理好以下几个关系：处理好成绩和问题的关系，理直气壮摆成绩，诚恳大胆讲失误；处理好集体与个人的关系，不能把集体之功归于个人，也不要完全抹杀了个人的作用。

（2）述职报告在表述上要处理好叙和议的关系，就是以叙述为主，把自己做过的工作实绩写出来，要用事实和数据说话，不要大发议论。

（3）报告要抓住重点，突出特色。报告表述的内容应抓住重点，抓住最能显示工作实绩的大事件或关键事写入述职报告。凡重点工作、经验、体会或问题等，一定要有理有据，充实具体，而对一般性、事务性工作，宜概括说明，不必面面俱到。述职报告应突出自己的特色，突出自己独有的气质、独有的风格、独有的贡献，让人能分辨出自己在具体工作中所起到的作用。

(四) 述职报告参考范例

20××年度工作述职报告

根据市国资委文件精神和《关于对国有企业领导班子人员20××年度工作进行考核的通知》的有关要求，下面，我就个人去年以来在思想、工作、作风、纪律等方面的情况向各位领导及在座各位作简要汇报。

一、过去一年工作的简要回顾

20××年，是公司两个文明建设取得辉煌成绩的一年。一年来，在市委、市政府的关怀支持下，我作为这个管理团队的队长，能够带领班子全体成员，认真学习贯彻党的十九大精神，身体力行"三个代表"重要思想，紧紧抓住发展这个强企兴企的第一要务，充分发挥党风廉政建设的保驾护航作用，围绕奋斗目标，大力发扬"团结拼搏，务实创新"的企业精神，采取一系列有力措施沉着应对不利因素的影响，组织广大员工，与时俱进、开拓创新、苦干实干、奋力拼搏，生产和经营状况均达到了公司成立以来的最高水平，全面完成了董事会确定的全年工作目标，同时在企业改革与强化管理、精神文明建设和体制创新等方面也取得了突破性进展，企业的政治、文化、环境、职工精神面貌都发生了翻天覆地的变化，取得了较为明显的经济效益和社会效益。

（一）以经济建设为中心，加快推进企业可持续发展

一年来，公司党委坚持以经济建设为中心，紧紧抓住强企兴企的第一要务，全面推进公司赶超发展战略，企业综合实力大大增强。

——生产经营保持了平稳运行。20××年公司面对日趋激烈的市场竞争，面对诸多不利因素，创造性地开展工作，及时调整产品结构，加大产品深加工力度，以提高产品附加值。

全年累计生产圆钢×吨,完成全年调整产量计划×吨的121%。产品质量优等品率100%,继续保持公司成立以来的最高水平。全年累计销售产品×吨,产销率110.42%,实现销售收入×亿元。全年公司累计实现利税总额×万元。全年实现现价工业总产值×万元,工业销售产值×万元。全年共发放员工工资×万元,全部职工人均年收入×元。全面实现了党委、董事会确定的年度计划,取得了显著的经济效益和社会效益。

——技术指标走在了同行前列。一年来,公司全体党员群众立足本职,争先创优,苦干实干,不仅生产经营实现了平稳运行,而且多项生产技术指标位居国内外同行业的前列,多项指标达到国内同行业先进水平。

——调产技改迈出了实质步伐。公司党委坚持贯彻"科技兴企"战略,继续加大调产技改工作力度,整合现有的技术、场地等资源优势,在充分利用原有设施的基础上,角钢生产线竣工投产,在延伸高附加值深加工产品链方面迈出可喜步伐。

(二)以文化建设为主线,精神文明取得丰硕成果

20××年,公司各级党组织以创建学习型企业(班组)为主线,以内强素质、外树形象、打造品牌为目标,用改革的精神和创新的勇气,大力推进企业文化建设,广泛开展群众性精神文明创建活动,在公司上下营造了团结奋进、拼搏向上的良好氛围,企业凝聚力和向心力大大增强。

——创建学习型企业取得显著成效。以创建学习型企业为目标,进一步加强全员政治理论和业务知识的学习,各级领导干部、全体党员和广大员工的整体素质得到明显提高。一年来,主要采取观看事实资料片、传达文件、阅读报刊、召开研讨会等形式,组织集中学习×次,观看电教资料片×次、×余课时,学习人员达×余人次。通过学习,进一步增强了广大党员群众自觉学习实践党的重要思想的自觉性,不忘初心,牢记使命,员工队伍整体素质得到明显提高。

——企业文化建设进一步深化。工作中把学习贯彻习近平重要思想同学习贯彻公司的奋斗目标、企业精神、发展思路和各项重大决策结合起来,把企业文化建设同推进企业物质文明和精神文明协调发展统一起来,通过企业文化建设加快核心竞争力的培育,为推动我公司的两个文明建设起到了积极的作用。

——企业面貌实现根本改观。为从根本上改变企业脏、乱、差的旧面貌,为全体员工创造一个健康、文明、向上的工作与生活环境,公司加大了环境综合整治工作的力度,使公司员工人均占有绿地达60平方米,员工的生产生活环境进一步得到改善。

(三)以创新党建为重点,"三个作用"得到充分发挥

一年来,公司党委紧紧围绕企业生产经营这个中心,坚持从严治党,以发挥党委的政治核心作用、党支部的战斗堡垒作用和党员的先锋模范作用为主题,以健全组织和严格制度为基础,以创新党建格局为重点,大力加强党员、管理人员队伍建设,努力做好全员思想政治工作,促进了公司改革发展稳定目标的实现和生产经营任务的完成。

——领导班子结构进一步优化。公司党委以各级领导班子的组织、思想、作风建设为重点,以提高企业生产经营管理水平为目的,始终坚持德才兼备原则,把德、能、勤、绩、廉作为衡量和使用人才的主要标准,着力加强我公司各级管理人员队伍建设。在坚持做好日常管理和监督工作的基础上,对全部中层管理人员进行了年度考核测评和重新聘用,调整和充

实了部分中层班子，并选拔中青年人才和知识分子进入管理人员队伍，使我公司管理人员队伍的年龄结构、知识结构和专业结构更趋合理。

——作风建设取得显著成效。公司党委始终把作风建设列入加强党的思想建设的重要内容，按照上级的要求，组织公司各级党组织和广大党员特别是各级领导班子及其成员认真学习贯彻执行"三个条例"，加强党内监督，发展党内民主，严明党的纪律，端正党风，带头增强纪律观念，真正做到遵守党的纪律不动摇，执行党的纪律不走样，企业经营管理队伍拒腐防变和抵御风险的能力进一步得到增强。此外，进一步深化企务公开，健全完善企业民主管理机制，切实保护企业和员工的合法权益，有效杜绝了私设"小金库"、胡支乱花和克扣员工工资现象的发生。

——基层党的建设得到加强。一年来，公司党委把构建企业党建工作新格局作为突出任务来抓，通过一年来的运作，在探索和改进企业党组织设置、职责任务、领导关系、工作方法和活动方式等方面，取得了很大进展。调整充实和建立健全了公司两级党、团组织，有力推进了我公司基层党建工作的规范化，为企业生产经营建设提供了坚强有力的政治保障。

（四）以全心全意依靠职工办企业为根本，真心实意为职工群众办实事

在具体工作中，把维护职工利益作为企业改革发展稳定的重要内容来抓，并以此促进企业利益和职工利益的共同实现。年初，公司党委、董事会确定的为职工所办的几件实事基本实现：① 在岗员工工资收入稳步增长，达到预期目标；② 改善了员工住房条件；③ 进一步改善员工工作和生活环境；④ 丰富和活跃了职工的业余文化生活；⑤ 继续实行职工疗养制度；⑥ 丰富和活跃了广大员工的文化生活；⑦ 社会综合整治工作成效明显，全年公司生产区和生活区无重大刑事案件发生，为员工和家属营造了一个安定和谐的生存环境。通过企业的发展，职工利益的实现，广大职工的积极性、主动性、创造性得到充分调动，真正使他们以饱满的热情投身到企业各项工作之中。

二、严于律己，廉洁勤政，为班子成员树立表率

自20××年5月以来，我一直担任公司党委书记、董事长。总的来说，在过去的几年里，自己面对市委、市政府的重托，面对广大员工的期望，始终做到了尽职尽责，丝毫不敢懈怠，全身心地投入到工作之中。

作为公司的一把手，我在日常生活、工作中不断强化自律意识，始终严格遵守中央、省、市委有关领导干部廉洁自律的各项规定，自觉地与资产阶级腐朽思想和消极腐败现象划清界限。坚持经常学习有关廉洁自律的规定，提高廉洁自律的自觉性。坚持经常反思自己的行为，检点自己的作风，见微知著，防微杜渐，保持"自重、自省、自警、自励"的精神状态。坚持自觉发扬党的优良传统和作风，树立艰苦奋斗、勤俭节约的思想，坚决反对和克服拜金主义、享乐主义和极端个人主义。坚持从一点一滴做起，从每一件小事做起，在工作、生活、学习等各方面严格按照有关规定执行，保持了两袖清风、一身正气。

以上为我个人20××年度工作述职报告，妥当与否，请领导与广大员工审议。

××公司党委书记、董事长 ×××
××××年×月×日

七、个人工作总结

（一）个人工作总结简介

个人工作总结主要是对自己过去一段时间内所做过的工作情况进行回顾、分析、归纳和概括，并提升到一定的理论高度，肯定已取得的成绩，总结经验，汲取教训，以便今后工作取得更好成绩。工作总结是企业员工使用频率非常高的一种书面工作文书。

个人工作总结主要有两大类型，一种是按一定时间段，总结该时间段内个人职责范围内的工作情况；另一种是对某一领域或某一项目工作进行专题性总结，专题性总结可能时间跨度较长。第一类工作总结的时间跨度应视具体情况而定，如"月度工作小结""季度工作总结""年度工作总结""任职期间工作总结"等。虽然时间跨度不同，但工作总结的格式与内容大体一致。

（二）个人工作总结的构成与内容

个人工作总结一般由标题、引言、主体内容、落款等4部分组成。

1. 标题

标题即个人总结的名称，一般情况下应由时间段、总结内容与性质和文种组成，如"2010年度党员争先创优活动个人总结"。简要标题可以直接以"时间/事项+个人工作总结"为标题。

2. 引言

引言的写法没有固定标准，但内容基本一致，一般会包括期间的工作情况概述、基本工作环境、变化情况、主要成绩与教训，以及总结的目的与目标等。简单地说，引言就是总结的简要开头部分。

3. 主体内容

主体内容是总结的核心部分。这部分一般应简要概括锁定时间段内所做工作的基本情况，不同的工作，总结的内容要求会有差异。一般会对工作的内容、结果、做法、体会、经验、教训等进行小结，并且要作理论的概括，总结出规律性的东西。一般情况是层级越高的总结，涵盖面越广，理论性越高。

个人工作总结结尾的内容一般是提出今后个人努力的方向，或者指出存在的问题及纠正的决心与计划，或者表达自己更上一层楼的工作态度等。

关于总结主体内容部分的结构安排可以选择采用条目式、三段式和分项式。条目式就是把材料概括为要点，按一定的次序分别介绍下去。三段式即从认识事物的习惯来安排顺序，先对总结的内容作概括性交代，表明基本观点；接着叙述事情经过，同时配合议论，进行初步分析；最后总结出几点体会、经验和存在问题。分项式则不按事件的发展顺序，而是把所做的工作分几个项目或类别,一类一项地写下去,每类问题又按先介绍基本情况,再叙述事情经过,然后归纳出经验教训、问题等的顺序安排。

4. 落款

落款是在结尾右下角写明总结者所属部门和本人姓名,换行写明具体日期。

(三)个人工作总结的写作注意事项

(1)总结前要充分占有材料。本着实事求是的原则,成绩不夸大,缺点不缩小,更不能弄虚作假。这才是分析、得出教训的基础,才更有利于未来工作的进步与提高。

(2)个人总结要层次、结构安排分明,逻辑思路清晰。

(3)内容安排上要剪裁得体、详略适宜。材料有本质的,也有现象的;工作内容有重要与次要之分,写工作总结时要有主次、详略之分。

(4)语言要简洁明了、朴实无华,切忌啰唆重复,记成流水账。

(四)个人工作总结参考范例

 范例

20××年度个人工作总结

按照人事考核德、能、勤、绩4项基本标准,回顾自己20××年度一年的工作,总体上能尽心尽力做好各项工作,较好地履行了自己的职责。现将主要情况小结如下。

一、主要工作情况

1. 思想政治方面:重视理论学习,坚定政治信念,明确服务宗旨。

认真学习邓小平理论、"三个代表"重要思想和党的十九大精神,积极参加单位的政治活动,能针对办公室工作特点,挤出时间学习有关文件、报告和辅导材料,进一步明确"三个代表"要求是我党的立党之本、执政之基、力量之源、是推进建设中国特色社会主义的根本保证,通过深刻领会其精神实质,用以指导自己的工作。时刻牢记全心全意为人民服务的宗旨,公道正派,坚持原则,忠实地做好本职工作。

2. 业务学习方面:加强业务学习,提高工作能力,做好本职工作。

重视学习业务知识,积极利用各种机会,参加培训班,向专家请教学习,以提高自己的业务能力和知识水平。紧紧围绕本职工作的重点,积极学习有关经济、政治、科技、法律等最新知识,努力做到融会贯通,应用到实际工作中去。在实际工作中,把政治理论知识、业务知识和其他知识结合起来,开阔视野,拓宽思路,努力使自己适应新形势、新任务对本职工作的要求。

3. 日常工作方面:勤奋干事,积极进取。

认真做好本职工作和日常事务性工作,做到腿勤、口勤,使票据及时报销,账目清楚,协助领导建立健全各项办公制度,保持良好的工作秩序和工作环境,使各项管理日趋正规化、规范化。完成办公日常用品购置、来人接待、上下沟通、内外联系、资料报刊订阅等大量的日常事务，各类事项安排合理有序，为办公室工作的正常开展提供了有效保证。

在过去的一年里，个人坚持踏实工作、任劳任怨、务实高效的工作态度和基本原则，不断自我激励、自我鞭策，时时处处严格要求自己，自觉维护办公室形象，高效、圆满、妥善地做好本职工作，没有出现任何纰漏。总之，一年来，各项工作成绩斐然，取得了长足进步。

二、工作中存在的主要问题和不足

1. 政治理论学习虽有一定的进步，但缺乏深度和广度。政治理论指导实践工作成效尚待提高。

2. 常陷于事务性工作，忽视了下基层调研机会，从而无法进一步提高自己的工作能力。

3. 工作中时常谨慎有余、果断不足，致使部分工作进度落后，影响工作效率。

4. 工作创新不足，习惯于习惯性开展工作，不能很好地在不断学习的过程中改变工作方法，去实践、推广创新性工作方法。

三、今后的努力方向

在未来的20××年，个人争取在工作的各个方面取得更大进步。具体来说，不断加强个人修养，自觉加强学习，努力提高工作水平，适应新形势下本职工作的需要，扬长避短，踏实认真工作，力求把工作做得更好，为其他部门服好务，树立办公室的良好形象。

××公司办公室行政专员×××
20××年12月31日

八、工 作 建 议

（一）工作建议简介

工作建议是指公司员工对上级领导或主管部门提出的关于本部门或公司某方面工作的流程、内容与方法、规章制度和工作环境等方面的改进性意见。一般是个人对单位或领导提出的合理化工作建议。

（二）工作建议的构成与内容

工作建议的内容与格式都较为简单，一般由标题、受文者、正文和落款等部分组成。

1. 标题

一般情况下，标题直接以"建议书"3个字为标题即可，在第一行正中书写；也可以是建议问题加文种组成标题，如"关于改善车间劳动保护条件的建议"。

2. 受文者

受文者如果是单位，可以只写单位或部门名称，如"总裁办人事科"。若知道直接主管者，也可以加上主管姓名与称谓，如"人力资源部王涛总经理"。受文者是领导个人一般由敬辞加姓名加职务组成，如"尊敬的刘云副部长"。

3. 正文

建议书的正文部分一般应包括以下几部分内容。

（1）提出工作建议的原因或出发点，便于有关领导接纳意见。

（2）工作建议的具体事项。如果建议涉及多个方面或内容较多，应该分项陈述，分项陈述条目清楚，让读者一目了然，也便于领导掌握建议内容。这部分内容应该包括工作问题与建议改进措施两大部分。具体来说，正文部分应该包括问题表现与危害、问题原因分析，以及改进思路和措施等。

（3）结尾部分可以表达建议者的愿望与要求。最后，以惯常敬语结尾。

4. 落款

落款是写清楚建议者的部门和姓名及日期。

（三）工作建议的写作注意事项

（1）工作建议属个人文书，一般按照书信格式进行安排与写作。

（2）提出工作建议是工作性质，行文应该本着严肃认真的态度，力求内容客观真实，建议措施科学、合理、可行。

（3）作为下级对上级的建议，行文语气要和缓，避免过度指责或口气强硬，反而不利于自己的建议被采纳。

（4）行文语言要简洁精练，就事论事，不掺杂个人情绪喜好。

（四）工作建议书参考范例

 范例

关于行政部工作制度改进与完善的建议

公司总裁办领导：

我是公司总裁办行政部信息网络主管刘××，20××年12月9日入职现岗位，现工作已满一年。在这一年的工作过程中，我发现本部门工作缺乏效率，员工满意度低。经过个人认真调查与分析，认为主要原因在于行政部现行工作制度的缺失与不完善。现就个人的认识和建议提供给领导，以求尽快解决工作中现存问题，提升行政部工作效率，减少经费支出，避免无效劳动，提高员工的工作积极性和满意度。

鉴于个人专业能力和认识水平所限，所提建议难免有不当之处，敬请领导批评指正。

（一）行政部工作现存主要问题及形成原因

1. 问题1：……

主要形成原因：

......

2. 问题2：......

主要形成原因：

......

3. 问题3：......

主要形成原因：

......

(二) 工作改进思路与具体措施

针对以上问题，我个人认为，总体的改进思路应该是：......

具体改进措施主要有以下几条。

1. 措施一：......
2. 措施二：......
3. 措施三：......
4. 措施四：......
5. 措施五：......

以上完全是个人认识与见解，仅供领导参考。

此致

敬礼

刘××

20××年12月15日

九、演　讲　稿

(一) 演讲稿简介

演讲稿也称演说辞，是在较为隆重的仪式上和某些公众场所发表的主题单一、观点鲜明的讲话文稿。演讲稿是进行演讲的依据，是对演讲内容和形式的规范与提示，它体现着演讲的目的和手段，演讲的内容和形式。演讲稿是人们在工作和社会生活中经常使用的一种文体。

(二) 演讲稿的构成内容与写法

演讲稿一般分开头、主体内容、结尾3个部分，其结构原则与一般文章的结构原则大致相同。

1. 开头

演讲的开头也称开场白，在演讲稿的结构中处于显要的地位，具有特殊的作用。演讲稿的开头,通常有以下几种。

(1)开门见山,揭示主题。一般政治性的或学术性的演讲稿都是开门见山,直接揭示演讲的中心。

(2)提出问题,引起关注。写演讲稿的开头,可根据听众的特点和演讲的内容,提出一些激发听众思考的问题,以引起听众的兴趣。这种问题应该新颖、独特,确实能促使听众去思考。

2. 主体内容

演讲稿在开头后要迅速转入主题,这是演讲的核心部分,也是演讲稿的高潮所在,能否写好,直接关系到演讲的质量和效果。

(1)确定结构形式。演讲稿的形式比较活泼,或者旁征博引、剖析事理,或者引经据典,或者层层深入,或者就事论事。但结构形式不管怎样变化,都要求内容突出,逻辑推理严密,层次清楚、简单。

(2)认真组织好材料。演讲稿的理论依据和事实论据的组织安排要适当。首先必须保证例证的真实性、典型性。演讲稿一般不要太长,内容要求言简意赅、精练生动。

(3)构筑好演讲高潮。一个成功的演讲,高潮是关键。演讲稿要体现3个特点:①思想深刻、态度明确,集中体现演讲者的思想观点;②是感情强烈,演讲者的爱恨喜怒在这里得到尽情体现;③是语句要精练,字字珠玑。

3. 结尾

结尾是演讲稿的有机组成部分。演讲结尾要自然有力,具有画龙点睛的作用。结尾给听众的印象,往往将代表整个演讲给听众的印象。言简意赅、余音绕梁,不但能使听众精神振奋,还能促使听众不断思考和回味。

(三)演讲稿的写作注意事项

(1)演讲稿的结构形式一定要逻辑脉络清晰、层次少。

(2)演讲稿中的事例要真实、典型,具有针对性和说服力。

(3)演讲稿语言要讲究。虽然演讲稿是以文稿形式出现,但它是演讲者口头表达的底稿,因此要注意口语表达效果,朴实通俗,富含激情,切忌文绉绉地咬文嚼字,会降低演讲效果。

(四)演讲稿参考范例

 范例

人格是最高的学位

白岩松

很多很多年前,有一位学大提琴的年轻人去向本世纪最伟大的大提琴家卡萨尔斯讨教:

我怎么才能成为一名优秀的大提琴家？

卡萨尔斯面对雄心勃勃的年轻人，意味深长地回答：先成为优秀而大写的人，然后成为一名优秀和大写的音乐人，再然后就会成为一名优秀的大提琴家。

听到这个故事的时候，我还年少，老人回答时所透露的含义我还理解不多，然而随着采访中接触的人越来越多，这个回答就在我脑海中的印象越来越深。

在采访北大教授季羡林的时候，我听到一个关于他的真实故事。有一个秋天，北大新学期开始了，一个外地来的学子背着大包小包走进了校园，实在太累了，就把包放在路边。这时正好一位老人走来，年轻学子就拜托老人替自己看一下包，而自己则轻装去办理手续。老人爽快地答应了。近一个小时过去了，学子归来，老人还在尽职尽责的看守。谢过老人，两人分别！

几日后是北大的开学典礼，这位年轻的学子惊讶地发现，主席台上就座的北大副校长季羡林，正是那一天替自己看守行李的老人。

我不知道这位学子当时是一种怎样的心情，但我听过这个故事之后却强烈地感悟到：人格才是最高学位。

这之后我又在医院采访了世纪老人冰心。我问先生，您现在最关心的是什么？老人的回答简单而感人：是年老病人的状况。

当时冰心已接近自己人生的终点，而这位在80年前到五四运动爆发那一天开始走上文学创作之路的老人，心中对芸芸众生的关爱之情，历经近80年的岁月而仍然未老。则又该是怎样的一种传统呢！

冰心的身躯并不强壮，即使年轻时也少有飒爽英姿的模样，然而她这一生却用自己当笔，拿岁月当稿纸，写下了一篇关于爱是一种力量的文章，然而在离去之后给我们留下了一个伟大的背影。

今天我们纪念"五四"，80年前那场运动中的呐喊、呼号、血泪都已变成一种文字停留在典籍中，每当我们这些后人翻阅的时候，历史都是平静地看着我们，这个时候，我们觉得80年前的事已经距今太久了。

然而，当你有机会和经过"五四"或受过"五四"影响的老人接触后，你就知道，历史和传统其实一直离我们很近。

世纪老人在陆续地离去，他们留下的爱国心和高深的学问却一直在我们心中不老。但在今天，我还想加上一条，这些世纪老人独具的人格魅力是不是也该作为一种传统被我们向后延续呢？

前几天我在北大听到一个新故事，清新而感人。一批刚刚走进校园的年轻人，相约去看季羡林先生，走到门口，却开始犹豫，他们怕冒失打扰了先生。最后决定，每人用竹子在季老家门口的土地上留下问候的话语，然后才满意地离去。

这该是怎样美丽的一幅油画！在季老家不远，是北大的博雅塔在未名湖中留下的投影，而在季老家门口的问候语中，是不是也有先生的人格魅力在学子中留下的投影呢？只是在生活中，这样的人格投影在我们心中还是太少。

听多了这样的故事，便常常觉得自己是只气球，仿佛飞得很高，仔细一看却被浮云托着；外表看上去也还饱满，但肚子里却是空空的。这样想着就有些担心啦，怎么能走更长的路呢？

于是,"渴望年老"4个字对于我就不再是幻想中的白发苍苍,身份证上改成60岁,而是如何在自己还年轻的时候,便能吸取老人身上所具有的种种优秀品质。于是,我也更加知道了卡萨尔斯回答中所具有的深义。怎样才能成为一个优秀的主持人呢？心中有个声音在回答：先成为一个优秀的人,然后成为一个优秀的新闻人,再然后就会自然地成为一名优秀的主持人。

我知道,这条路很长,但我将执着地前行。

十、即席发言

(一) 即席发言简介

即席发言是指在各种集会场所进行事先没有准备的现场发言。即席发言对发言者的要求较高,能够充分体现发言者的逻辑思维能力、随机应变能力、总结概括能力和语言表达能力。

即席发言一般应该遵循以下基本程序,才能保证发言质量。即提炼主题—归纳内容要点—形成腹稿架构—简短语言表达。

(二) 即席发言的类型与内容准备

即席发言主要有以下几种情况。

1. 应对邀请的即席发言

这是最常见的一种情况,说明他人对你的重视。因此,你应该表现得落落大方,切忌推三阻四。可以注意以下几点。

(1) 要谦逊有礼,首先应对他人的邀请表示诚挚的感谢,同时可以利用致谢的时间,迅速构思发言内容。

(2) 发言要切合当场的实际情况,可以具体谈谈你来到现场的感受等,不要说无关的话。

(3) 发言要简练,不要自以为能发言就是现场的主角,努力把你的发言控制在十句话左右。

2. 回答发问的即席发言

这种情况大多出现在讨论会和座谈会上。它最大的特点和最大的好处在于主题就是问题,不需要自己重新思索发言主题。你只需要针对问题,组织发言内容就可以了。这种发言最强调说话的条理性,建议你按照"提出观点—论证观点—总结、强调观点"的模式来约束自己的发言,不要过多地自由发挥,以免答非所问。

3. 解释说明的即席发言

这种即席发言通常是针对一个被误解的问题，或者被曲解的事实作出解释性的说明。发言可以分两步：第一步是反驳，分析误解的错误之处，推翻不实的说法；第二步是纠错，不但要批驳错误的观点和看法，还要给出事实的真相。只要抓住问题的实质，用最朴实的话语加以解释就可以了，切忌使用夸张的词汇，把简单的问题复杂化。

4. 有感而发的即席发言

这种即席发言是指触景生情，或者有所想象和联想时，要作出的主动发言。这种即席发言在联欢会、聚会等场合常常能遇到。这种发言首先要控制好自己的情感，不要过于兴奋和激动；其次是要以简洁、得体为原则，既不要讲长篇大论式的废话，也不要说一大堆乱七八糟的胡话。力求自己的发言符合现场气氛，符合自己的形象。

（三）即席发言的主题提炼

1. 现场提炼新观点

现场提炼新观点就是着眼于现场的某一事物的特点与本质，并由此进行想象和联想，立即涌现发言的灵感，然后把它表达出来。例如，你可以这样开始发言："今夜闪烁的灯光、热烈的气氛、爽朗的笑声，这一切，让我感慨万千……"，也可以这样开场："刚才一位同志的观点……让我想起了一句伟人的名言……"。

2. 受他人启发，深化观点

当你置身于演讲会、座谈会、联欢会等场合时，常常受到现场气氛的感染，看到别人在说，自己也想说。这时，你应尽量细心听取他人的发言，从中寻找自己的话端，酝酿新的观点，说他人未说的话。切忌简单重复他人的话语。

3. 换角度思考问题

即便是人家已经说过的主题，你也不必轻易放弃。尝试想想能否换一个不同的角度来表达。例如，同是"吸烟有害健康"这一主题，如果他人已经说了"吸烟有什么危害"，那么你不妨接着说说"不吸烟有什么好处"。

4. 从问题中发掘主题

问题是主题的摇篮。当你为找不着发言的主题而犯愁时，你不妨给自己设置一系列问题：现场有什么可说的？现场能联想出什么？自己在现场有什么最大的感受？有价值的主题往往就产生在有价值的问题之中。

5. 借鉴观点

如果从现场提炼不出发言的主题，可以尝试让自己回忆，想想以前看到过的资料、经历过的事件等，当中有没有可与大家一起分享的。例如，"记得有这么一个故事……"，"前几天我在报纸上看到这么一则新闻……"，哪怕只是只言片语，就可能开启你发言思路的大门。

（四）腹稿模式的快速形成

即席发言也应该稍作准备，迅速形成腹稿，才能保证即席发言的效果。

即席发言要特别注意结构的整体布局，把握好发言内容的组织构造。否则，准备本来就仓促了，再加上说话没有条理，整个发言就会凌乱不堪，难以叫人明白。准备腹稿的时候，要考虑主题的要求与材料的储备情况，要完整、严密、自然、流畅，顺次思考要讲几个部分？先讲什么，后讲什么？材料怎么安排？怎么开头？怎么衔接过渡？如何结尾等。

大体有以下这些形成腹稿的模式，仅供参考。

1. 三段式

三段式是把发言的内容分为开头、经过、结尾3个部分。在叙述事情和分享经历的时候可以用这一模式，把发言大概安排为3个部分，以时间或空间为线索，组织内容安排材料。这一模式的最大好处，就是能让你的发言有始有终。自己不容易说离题，听众也不难心中有数。

2. 并列式

并列式是把若干地位大致相等的事物和问题，或者是同一问题下分支的内容，排列在一起的结构方式。通常，在即席发言中展开联想和想象的时候，应该用这一腹稿模式。这样不但能较容易令听众明白你举例的目的，连续的类比和排比，也能增强你发言的气势，给听众以深刻的印象。

3. "总—分"式

论说性的即席发言多用"总—分"这一模式。在发言的开头，明确地提出自己的总观点，再在下面的内容中依次展开分论点，用事例和道理加以论证。"总"和"分"的关系一般有整体与部分、一般与个别两种。无论是哪一种，只要你在发言的时候严格套用这一模式，你的发言一定会更有逻辑、更有说服力。

4. "总—分—总"式

和"总—分"式相比，"总—分—总"模式就是在结尾加上一个总结，再一次说明自己的观点。在时间允许的情况下，运用这一模式的论说会显得更加完整，同时也能消除自己在论证过程中不经意离题的消极影响。但最后的总结一定要简洁、新颖，尽量避免与开头的阐述雷同，否则会给人画蛇添足的感觉。

（五）注意照顾听众心理

即席发言最大的特点就是准备的时间短、发言的时间短。要在十分有限的时间里，通过有限的发言内容把听众吸引住，就不得不考虑他们的心理。发言者要学会换位思考，站在听众的角度，分析他们的特点和需要，以收到最佳的发言效果。听众一般都有以下一些心理。

1. 喜欢精练简短

大多数情况下，即席发言都不是当下活动的主要内容，而只是作为活动的一种补充。这样，听众多数不会情愿浪费宝贵的活动时间，从而喜欢听短小精悍、言简意赅的发言。因此即席发言要尽量长话短说，克服口头禅和客套话，少用无关紧要的比喻和举例，做到字字珠玑。

2. 喜欢生动

生动就是说话要具体一些，避免说抽象、让人眩晕的词语和句子。在即席发言中，具体生动的内容,往往能让人更容易明白你的意思,从而激发大家的想象,唤醒听众们的兴趣。最好的做法,就是在发言中配上适当的肢体动作和表情,效果会更出众。

3. 喜欢轻松

在即席发言时,要多用贴近现实生活的自然轻快、通俗易懂的口语,可多用儿化名词、象声词、成语、谚语、俗语,甚至戏剧的台词。营造一个充满欢声笑语的轻松气氛,自己讲得顺心,大家也听得舒心。

4. 喜欢新颖

创新是一个民族的灵魂,也是人们的普遍心理。一般而言,听众们都喜欢听到自己以前从没听过的观点和事例。陈年老事、平庸话语只能让大家昏昏欲睡。因此,即席发言要尽量组织新颖独特的材料,借助你自然的表达,吸引大家的注意。

5. 喜欢同感

当听众们觉得你的发言是在说自己所想说的事情时,他们会格外专注,这就是共鸣。即席发言的时候,要努力想想什么样的内容,才是自己与听众都共同关注的。通常,现场的内容是最容易把握的共鸣素材。所以,即席发言一定不要离开现场的情景去空谈,而白白错失了赢得听众同感的机会。

(六)即席发言的注意事项

即席发言除稍作准备外,还要在发言过程中注意以下事项。

(1)减少客套话,最好用问好来替代。

(2)开门见山,迅速进入发言主题,发言中避免离题万丈;结尾当机立断,不可拖泥带水。

(3)发言内容要真实,说出自己的真情实感。

(4)适当插入一点趣事或笑话,增加生动性等。

参 考 文 献

[1] 张元忠，杨梅芳．应用文写作与评析［M］．武汉：华中科技大学出版社，2007．
[2] 张易．企业常用行政文书［M］．北京：中华工商联合出版社，2007．
[3] 胡鹏．简历·让你脱颖而出［M］．北京：机械工业出版社，2007．
[4] 杨文丰．实用经济文书写作［M］．北京：中国人民大学出版社，2004．
[5] 夏海波．公文写作与处理［M］．北京大学出版社，2013．
[6] 岳海翔．最新党政公文写作小百科［M］．北京：人民出版社，2013．
[7] 张浩．领导人讲话稿写作技巧与范例［M］．北京：蓝天出版社，2007．
[8] 赵国俊．公文写作教程［M］．北京：中国城市出版社，2003．
[9] 张立章．实用性管理文案写作指南［M］．北京：北京交通大学出版社，2008．
[10] 崔明礼．财务管理国际通用规范文本［M］．北京：经济管理出版社，2004．
[11] 王铎，肖彬．财务运作规范化管理文案［M］．北京：经济科学出版社，2004．
[12] 刘俊．实用公文写作一本通［M］．北京：经济科学出版社，2012．
[13] 白明启，黄传武，李凤学．应用文写作［M］．北京：华文出版社，2000．
[14] 梁志刚，周铉．实用文书写作［M］．北京：北京大学出版社，2009．
[15] 李树春．企业办公室文书写作规范与经典范本大全．北京：中国纺织出版社，2010．
[16] 刘春生．公务文书写作教程［M］．上海：复旦大学出版社，1999．
[17] 王群．品味公文：公文写作大手笔练就之道［M］．北京：北京联合出版公司，2016．
[18] 舒雪冬．公文写作范例大全［M］．北京：清华大学出版社，2016．